陕西师范大学优秀著作出版基金资助出版

陕西师范大学中央高校基本科研业务费专项资金项目资助出版
（立项号20SZYB14）

教育经济研究系列丛书

沈 红/主编

丝绸之路沿线省域学科与产业的协同研究

李玉栋 ◎ 著

中国社会科学出版社

图书在版编目（CIP）数据

丝绸之路沿线省域学科与产业的协同研究 / 李玉栋著 . —北京：中国社会科学出版社，2020.10

（教育经济研究系列丛书）

ISBN 978 – 7 – 5203 – 6899 – 5

Ⅰ.①丝… Ⅱ.①李… Ⅲ.①区域经济发展—协调发展—研究—中国 Ⅳ.①F127

中国版本图书馆 CIP 数据核字（2020）第 142895 号

出 版 人	赵剑英
责任编辑	赵　丽
责任校对	杨　林
责任印制	王　超

出　　版	中国社会科学出版社
社　　址	北京鼓楼西大街甲 158 号
邮　　编	100720
网　　址	http://www.csspw.cn
发 行 部	010 – 84083685
门 市 部	010 – 84029450
经　　销	新华书店及其他书店
印　　刷	北京明恒达印务有限公司
装　　订	廊坊市广阳区广增装订厂
版　　次	2020 年 10 月第 1 版
印　　次	2020 年 10 月第 1 次印刷
开　　本	710×1000　1/16
印　　张	13.5
插　　页	2
字　　数	215 千字
定　　价	78.00 元

凡购买中国社会科学出版社图书，如有质量问题请与本社营销中心联系调换
电话：010 – 84083683
版权所有　侵权必究

总　序

2008年，华中科技大学出版社出版了一套由我主编的《21世纪教育经济研究丛书·学生贷款专题》，主体内容集中在高等教育学生财政上，如学生贷款的运行机制、学生贷款的补贴、学生贷款的担保等。2014年，中国社会科学出版社出版了一套也是由我主编的《高等教育财政研究系列丛书》，主体内容涉及公办高校学费标准、学生贷款的社会流动效应、高校绩效薪酬、政府财政支出责任、政府教育财政政策。可以看出，上述两套丛书是密切关联的，研究内容具有从高等教育学生财政向高等教育财政扩展的特点。2016年，我和我的团队部分成员集体出版的《中国高校学生资助的理论与实践》，向学术界和社会大众集结报告了我们自1997年到2016年有关"高等教育学生财政"的研究。2019年，在中国社会科学出版社的支持下，我主编的"教育经济研究"系列丛书开始出版。这是我从事高等教育经济与财政系列研究20多年来出版的第三套丛书。

我是1999年晋升的教授。自2000年开始以博士生导师的身份独立招收博士研究生，至2019年已招满20届，到2019年5月已独立培养出66名博士，其中以"教育经济学"和"高等教育管理"作为博士学位论文选题的人各一半，分属于"教育经济与管理"专业和"高等教育学"专业，毕业时分别获得管理学博士学位和教育学博士学位。管理学博士学位获得者大多在高等学校的公共管理学院工作，少量的在教育学院工作。研究教育经济问题的博士们现今的主要研究领域为高等教育经济与财政。

我本人具有跨学科的求学经历和教学、科研工作经历。求学上：本科专业是"77级"的机械制造与工程，在著名的华中工学院获得工学学士学位；然后以在职人员身份攻读华中理工大学的高等教育管理硕士，师从朱九思教授，1992 年获得教育学硕士学位；再然后考上了华中理工大学管理科学与工程专业的博士生，师从朱九思教授和黎志成教授，1997 年获得工学博士学位（也就是当今的管理学，1997 年的管理学尚没有从工学中分离出来）。指导研究生上：1998 年开始在华中理工大学高等教育研究所的高等教育学专业招收硕士生；1999 年开始辅助我的导师朱九思先生指导博士生；2000 年经评审获得高等教育学专业博士生导师资格并招生；2003 年经评审获得教育经济与管理专业博士生导师资格并招生。多年来一直在两个二级学科博士点（管理学的教育经济与管理，教育学的高等教育学）招收博士生。教学上：多年来承担的教学课程也是跨在两个专业中。面对教育经济与管理专业博士生的"高等教育财政专题"；面对教育领导与管理专业的专业学位博士生的"国际高等教育发展"；面对来华博士留学生的"中国教育改革与发展"；面对两个专业硕士生的"比较高等教育"后来是"高等教育管理的国际比较"；还参与博士生的"研究方法高级讲座"课程的教学。科研上：多年来从事的科学研究也集中在这两个专业中。涉及教育经济学研究领域，本人负责的科研项目有："高等教育增值与毕业生就业之间的关系——基于教育经济学的理论分析与实证检验""中国学生贷款方案""学生贷款回收""学生贷款偿还""中国全日制普通高校学生资助""国家开发银行助学贷款业务发展战略规划""中国高校学费制度改革""开辟教育新财源""大学科研成本计量"和"中央高校财政拨款模式"等；涉及高等教育管理研究领域，本人负责的科研项目有："大学教师评价的效能""多校区大学管理模式""中国研究型大学形成与发展战略""学术职业变革""高校教师质量提升""大学教师的近亲繁殖""科技工作者家庭状况""高校自主招生"和"高等教育中的双一流建设"等。

中国学术系统对博士毕业生在"起跳平台"上的综合性乃至苛刻的跨学科性的要求，提醒我在指导博士生的过程中既要注重他们在某一领域的学问的深度，也要注意拓展他们的知识面使其求职及职业发展具有一定的广度。比如，有不少博士生将学生贷款研究作为其博士学位论文的题目，那么我就要求他们：学生指的是大学生，因此在研究学生贷款之前要研究大学生，也就需要研究大学生成长、成才的环境，如学生的消费习惯、家庭的经济条件、大学的财政能力等；想要研究学生贷款，就要首先知道与学生贷款相关的其他学生资助手段，如奖学金、助学金、学费减免、勤工助学的本身意义和政策含义，还要知道各种学生资助手段相互之间的关系，得到财政资助对学生当前的求学和将来的工作各有什么意义；若想深入研究学生贷款，那么政府财政、商业金融、担保保险等行业都是学生贷款研究者要"打交道"的地方，谁来提供本金？怎样确定利率标准？如何融资？如何担保？如何惩罚？还有，研究学生贷款的角度也很多，可从主体与客体的角度：谁放贷、谁获贷、谁还贷？可从资金流动的角度：贷多少（涉及需求确定）？还多少（涉及收入能力）？如何还（涉及人性观照与技术服务）？还可从参与方的角度：学生贷款是学校的事务？还是银行的产品？或是政府的民生责任？或是家长和学生的个人行为？最后可从时间的角度：贷前如何申请？贷中如何管理？贷后如何催债？等等。可以说，就学生贷款这一貌似简单的事物来说就有如此多、如此复杂的研究角度。正是这样的多样性与复杂性，催生了我们团队的以学生贷款为中心的一系列的学术研究、政策分析、实践讨论。由本人定义的包含学费、学生财政资助、学生贷款还款在内的"学生财政"（student finance）只是高等教育财政中的一部分，尽管这个部分很重要。高等教育财政投入无非是两个重要部分的投入：公共投入和私人投入。我们团队进行了大量研究的是高等教育的私人投入。然而，全面意义上的高等教育财政必须研究公共投入，在中国，主要是各级政府的投入。本团队从2007年开始逐步将集中于学生财政的研究扩展到高等教育财政的研究范畴。有学生从资本转化（经济资本、社会资本、文化资本、人力资本本身及其相互关系）的角度来研究学生贷款带来的社会流动效应；有学生从教育政策主体性价值分析的角度来研究中国的学生贷款；还有学生从高等教育支出责任与财力保障的匹配关系来分析政府特别是地方政府的高等教育投入（该文获得中国高等教育学会优秀博士学位论文奖）。本套"教育经济研究·系列丛书"却把研究触角更加明确地指向教育经济学研究的经典问题上。

本套系列丛书是经我仔细挑选的七本专著：张青根博士的《中国文凭效应》、张冰冰博士的《中国过度教育》、熊俊峰博士的《大学教师薪酬结构》、王鹏博士的《中国大学科研成本》、李玉栋博士的《丝绸之路沿线省域学科与产业的协同研究》、徐志平博士的《中国学术劳动力市场》、宋飞琼博士的《中国学生贷款的实施效益评价》。前六本都是在各位博士的学位论文基础上改写提升而来，其中张青根博士和熊俊峰博士的学位论文都曾获得中国高等教育学会优秀博士学位论文奖。张青根博士和张冰冰博士的两本专著来自教育经济学研究的经典选题；熊俊峰博士、王鹏博士和李玉栋博士的三本专著来自中国当前的现实问题；徐志平博士的选题横跨在我本人长期专注的学术职业研究和劳动力市场研究之间；宋飞琼博士的专著则是对她本人十多年研究的具有归纳性和发展性意义的项目结题报告，也是对我本人 2016 年出版的《中国高校学生资助的理论与实践》专著的一个回应。

作为这些作者当年的博士学位论文指导教授，我对入选本套丛书的发展自博士学位论文的专著都非常熟悉，因为每篇论文都曾融进我的心血、智慧和劳作。今天，能将这些博士学位论文修改、深化、提升为学术专著，并由我作为丛书主编来结集出版，是我专心从事教育经济学研究 20 多年来的一大幸事，用心、用情来撰写这个"总序"倍感幸福。我想借此机会，列举一下我心爱的、得意的在教育经济学研究领域做出成绩和贡献的已毕业的 33 位博士研究生，尽管他们中的大部分博士学位论文已另行出版。他们的姓名和入学年级是：

2000 级的李红桃，2002 级的沈华、黄维，2003 级的李庆豪，2004 级的刘丽芳，2005 级的宋飞琼、梁爱华、廖茂忠，2006 级的季俊杰、彭安臣、毕鹤霞、胡茂波、杜驰、魏黎，2007 级的孙涛、钟云华、王宁，2008 级的臧兴兵，2009 级的赵永辉、刘进，2010 级的熊俊峰、王鹏，2013 级的张青根、张冰冰、徐志平，2014 级的李玉栋。还有在职攻读教育经济与管理专业获得管理学博士学位的李慧勤、肖华茵、夏中雷、梁前德、江应中。还有来华博士留学生，来自加纳的 Adwoa Kwegyiriba 和来自赞比亚的 Gift Masaiti。作为曾经的导师，我感谢你们，正是你们的优秀和勤奋给了我学术研究的压力和动力，促使我永不停步！作为朋友，我感谢你们，正是你们时常的问候和关注、你们把"过去的"导师时时挂在心中的情感，给我的生活以丰富的意义！我虽然达不到"桃李满天下"的程度，但你们这些"桃子""李子"天天芬芳，时时在我心中！我真真切切地为你们的每一点进步而自豪、而骄傲！

我衷心感谢本丛书中每本著作的作者！感谢为我们的研究提供良好

学术环境和工作条件的华中科技大学和本校教育科学研究院！感谢中国社会科学出版社给予的大力支持！最后要感谢阅读我们的成果、理解我们追求的每一位读者！

2019 年 5 月 1 日
华中科技大学教科院

目 录

第一章　绪论 …………………………………………………………（1）

第二章　"丝路域"学科与产业协同的理论基础 ………………………（31）
　第一节　分工理论与协同溯源 ………………………………………（31）
　第二节　区域创新理论与协同依据 …………………………………（36）
　第三节　协同理论与协同内涵 ………………………………………（42）
　本章小结 ………………………………………………………………（46）

第三章　发达区域学科与产业协同的范式变革 ………………………（48）
　第一节　知识生产、传播与应用模式的现代转型 …………………（49）
　第二节　从交易型到交互型的范式变革 ……………………………（53）
　第三节　范式变革中学科与产业协同的演变特征 …………………（72）
　本章小结 ………………………………………………………………（79）

第四章　新范式下学科与产业的多维协同 ……………………………（81）
　第一节　知识协同为核心 ……………………………………………（81）
　第二节　结构协同为基础 ……………………………………………（90）
　第三节　组织协同为保障 ……………………………………………（99）
　第四节　布局协同是关键 ……………………………………………（108）
　本章小结 ………………………………………………………………（114）

第五章　"丝路域"学科与产业发展的特征与趋势 …………………（116）
　第一节　"丝路域"学科与产业发展的"先天不足"阶段 …………（116）

第二节 "丝路域"学科与产业发展的"后天亏欠"阶段 …………（122）
第三节 "丝路域"学科与产业发展的"追赶乏力"阶段 …………（128）
本章小结 ……………………………………………………………（135）

第六章 "丝路域"学科发展对产业增长的影响分析 ……………（136）
第一节 理论假设 ……………………………………………………（136）
第二节 计量模型与变量数据 ………………………………………（139）
第三节 计量结果与分析 ……………………………………………（143）
本章小结 ……………………………………………………………（148）

第七章 "丝路域"学科与产业协同的实证计量和空间分析 ………（150）
第一节 测量模型 ……………………………………………………（150）
第二节 指标体系 ……………………………………………………（154）
第三节 测量方法与结果 ……………………………………………（157）
本章小结 ……………………………………………………………（165）

第八章 "丝路域"学科与产业协同困境的制度环境和治理路径 …………………………………………………………（167）
第一节 "丝路域"学科与产业协同困境产生的制度环境 …………（167）
第二节 构建"丝路域"学科与产业"四位一体"协同发展模式 ………………………………………………………（174）
本章小结 ……………………………………………………………（185）

参考文献 ………………………………………………………………（187）

结　语 …………………………………………………………………（201）

第一章 绪论

学科与产业协同作为当前驱动国家和区域创新发展的主要方式，已经被发达国家的成功经验所证实。中国区域发展受国家政策影响较大，但是对于发展落后区域来说，要想实现可持续的高质量发展，不能单纯依靠政策导向的"输血"模式，需要重塑区域"内部造血系统"。本书认为创新是引领国家和区域发展的第一动力，其内涵是创造知识技术并转化为经济价值的活动。学科与产业分别处于创新活动的两端，一端创造知识技术，另一端创造经济价值。本书试图探索学科与产业协同创新的机理和路径，在此基础上，以丝绸之路沿线省域为研究案例，实证分析中国发展落后区域的学科与产业协同现状，验证学科供给与产业需求在知识创新和人才培养等方面是否存在"两张皮"的问题，并针对问题剖析其成因，从而提出有效的对策建议。绪论部分针对本书的研究问题、核心概念、已有研究基础以及研究意义等内容进行阐述和分析。

第一节 问题提出

一 中国区域发展不平衡问题突出，丝绸之路沿线省域陷入发展困境

中国国土面积辽阔，区域间差异较大，在自然环境和社会经济等诸多因素的影响下，区域发展不平衡问题突出。改革开放以来，社会主义市场经济极大促进了经济发展，然而在此过程中，由于过度追求经济增长效率，忽视了区域均衡发展，导致区域之间的发展差距逐渐扩大。习

近平总书记在党的十九大报告中指出:"当前我国社会的主要矛盾已经转化为人民日益增长的美好生活需要和不平衡不充分的发展之间的矛盾。"其中,区域间的不平衡发展和落后区域的不充分发展已经成为新时代背景下桎梏中国持续健康发展的主要症结之一。

中国著名经济学家蔡昉等人对中国东、中、西三大区域的经济发展差异进行研究,研究结果均表明从20世纪80年代末开始,东、中、西区域间的经济增长差异呈现出明显的扩大态势。[1] 区域经济发展水平由高到低呈现出:东部省会城市和直辖市→东部沿海城市→东部内陆城市→中部城市→西部城市的分布特征[2]。与经济发展情况相似,中国科研和教育的发展水平也处于非均衡状态,不同区域在发展规模、结构及投入等方面都存在巨大差异。例如,中国高等教育体系在创建之初就呈现"东强西弱,呈阶梯状分布"的格局。后来经过中华人民共和国成立初期高等院校的大规模调整,又形成了"东西强,中部弱"的格局。[3] 随着改革开放的实施,为适应经济区域化和多种所有制经济发展的需要,在政府和市场的共同推动下,中国高等教育空间布局发生剧烈变化,不平衡不充分的问题开始凸显。[4] 自1999年中国高校扩招后,东部大部分省份的高等教育发展明显高于全国平均速度,且越来越高于全国平均水平,呈现向上发散趋势;相反,西部地区大部分省份的高等教育发展均慢于全国平均速度,且呈现向下发散趋势,各区域高等教育的总量规模、均量水平、结构效率三方面的差异均有所扩大。[5] 高等教育和学科发展也呈现相同的区域不均衡状态。这种区域差距可以通过省域高等教育的第三方综合

---

[1] 蔡昉、都阳:《中国地区经济增长的趋同与差异——对西部开发战略的启示》,《经济研究》2000年第10期;林毅夫、蔡昉、李周:《中国经济转型时期的地区差距分析》,《经济研究》1998年第6期;杨开忠:《迈向空间一体化:中国市场经济与区域发展战略》,四川人民出版社1993年版,第132—135页。

[2] 高耀等:《中国十大城市群主要城市高等教育与区域经济协调综合评价研究——基于107个城市2000年和2010年的横截面数据》,《教育科学》2013年第6期。

[3] 宋争辉:《中国优质高等教育资源区域分布非均衡化的历史演变与现实思考》,《高等教育研究》2012年第5期。

[4] 刘国瑞:《我国高等教育空间布局的演进特征与发展趋势》,《高等教育研究》2019年第9期。

[5] 刘丽:《区域高等教育发展实力分析》,《教育发展研究》2009年第19期。

指数①和"双一流"建设学科的区域分布情况看出。具体数据参见图1—1。

丝绸之路起源于西汉时期，以当时首都长安为起点，经甘肃、新疆，到中亚、西亚，是连接中国和地中海各国的陆上通道，最初被用来运输中国古代出产的丝绸，之后发挥着对外商品交易和文化交流的重要作用。但是中国丝绸之路沿线省域多分布于西北和西南等区域，根据上述结论和数据，除了四川、陕西等少数省份外，其他大部分省域逐渐沦为发展落后区域，其教育、科技和经济发展水平与国内发达区域的差距呈扩大趋势。

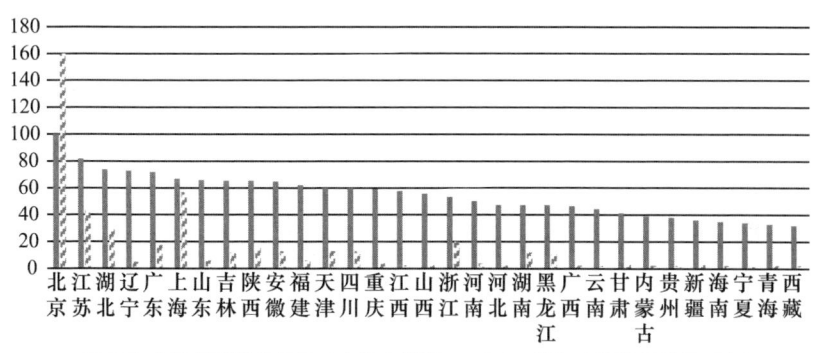

■ 2018年省域高等教育的第三方综合指数　▨ "双一流"建设学科数量（个）

图1—1　高等教育发展的省域差异情况

二　长期的区域发展战略未能有效提高落后区域自我发展能力

为了缩小区域发展差距，实现共同发展，中国自2000年开始实施"西部大开发"战略，之后于2004年相继提出"中部崛起"和"振兴东北"战略。在一系列区域发展战略中，"西部大开发"战略历时最久，投资规模最大。根据国家发展改革委统计，2000—2012年，"西部大开发"累计新开工重点工程187项，投资总规模超过3.6万亿元。② 中央财政累计对西部地区财政转移支付8.5万亿元，中央预算内投资累计安排西部地

---

① 曾志嵘、师璐、陈敏生：《基于指数理论和大学排名的大学第三方指数构建与应用——以中国内地高校第三方指数为例》，《高教探索》2019年第8期。

② 《中国西部大开发13年累计投资3.68万亿元》，2012年12月，新华网（http://news.xinhuanet.com/politics/2012-12/19/c_114088427.htm）。

区超过1万亿元,占全国总量约40%。① 国家的重点扶持和巨额投入虽然帮助西部地区经济短期内进入了快速发展的轨道。但是,一方面,西部地区的经济增长很大程度上得益于重大项目投资的有力支撑,投资拉动型经济特征明显,资本形成率高达67.26%。② 另一方面,西部地区经济发展对自然资源的依赖性较强,围绕煤炭、石油和天然气、金属矿藏等资源的开发利用成为西部地区的主导产业。这种过度依赖纵向投资和单一型自然资源开发的经济增长,忽视了人力资本积累和知识技术创新,导致西部地区缺乏经济发展的内生动力,自我发展能力羸弱,高速增长难以持续。自2013年,中国提出共建"丝绸之路经济带"和"21世纪海上丝绸之路"倡议,不仅要实现促进沿线各国经济繁荣与区域经济合作的伟大愿景,而且其中一项重大举措是对国内沿线省域进行重点建设,发挥各省域比较优势,加大创新力度,实现创新驱动发展新模式,最终对中国区域发展格局起到总体优化和战略提升的作用。高质量共建"一带一路"为丝绸之路沿线发展落后省域提供了发展的新机遇和新要求。

三 学科与产业发展错位脱节阻碍发展落后区域自我发展能力提升

缩小区域发展差距、促进区域均衡发展不能再走过去依靠外界持续"输血"的老路,其关键在于提高落后区域的创新发展能力,根本在于重塑区域"内部造血系统"。这就需要充分发挥专业化知识技术和人力资本的支撑和引领作用,紧紧依靠创新驱动和内生增长,加快提高区域自我发展能力。新经济增长理论认为知识技术进步是现代经济获得持续增长的根本动力。在此背景下,能否实现知识技术创新、专业人才培养与相应产业的良性互动发展成为区域自我能力提升的关键。但是长期以来,中国落后区域学科发展与产业发展错位脱节,学科调整滞后于产业升级的需要。以丝绸之路沿线省域为例,根据"双一流"建设名单,一流学科入选仅63个(占全国比例不到15%),且多数集中于化学和化学工程(6个)、机械工程(5个)、生态学(4个)、土木工程(3个)、力学(3

---

① 徐绍史:《13年间中央财政对西部转移支付8.5万亿》,2013年10月,环球网(http://money.163.com/13/1022/18/9BQE8RKE002529IR.html)。

② 姚慧琴等:《西部蓝皮书:中国西部发展报告》,社会科学文献出版社2013年版,第36页。

个)等传统学科,其发展和布局依然受国家早期政治因素和当地自然条件影响较大。这导致在市场经济体制下,丝绸之路沿线省域学科建设与产业转型升级的适应性较差,不仅无法支撑经济增长真正转向创新驱动轨道,而且与国家在该区域重点发展新一代信息技术、生物、新能源、新材料等新兴产业的战略不匹配。学科与产业发展错位脱节不仅造成产业增长所需的知识技术和专业人才供给出现较大缺口,而且也导致学科发展缺乏必要的资源要素投入。由此,落后区域的学科与产业陷入恶性循环的发展状态,严重制约区域持续稳定发展,逐渐拉大与发达区域之间的差距。

四 促进落后区域学科与产业协同发展缺乏有效措施和研究成果

在国家战略发展的背景下,"以学科为基础,以改革为重点,以创新能力提升为突破口,建立协同创新平台,构建多元、融合、动态、持续的协同创新模式与机制,推动知识创新、技术创新、区域创新的战略融合"[1]是当前推进区域学科与产业发展的有效方式。但是政策制定者和研究者对于发展落后区域如何具体解决学科与产业共同发展的问题,并没有达成意见共识。首先,学科建设和产业发展所面临的人才流失问题没有得到解决。由于经济发展状况较差,学术环境不理想,西部地区高校教师的流动意愿是东部地区的 2 倍多。[2] 据中科院地质与地球物理研究所兰州油气资源研究中心的人员透露,该所近些年流失的人才,可以建一个新的地质所。[3] 人才流失有经济和环境方面的因素,但是更重要的原因是由于区域学科与产业发展落后,人才既无"用武之地",又缺"深造之所"。如何摆脱引智难、留人难的"魔咒",是发展落后区域亟待解决的问题;其次,学科与产业在发展规模、发展层次、资金保障等方面较为薄弱。发展落后区域过于依靠外部行政化的财政资助,无法依靠市场力

---

[1]《教育部关于印发〈国家教育事业发展第十二个五年规划〉的通知》,2012 年 6 月,中华人民共和国教育部网站(http://old.moe.gov.cn//publicfiles/business/htmlfiles/moe/s6855/201207/xxgk_139702.html)。

[2] 刘进、沈红:《中国研究型大学教师流动:频率、路径与类型》,《复旦教育论坛》2014 年第 1 期。

[3]《西部大开发 15 年:西部人才加速"失血"背后》,《中国科学报》2014 年 2 月 21 日第 4 版。

量，形成内部自发调节的发展机制，造成学科与产业建设严重脱节，资源利用率低，部分学科与产业资源浪费严重，而亟须发展的学科与产业却缺乏相应保障；最后，发达区域的学科与产业合作政策、制度、模式等内部环境较为成熟，可以形成优势互补，但是落后区域并没有形成明显的优势学科与产业，也缺乏相应的内部环境，如何在"双弱势"中寻求两者协同发展，并没有相关政策与研究定论，需要进一步研究。

五 研究问题

综上，目前中国面临严峻的区域发展不平衡问题，成为制约中国特色社会主义新时代持续健康发展的瓶颈。为了缩小区域发展差距，必须提高发展落后区域的自我发展能力，构建基于学科与产业协同的区域创新发展模式。因此，本书选择丝绸之路沿线省域为研究对象，着眼于中国发展落后区域的学科与产业协同问题，探索和研究学科与产业协同发展的理论、模式及实践措施，为促进落后区域健康合理发展提供依据。为了实现这一研究目的，本书必须解答其中涉及的核心问题，这些问题共同构成了本书的研究重点和研究框架：

1. 区域学科与产业协同的应然性特征及其所包含的主要内容是什么？
2. 丝绸之路沿线省域学科与产业协同的实然性状态和存在的现实问题是什么？
3. 造成丝绸之路沿线省域学科与产业协同陷入困境的原因是什么？
4. 促进丝绸之路沿线省域学科与产业协同应该做什么和怎样做？

第二节 概念界定

一 学科

学科的英语单词是"discipline"，也有少数"subject"的用法。从词源学的角度，"discipline"来源于希腊文的"didasko（教）"和拉丁文"（di）sco（学）"。《牛津大词典》（第一卷）和《苏联大百科全书》等国外一些著名的辞典类书籍对"discipline"进行注解，一般认为这个单词的含义包括科学门类或某一研究领域、一定单位的教学内容和规范惩罚等。① 福柯强调这个单词具有"学科"和"规范"两种含义,他认为任何学科都是一种社会的规范。② 伯顿·克拉克明确认为"学科明显是一种联结化学家与化学家、心理学家与心理学家、历史学家与历史学家的专门化组织"。③ 由此看来,研究者对学科一词的理解存在差异。已有研究对学科的认识可以分为几类:第一类是"教学科目",《辞海》中对学科的解释是"教学的科目,学校教学内容的基本单位";④ 第二类是"创新活动",认为"学科是一种社会活动,是关于知识的创新活动";⑤ 第三类是"知识门类",这种观点认为学科与知识之间存在关系,学科是知识发展成熟的产物,是专门化的知识体系,是划分知识或学问的门类;⑥ 第四类认为学科具有知识形态和组织形态"双重形态"。⑦;第五类认为学科分类不仅可以从知识类型的角度,还可以从人们活动领域的类型的角度进行。⑧ 从以上对学科的理解来看,学科的概念主要包含三个要素:一是在一定研究领域生成的专门知识;二是构成学术体系的组织;三是从事学术的专门的人员。基于以上理解,学科所具有的主要功能包括知识的生产与发现(即科学研究)、知识的教授与传承(即人才培养)和知识的应用(即社会服务)。根据教育部发布的《学位授予和人才培养学科目录(2018年4月更新)》,本书中的学科分类主要指13个学科门类,即哲学、经济学、法学、教育学、文学、历史学、理学、工学、农学、医学、军事学、管理学、艺术学。

二 产业

"产业"在汉语中既有"占有的财产或私有财产"的意思,又可以表

---

① 王长纯:《学科教育学概论》,首都师范大学出版社2000年版,第3—5页。
② Michel Foucault, *The Archaeology of Knowledge and Discourse on Language*, New York: Pantheon, 1972, pp. 216 – 224.
③ [美]伯顿·克拉克:《高等教育系统——学术组织的跨国研究》,王承绪等译,杭州大学出版社1994年版,第34页。
④ 夏征农:《辞海》,上海辞书出版社1988年版,第1126页。
⑤ 宣勇、凌健:《"学科"考辨》,《高等教育研究》2006年第4期。
⑥ 董大年:《现代汉语分类大词典》,上海辞书出版社2007年版,第648页。
⑦ 宣勇:《论大学学科组织》,《科学学与科学技术管理》2002年第5期。
⑧ 曾国屏:《弘扬自然辩证法传统,建设科学技术学学科群》,《北京化工大学学报》(社科版)2002年第3期。

示"积聚财产的事业或生产事业"的含义。英语中产业的单词是"industry",但是它不仅表示工业部门,也指国民经济生产的各个部门和各类行业。[①] 在经济学研究中,有研究者认为产业是国民经济按照一定的社会分工原则,为满足社会某种需要而划分的、从事产品和劳务生产及经营的各个部门。[②] 也有研究者认为一个产业是具有某种同一属性的经济活动的集合。[③] 产业还可以被认为是介于企业和宏观经济单位之间的,因某种共同属性结合或积聚在一起的企业集合。综上,产业被认为是部门的集合、经济活动的集合以及企业的集合。本书认为产业的概念应该是国民经济中按某一标准划分的和具有某种同类属性的经济生产部门的集合。

经济学研究中对产业的分类也存在不同的方法。经济学家费希尔在1935年所著的《安全与进步的冲突》一书中首先创立了三次产业划分法,[④] 这种划分方法目前普遍适用于全世界大部分国家的统计数据和相关研究中,本书也同样采用三次产业划分法。

三 区域

区域的英文单词有 region、zone、district 和 area,每个单词从不同的学科角度出发具有其特定的含义和使用规则。Region 通常在地理学研究和表述中使用,主要是指具有典型特征的地理空间范畴。在经济学中,区域经常通过 region 或 zone 表述,主要是按人类经济活动的空间分布规律划分的具有开放性和集聚性特点的空间。特定区域的经济结构基本完整,是国民经济体系中发挥特定作用的地域单元。在教育管理学中,区域主要是在一定的行政管辖权限范围内教育事业发展规划的地区,一般用 district,比如学区。有学者认为区域主要是指根据地理位置和经济发展水平差异划分出的地域,既包含国家宏观范围内的领域,也包括省或地区内划分出的微观领域。[⑤] 也有学者认为在教育管理学中,区域高等教育

[①] 邬义钧等:《产业经济学》,中国统计出版社1997年版,第2—10页。
[②] 史忠良:《产业经济学》,经济管理出版社1998年版,第1—2页。
[③] 同上。
[④] Allen G. B. Fisher, "Production, Primary, Secondary, and Tertiary", *Economic Record*, Vol. 15, No. 1, 1939.
[⑤] 吴明忠:《全面建设小康社会与区域高等教育均衡发展战略的若干思考》,《理工高教研究》2003年第6期。

所指的区域,主要是指省际范围内,省会城市及其以外的中心城市或计划单列市。①

尽管目前的研究对区域的概念存在何种争论,但是对区域的理解具有两点共识:第一,区域与外部环境在自然地理和人类活动的某种事务方面存在显著差异;第二,区域内部在自然地理和人类活动的某种事务方面存在显著共性。本书的研究对象主要是指发展落后区域,所以本书中区域的概念与经济活动有关,主要是指以省(自治区、直辖市)为基本单位,根据经济活动的同质性划分的一片地区。

根据研究目的和国家倡议,本书选择丝绸之路沿线的甘肃、宁夏、青海和新疆四省份作为研究区域(以下简称"丝路域"),具体原因包括:

(1) 根据研究目的。本书旨在通过分析学科与产业的协同情况,为中国落后区域明确学科建设和产业发展方向提供依据,以促进区域提高自我创新和发展能力。"丝路域"地处中国西北部,其综合发展水平与发达地区相比处于弱势,对该区域进行研究,与研究目的相符。

(2) 根据区域的本质特征。本书选择丝绸之路沿线甘肃、宁夏、青海和新疆四个省份作为研究区域是因为"丝路域"四省的科教和经济发展水平具有同质性。从经济发展水平看,甘肃、宁夏、青海和新疆四省的年均 GDP 排名处于中国最低层级。从科教水平看,已有研究表明按照高等教育评价综合指数宁夏、新疆、青海和甘肃四省归为发展水平最低的第三阶梯②。

(3) 根据国家倡议。"丝绸之路经济带"和"21 世纪海上丝绸之路"(并称为"一带一路")是中国发展规划中的重点区域。"一带一路"的发展有利于促进沿线区域加强经济合作和文化交流,实现共同繁荣。本书选择"丝路域"作为研究对象,力图从学科与产业协同发展的角度探索推动中国区域共同发展的有效路径,符合国家发展的大政方针。

四 协同

在英文文献中,synergy、collaboration、cooperation 都可以用来表示协

---

① 刘剑虹、熊和平:《区域经济结构与区域高等教育的多元发展》,《教育研究》2013 年第 4 期。

② 崔玉平:《省域高等教育实力的分类评价》,《清华大学教育研究》,2010 年第 1 期。

同的含义。德国物理学家赫尔曼·哈肯在系统论中最早提出了协同的概念,指系统在从无序到有序的过程中,系统内部各子系统之间相互合作和相互协调的同步联合作用及集体性行为。① 这种相变过程能够产生"1+1>2"的效应。协同学(Synergetics)由此被定义为"关于系统的各部分之间协同工作的学问"。国内学者郭宏认为,协同就是协调两个或两个以上的不同资源或个体,协同一致地完成某一目标的过程或能力,并且通过协同产生"协同"效应,使总体的绩效大于个体绩效的总和。② 从以上概念中可以看出,协同的概念必须包括几方面的内容:协同的主体、协同的目标、协同的方式以及协同的效果。因此,在本书中,协同是指系统中的两个或多个子系统为了统一的目标或使命,共生、共建、共创,促进各系统优化发展,最终实现整体绩效大于子系统绩效总和的过程。

第三节 文献综述

一 关于学科与产业的关系的研究

(一)教育与经济发展的关系

讨论学科与产业的关系,绕不开教育与社会经济发展的关系。国内外研究一直对教育与社会经济发展的关系争论不休,主要集中在教育对社会经济发展的"适应性"与"超越性"之间,由此产生了教育的"适应论"与"超越论"。1996 年鲁洁先生发表题为《论教育之适应与超越》的论文开启了围绕教育"适应论"的讨论,她认为"随着人们对马克思主义哲学本义的探究和重新认识,'教育要与社会的经济、政治、文化'等相适应这一命题开始失去其理论上的立足点;而新时代的历史和教育实际也同样向它提出众多的质疑和问难"。她主张在教育哲学观上实现"从适应论到超越论的根本转变"。③ 2013 年展立新、陈学飞发表《理性的视角:走出高等教育"适应论"的历史误区》一文,又一次引发了诸

---

① [德]赫尔曼·哈肯:《协同学——大自然构成的奥秘》,凌复华译,上海译文出版社 2001 年版,第 21—37 页。

② 郭宏:《基于协同创新的高技术企业绩效管理研究》,博士学位论文,天津大学,2008 年,第 40 页。

③ 鲁洁:《论教育之适应与超越》,《教育研究》1996 年第 2 期。

多研究者关于高等教育"适应论"和"超越论"的讨论。前者强调高等教育发展必须与社会发展需求相适应，后者强调高等教育是一种知识再生产活动，首先应该满足认知活动合理化的要求。

(二) 学科与产业的"适应"与"超越"

关于学科与产业发展的关系在研究界也存在诸多争论。但是，此类研究更多是通过对学科与产业的发展历史来揭示两者之间的关系。有研究从学科的形成出发，认为学科先是以哲学为其他各科之"母"，之后是神学占统治地位，最后是多学科分化。[1] 根据历史研究，西方现代学科制度形成之初，主要以神、文、法、医学科为主，而当时社会经济中最主要的产业为农业，学科与产业呈现分隔的关系；随着工业革命的开始，纺织业、机器制造业、交通运输业以及冶金工业的发展推动了新学科的分化和产生，理、工、农等学科相继产生和发展，之后经、管类应用学科快速发展以满足工商业的爆发式增长。根据美国高等教育史[2]，美国高等教育学科专业的大调整主要是从赠地学院开始，1862 年《莫里尔赠地法》颁布后，美国各州开始创建赠地学院，重点教授农学技术和农业机械等方面的知识，部分赠地学院在此基础上发展成为康奈尔大学、威斯康辛大学等世界名校，这一过程也促进了农学、机械制造和生物学等学科的发展。"二战"期间，美国高等教育为军队培养急需人才，战争结束后《军人权利法案》促成州立大学迅速发展，学科门类由农业为主转为综合性发展。传统学科比例持续下降，教育、工商管理类学科比例急剧攀升。[3] 这个时期学科主动适应产业发展。随着知识经济的到来，学科的纵深专业化发展和横向渗透的综合化发展涌现出很多新兴学科，这些新兴学科的发展不断孕育新兴产业，拉动产业结构优化和升级的引擎，学科成为引领产业发展的强劲动力。综上，从世界范围内看，学科对产业的影响作用经历了从互不干涉到主动适应，再到超前引领的演变过程。[4]

---

[1] 孙绵涛：《学科论》，《教育研究》2004 年第 6 期。

[2] Andrea L. Turpin, "The Many Purposes of American Higher Education", *Reviews in American History*, Vol. 44, No. 1, 2016.

[3] Douglas L. Adkins, "The Great American Degree Machine: An Economic Analysis of the Human Resource", *The Carnegie Commission on Higher Education*, Vol. 71, No. 356, 1976.

[4] 李战国、谢仁业：《美国高校学科专业结构与产业结构的互动关系研究》，《中国高教研究》2011 年第 7 期。

二 关于学科与产业的协同的研究

（一）学科与产业协同的基础

国外大多通过研究大学和产业（university-industry）或者学院和产业（academic-industry）的合作来分析某类或某几类学科与产业的相互作用。沃尔特·鲍威尔等人[①]的研究认为，很多证据表明"university-industry"或者"academic-industry"的联合可以促进创新的过程，其合作关系也给经济发展和技术进步带来巨大的影响。也有研究认为经济全球化和知识化也要求"university-industry"应该开放与合作，实现产业和学科协同发展。[②] 潘懋元先生分析发现：科学研究和产业间的关系不仅仅是以经济交易为基础，多是以知识分享为基础。[③] 霍影等认为创新驱动是产业结构调整和升级的关键，而推动创新发展的主要动力来源于知识和技术创新。[④]也就是说，知识和技术创新是推动产业结构升级的原始动力。王贺元等认为学科专业和产业之间的和谐统一的结构体系可以促使知识流转。以学科创新为代表的知识生产不应该仅仅停留在死气沉沉的论文和书院之中，而要从"象牙塔"中走出来，真正应用到人才培养和社会经济生产的整个过程中。[⑤]

也有部分研究认为学科和产业协同的基础在于两者之间能够相互制

[①] Walter W. Powell, Kenneth W. Koput, Laurel Smith-Doerr, "Inter-organizational Collaboration and the Locus of Innovation: Networks of Learning in Biotechnology", *Administrative Science Quarterly*, Vol. 41, No. 1, 1996. Rod Coombs, Mark Harvey, Bruce S. Tether, "Analysing Distributed Processes of Provision and Innovation", *Industrial and Corporate Change*, Vol. 12, No. 6, 2003. Ammon J. Salter, Ben R. Martin, "The Economic Benefits of Publicly Funded Basic Research: a Critical Review", *Research Policy*, Vol. 30, No. 3, 2001. Teixeira Aurora, Mota Luisa, "A Bibliometric Portrait of the Evolution, Scientific Roots and Influence of the Literature on University—industry Links", *Scientometrics*, Vol. 93, No. 3, 2012.

[②] 李战国等：《美国高校学科专业结构与产业结构的互动关系研究》，《中国高教研究》2011年第7期。

[③] 潘懋元：《产学研合作教育的几个理论问题》，《中国大学教学》2008年第3期。

[④] 霍影、张凤武：《嵌入省域产业特色的优势学科群集群发展模式研究——创新驱动视阈下以黑龙江省高校学科群为例》，《中国高教研究》2012年第10期。

[⑤] 王贺元等：《学科—专业—产业链：协同创新视域下的基层学术组织创新》，《中国高教研究》2012年第12期。

衡和相互促进。靳希斌等[①]通过理论阐述和实证分析发现，学科结构受产业发展的影响较大，反过来学科发展对产业结构的调整和升级也会产生重要影响。现实条件下，若学科发展无法满足产业增长的要求，则会制约知识技术创新和人才培养，从而阻碍产业协调发展；如果学科结构过度超前，则会导致教育过度，造成人才和资源浪费。崔永涛等研究者[②]认为产业结构的变迁是影响高等教育学科结构变化的重要原因，优化学科专业结构、适应产业转型升级是高等教育内涵式发展的重要支持。陈士慧等[③]认为学科和产业的结合以共同使用和培养高素质人力资源为核心，可以整合不同的知识库、构建共享信息平台，对资源进行整合，促进学科专业设置、升级产业理念双向调整。胡赤弟[④]通过理论和案例分析认为学科—专业—产业可以形成区域创新链，学科和专业通过知识和智力支持促进产业生产和创新，同时产业又可以为相关学科和专业的发展提供资金等物质资料回馈，这一创新链的构建可以实现学科、专业和产业的良性互动，也可以共同促进区域创新发展。

（二）学科与产业协同的作用

目前大部分研究主要从两个方面探讨学科与产业协同的作用，一方面认为学科和产业协同能够促进产业升级和产业发展。另一方面认为学科与产业协同可以促使学科设置进行合理调整，优化学科结构。朱洪飞等[⑤]认为，产业结构决定高等学校学科结构的设置，产业结构的变化决定了高等

---

① 靳希斌：《中国教育经济学理论与实践》，四川教育出版社2008年版，第2—4页；刘畅：《基于产业发展的高校学科结构优化设计》，《中国高教研究》2011年第8期；乔学斌等：《高校毕业生就业学科结构与产业结构的相关性研究——基于江苏省的数据》，《高教探索》2013年第2期；刘丽建：《区域高等教育学科结构与产业结构关系的实证研究——基于福建省的数据》，《高等农业教育》2014年第9期。

② 崔永涛：《我国高等教育学科结构优化调整研究——基于产业结构调整的视角》，《教育发展研究》2015年第17期；杨林、陈书全、韩松：《新常态下高等教育学科专业结构与产业结构优化的协调性分析》，《教育发展研究》2015年第21期。

③ 陈士慧等：《学科—专业—产业链融合价值链分析——基于知识流动视角》，《科技进步与对策》2013年第1期。

④ 胡赤弟：《论区域高等教育中的学科—专业—产业链的构建》，《教育研究》2009年第6期。

⑤ 朱洪飞等：《高等学校学科建设与产业结构及其调整的关系》，《农业与技术》2007年第3期。温晓慧、丁三青：《论我国高校学科结构调整和优化——基于产业结构动态的视角》，《湖北社会科学》2012年第11期。

学校学科的优化。学科建设要以产业发展为导向。方丽等[①]运用高等教育理论和产业经济相关理论分析认为，中国产业结构的快速调整引发的人才需求与现阶段大学内所培养的人才结构在学科类型和教育层次等方面有较大差距。高等教育各类学科必须根据产业发展的需求做出相应的调整，不仅要快速提高人才培养的规模数量，而且要加快现代管理等领域急需的高层次人才的培养。佘秀云等人[②]研究中国职业教育与产业发展的关系，认为应大力发展高职教育，积极开发应用型技术人才，并以综合化为基础，形成适应产业结构调整需要的、学科门类齐全的结构。

但是王建华[③]在研究学术—产业链是否对大学的公共性造成破坏和挑战的过程中，担心在知识经济的背景下，由于知识过度商业化，学术与产业的关系越来越密切。在学术—产业链中嵌入以专利和版权为核心的知识产权制度有可能损害知识的公共性，甚至危及大学制度的正当性。未来好的大学治理就是要在知识的商业性与大学的公共性，以及强化知识产权与削弱知识产权之间保持微妙的平衡。

（三）学科与产业协同的机制和模式

学科与产业较早的协同模式是产学研合作。总体上，学术界关于产学研合作的研究大致可以从技术的需求和供给角度分为两类：一是克里斯·弗里曼等[④]从技术需求者的角度，强调由于产业作为知识和技术的主要需求者，成为推动产学研的合作的主要力量。由此，产业是产学研创新的主体，而大学和科研机构是产业创新的外部创新源，从而揭示在产业或企业发展的不同阶段，影响产学研创新过程的关键性因素；二是亨

---

① 方丽：《高等学校学科专业结构调整与产业结构调整》，《黑龙江高教研究》2003 年第 6 期。李永东：《基于产业结构演进的四川高校学科结构调整研究》，硕士学位论文，四川大学，2007 年，第 1—2 页。李英等：《高校学科专业结构与产业结构的适应性研究》，《科技管理研究》2007 年第 9 期。

② 佘秀云等：《高职学科专业结构调整与产业结构调整的变动关系研究》，《科技创业月刊》2004 年第 6 期。刘培艳：《学科专业产业链视野中的高职院校定位与发展战略》，《现代教育管理》2013 年第 11 期。

③ 王建华：《学术—产业链与大学的公共性》，《高等教育研究》2012 年第 6 期。

④ Christopher Freeman, *Technology Policy and Economic Performance*, *Lessons from Japan*, London: Pinter Publishers Limited, 1987, pp. 1 – 5. Philip Cooke, Mikel Gomez, Uranga, Goio Etxebarria, "Regional Innovation Systems: Institutional and Organizational Dimensions", *Research Policy*, Vol. 26, No. 4 – 5, 1997. Andrea Bonaccorsi, Andrea Piccalugadu, "A Theoretical Framework for the Evaluation of University-Industry Relationships", *R&D Management*, Vol. 24, No. 3, 1994.

利·埃茨科威兹[①]从大学和科研机构的技术供给者角度,通过对研究型大学、创业型大学或教学型大学等不同类型大学的发展规律进行研究,探讨和分析政府、产业与科研机构的关系架构。中国对产学研的关注始于20世纪90年代初,1992年中国启动了"产学研联合开发工程",由国家层面自上而下推动产学研的发展,国内相关研究由此开始重点关注产学研之间的技术转化和应用。随着中国产学研合作模式的深入,中国研究转向对产学研结合的创新系统的探索,博弈模型、合作绩效等成为研究的重点。[②]

美国建立的 IUCRCs 模式是产业与学科组织较为典型的合作模式。IUCRCs 的运作模式是:选择大学中的研发中心、学院、实验室等相关知识和技术研发组织,由相关产业投入资金和设备支持,经学术或研发组织与产业共同商议对特定领域的基础和应用研究进行联合开发。[③] 朱明凯等[④]构建了优势学科与战略新兴产业对接组合的"四要素两层次"分析框架,以超网络作为分析工具,提出学科与产业应该实现资源对接和能力耦合,并构建了基于创新平台资源整合的"网络化"学科群与产业群协同创新—服务模式。王贺元等[⑤]构建了学科—专业—产业链,是指学科与专业群通过知识和智力支持嵌入传统产业链中,以促进产业生产和创新,同时产业又可以为相关学科和专业的发展提供资金等物质资料回馈,使学科、专业和产业捆绑在一起成为一个具有知识技术生产和创新能力的"三重螺旋"链状结构。

除此之外,中南大学在实践创业型大学的发展路径中创造性地提出"学科性公司制"的制度安排。"学科性公司制"是一种高效率的学科创业型制度体系,具体是指学校内的优势学科和专业,以学科性公司为创

[①] Henry Etzkowitz, *MIT and the Rise of Entrepreneurial Science*, London: Routledge, 2002, pp. 102 – 112.

[②] 李世超、蔺楠:《我国产学研合作政策的变迁分析与思考》,《科学学与科学技术管理》2011年第11期。

[③] Eliezer Geisler, Antonio Furino, Thomas J. Kiresuk, "Factors in the Success or Failure of Industry-University Cooperative Research Centers", *Interfaces*, Vol. 20, Issue 6, 1990.

[④] 朱明凯等:《基于超网络的优势学科与战略新兴产业对接组合机制研究》,《科技与经济》2012年第10期。

[⑤] 王贺元等:《论产学研范式到学科—专业—产业链范式的转变》,《教育发展研究》2011年第1期。

业平台，以创新性科研成果作价入股，采用公司化运行机制。大学内的学科教学和科学研究仍然承担培养人才的任务，这一制度将科研、教学和创业三者合理地结合在一起。同样地，浙江大学以计算机学院的教师为管理人员，以在校研究生或毕业生为工作人员，共同创办了网新恒天公司，使计算机学科的研究生培养和公司研发有机结合。[①]

（四）新兴学科与产业的协同

在新的科技革命和产业革命背景下，发展战略性新兴产业，抢占科技与经济的制高点决定着国家的未来。利用优势学科、交叉学科的建设来推进战略性新兴产业发展成为一种不可或缺的途径。朱明凯等[②]认为优势学科与战略新兴产业对接组合是未来经济发展的重点领域。针对具体的学科与产业协同，汪振军[③]认为文化产业有知识密集、技术密集、信息密集、人才密集的特点。虽然目前一些高校成立了文化产业研究机构、开设了文化产业管理专业，但是面对新形势，研究者认为应该尽快将文化产业列为一级学科，建立合理的文化产业学科架构和本科、硕士、博士培养体系。张林等[④]认为在中国体育产业蓬勃发展的经济背景下，体育产业（区域）发展理论研究、体育产业发展现状和对策研究、体育消费研究成为体育学科发展的新趋向。王阳元等[⑤]从技术、产品、市场、产业结构、产业投资等方面剖析了微纳电子学科和产业发展的脉络，提出了促进微纳电子产业发展的学科建设规划。

三 关于区域学科与产业协同的研究

从区域发展的历程看，美国威斯康星大学最早萌生出威斯康星思想，提出大学要为所在区域的社会生产服务。[⑥] 随后高等教育服务区域发展的

---

① 陈士慧、王贺元：《学科—专业—产业链融合价值链分析——基于知识流动视角》，《科技进步与对策》2012年第12期。
② 朱明凯等：《基于超网络的优势学科与战略新兴产业对接组合机制研究》，《科技与经济》2012年第10期。
③ 汪振军：《高校文化产业学科定位与学科创新》，《深圳大学学报》（人文社会科学版）2010年第5期。
④ 张林等：《我国体育产业学科发展现状与展望》，《上海体育学院学报》2009年第1期。
⑤ 王阳元等：《微纳电子学科产业发展历史及规律》，《中国科学：信息科学》2012年第12期。
⑥ 王保星：《美国高等学校社会服务职能的回顾与前瞻》，《北京师范大学学报》（人文社会科学版）2001年第2期。

内容由注重为经济发展服务转向为区域政治、经济、文化综合实力的提高提供全方位服务，社区服务学习悄然兴起。①"硅谷"是上述思想的成功实践。"硅谷"之父弗雷德里克·特曼（Frederick Terman）提出了学术界与产业界结成伙伴的创意，并认为一个强大而独立的产业必须开发与它自己有关的科学和技术等智力资源。

（一）区域高等教育与经济协同理论

亨利·埃茨科威兹和罗伊特·雷德斯多夫等学者②提出知识经济时代，用以分析政府、产业和大学之间的新型互动关系的著名官、产、学三螺旋理论。在区域发展的共同体内，市场机制在大学、产业和政府三者合作中发挥主导作用，大学按照市场需求为所在区域的各类企业组织提供发展所需的知识、技术和人才，而区域经济发展则为高校提供资金、设备、实践场所和市场条件，帮助高校提高科研和教育水平。政府在这一过程中发挥关键作用，扮演"中介人""指导者""监管者"等多重角色，为区域内大学和企业之间的合作提供保障。

由迈克尔·波特③等学者提出的区域竞争力理论认为在现代知识经济背景下，区域间的经济竞争事实上是区域间的科技水平竞争，而科技水平的竞争又与教育的竞争具有很强的关联性。该理论还认为，在构成衡量区域竞争力的八大核心指标中，"科技竞争力"和"国民素质竞争力"都与教育有着直接的关系。因此从这个角度讲，各级教育机构尤其是直接面向社会和经济生产的大学是否具备良好的教育和研究功能是能否有效提升区域竞争力的关键因素。

---

① 张振助：《国外高等教育与区域互动发展的新趋势》，《江苏高教》2001 年第 3 期。

② Dzisah James, Henry Etzkowitz, "Triple Helix Circulation: the Heart of Innovation and Development", *International Journal of Technology Management & Sustainable Development*, Vol., No. 1, 2008. Henry Etzkowitz, "The Rise of a Triple Helix Culture: Innovation in Brazilian economic and social development", *International Journal of Technology Management & Sustainable Development*, Vol. 2, No. 3, 2004. Henry Etzkowitz, Chunyan Zhou, "Triple Helix twins: innovation and sustainability", *Science & Public Policy* (SPP), Vol. 33, No. 1, 2006. Henry Etzkowitz, "Triple Helix Clusters: Boundary Permeability at University-industry-government Interfaces as a Regional Innovation Strategy", *Environment & Planning C: Government & Policy*, Vol. 30, No. 5, 2012.

③ Diebold William, Michael E. Porter, "The Competitive Advantage of Nations", *Foreign affairs* (*Council on Foreign Relations*), Vol. 69, No. 4, 1990. Michael E. Porter, "The Adam Smith Address: Location, Clusters, and the 'New' Microeconomics of Competition", *Business Economics*, Vol. 33, No. 1, 1998.

保罗·罗默①等提出并发展了内生增长理论,该理论表明技术进步对一国或某一区域的经济增长起决定作用。他们认为现代社会中,教育同经济在一定程度上已经联成一体,因此教育自身的前瞻性、先进性和创新性可以直接对区域经济产生积极影响,成为区域经济持续增长的内在动因。

(二) 区域学科与产业协同的机制与模式

惠普公司与斯坦福大学电子工程系的协同发展形成"硅谷模式"的开端。之后,美国、英国和韩国出现了"类硅谷"模式,包括产业界主导型的研究生教育计划②、学术界主导型的大学科技园计划③和政府推动型的工业园计划。美国高等教育通过普通教育和继续教育、校企合作教育、合同培训以及委托培养等方式为企业培养人才,并通过技术转移、共建实体、信息服务以及直接参与等方式与企业合作。④ 在欧洲,德国的"双元制"职业教育一直被认为是德国应对产业结构调整挑战,保持竞争优势和领先地位的重要助推力量。⑤ 此外,日本为了促进区域经济发展,建设了一批高新技术产业园区,这些园区是由政府统一规划和安排,进行集约化发展,目的是推动在某一领域具有竞争优势的高新技术产业快速增长,并以此为"增长极"带动整个区域发展。这种模式建立了官、产、学协同的研发和生产体制,并调动了各方面因素,积极为科学工业园区建设筹资。⑥

有研究把注意力放在了科学密集型产业中的协同,研究者认为在这

---

① Paul M. Romer, "Increasing Returns and Long-run-growth", *Journal of Political Economy*, Vol. 94, No. 5, 1986. Paul M. Romer, "Growth Based on Increasing Returns due to Specialization", *American Economic Review*, Vol. 77, No. 2, 1987.

② [美]安纳利·萨克森宁:《地区优势——硅谷和128公路地区的文化与竞争》,曹蓬、杨宇光等译,上海远东出版社1999年版,第74页。

③ David Fingold, "Creating Self-sustaining, High-Skill Eco-systems", *Oxford Review of Economic Policy*, Vol. 15, No. 1, 1999.

④ Goodwin C. D., "Technology Transfer at US Universities: Seeking Public Benefit from the Results of Basic Research", *Technology & Health Care: Official Journal of the European Society for Engineering & Medicine* Vol. 4, No. 3, 1996.

⑤ Antonia Kupfer, "The Socio-political Significance of Changes to the Vocational Education System in Germany", *British Journal of Sociology of Education*, Vol. 31, No. 1, 2010.

⑥ 杨哲英、张琳:《高新技术产业组织模式的演进方向——以日本筑波科学城为例的分析》,《日本研究》2007年第4期;袁本涛:《百年学府的新生与崛起——筑波大学》,《清华大学教育研究》2003年第6期。

些产业中，创新知识和专利占有举足轻重的地位。因此，贝尔德伯斯·勒内等[①]通过研究发现学术组织与产业的联合研究发生在一些知识和技术密集型产业，例如生物医药、航空航天、无线电通信等。迈耶·弗里德[②]等认为在机械工程产业领域，产业与科学研究机构的合作较少，大都是合约研究和咨询形式出现。多丽丝·沙丁格等[③]对奥地利大学与企业合作的研究发现，合作的效果在不同学科之间也呈现出多样性，化学、生物、工程和信息技术等学科中最具威望的教授的突破性发现很快会传播到产业中。另外，桑托罗·迈克尔[④]等发现不同规模和不同产业的企业与大学进行合作的方式是不一样的，以满足自己特殊竞争力和问题解决能力的建设需要。

国内研究认为区域经济创新发展趋势是实现学科集群和产业集群协同合作。一方面，只有形成产业集群才能形成规模效应和集聚效应，实现区域资源的有效配置和合理利用。另一方面，产业集群同时面临着可持续发展的问题，解决此问题必须注重产业集群的创新能力发展。因此，很多研究认为促进学科集聚与产业集聚相互协同合作，是共同提升学科与产业创新能力的必要途径，也是带动区域整体发展的有效手段。[⑤] 也有研究认为区域特色产业的发展是区域产业群与学科群协同的基础，区域应该搭建学科与产业联合创新平台，从两个层次重点支持区域特色产业

[①] Belderbos René, Carree Martin, Diederen Bert, Lokshin Boris, Veugelers Reinhilde, "Heterogeneity in R&D Cooperation Strategies", *International Journal of Industrial Organization*, Vol. 22, Issue 8/9, 2004.

[②] Meyer K. Frieder and Schmoch Ulrich, "Science-based Technologies: University-industry Interactions in Four Fields", *Research Policy*, Vol. 27, No. 8, 1998.

[③] Schartinger Doris, Rammer Christian, Fischer Manfred M., Fröhlich Josef, "Knowledge Interactions Between Universities and Industry in Austria: Sectoral Patterns and Determinants", *Research Policy*, Vol. 31, No. 3, 2002. Zucker Lynne G., Darby Michael R., Armstrong Jeff S., "Commercializing Knowledge: University Science, Knowledge Capture, and Firm Performance in Biotechnology", *Management Science*, Vol. 48, No. 1, 2003.

[④] Santoro Michael D., Chakrabarti Alok K., "Firm Size and Technology Centrality in Industry-university Interactions", *Research Policy*, Vol. 31, No. 7, 2002.

[⑤] 赵波等：《学科群与产业群融合构建特色区域创新体系》，《西南科技大学学报》（哲学社会科学版）2007年第1期；刘传哲、乔路：《学科集群与产业集群协同创新互动机制研究》，《中国矿业大学学报》（社会科学版）2013年第4期；刘龙海、戴吉亮：《蓝色经济区产业集群与学科集群协同创新平台构建研究》，《理论学刊》2015年第4期。

的发展：一是通过对已经具备优势的特色支柱产业进行维护，二是通过创新手段对具备发展契机的特色产业进行支持。[①]

除此之外，问美琴等[②]认为区域产业结构演变与地方高校学科建设的理想模式应该是"物理真空"模式，要求学科建设紧跟区域产业结构演进，不错位、不脱节、不滞后，但现实中很难达到理想模式。胡赤弟等[③]认为学科—专业—产业链是高校协同创新的有效载体，也为实现高等教育与经济社会协同发展提供了新的模式和机制。要促进学科—专业—产业链的知识流动，可以通过构建组织化治理机制、扩展性组织体以及创业创新文化形成合理的治理机制。同时，他们认为要实现协同创新战略所提出的大学功能综合、大学体制机制改革的目标，需要构建以学科—专业—产业链为基本状态的新型学术组织。

（三）区域学科与产业协同的效果评价

1. 区域学科结构与产业经济结构发展的效果评价

张延平等[④]基于协同学理论，以全国 30 个省为样本进行了区域人才结构优化与产业结构升级的协调适配测评，表明各省的协调适配等级并不高。杨林等[⑤]通过计算表明中国高等教育学科专业结构变迁与产业结构升级的综合协调度下降，学科专业结构调整滞后于产业结构升级的需要。崔永涛[⑥]通过研究发现文学学科和经济学学科招生比例变化和产业就业比例变化之间不存在长期的协整关系或协整关系不显著，其余学科招生比

[①] 霍影、张凤武：《嵌入省域产业特色的优势学科群集群发展模式研究——创新驱动视阈下以黑龙江省高校学科群为例》，《中国高教研究》2012 年第 10 期。

[②] 问美琴等：《区域产业结构演变与地方高校学科建设的关联分析》，《东南大学学报》（哲学社会科学版）2013 年第 S2 期。

[③] 胡赤弟、黄志兵：《知识形态视角下高校学科—专业—产业链的组织化治理》，《教育研究》2013 年第 1 期；黄志兵、胡赤弟：《学科—专业—产业链"公司化"运行模式研究——以中南大学为例》，《高等工程教育研究》2013 年第 3 期；王贺元、胡赤弟：《学科—专业—产业链：协同创新视域下的基层学术组织创新》，《中国高教研究》2012 年第 12 期。

[④] 张延平、李明生：《我国区域人才结构优化与产业结构升级的协调适配度评价研究》，《中国软科学》2011 年第 3 期。

[⑤] 杨林、陈书全、韩科技：《新常态下高等教育学科专业结构与产业结构优化的协调性分析》，《教育发展研究》2015 年第 21 期。

[⑥] 崔永涛：《我国高等教育学科结构优化调整研究——基于产业结构调整的视角》，《教育发展研究》2015 年第 17 期。

例的变化与产业就业比例存在显著的长期关系。刘新平等[1]通过实证分析发现新疆学科建设水平不断提高，产业结构不断优化，高校学科建设与产业结构调整的耦合关系基本稳定，但协调发展面临巨大压力。刘世清等[2]对上海高校的学科专业结构和经济产业结构的变化趋势进行研究，发现两者的变化程度不一致，学科专业结构的变动滞后于经济产业结构调整，而且上海的经济发展还面临高级人才比例偏低的问题。季芳芳等[3]分别对江苏省和湖南省的教育结构与产业结构关系进行了分析。练晓荣[4]通过对福建的经济结构与高等教育结构协同发展进行实证分析，认为福建高等教育学科结构调整应侧重发展化工类、船舶类、光电信息以及电子计算机等。乔学斌等[5]以江苏省相关数据为考察对象，采用主成分分析、灰色关联度模型、结构变化值等方法分析认为江苏省农业学科设置要向农业生产链条的前后双向延伸以推进农业产业化进程；对理工等应用学科要进行横向纵向改造，培养技术密集型人才，并注重新兴前沿学科的人才培养。

2. 区域学科集群与产业集群协同发展的效果评价

殷春武[6]通过分析认为应该运用学科集群的实力、学科集群的原始创新力、产业集群的实验和生产实力、产业集群的销售实力、产业集群的创新力、双集群的融合、双集群合作成果变现力这七个评价指标评价学科集群和产业集群的协同创新效果。周健等[7]构建了学科集群与产业集群

---

[1] 刘新平、孟梅:《新疆高校学科建设与产业结构调整的耦合关系分析》，《中国高教研究》2010年第8期。

[2] 刘世清等:《区域产业结构调整与高校专业设置——以上海地区为例》，《高等工程教育研究》2010年第5期。

[3] 季芳芳:《区域产业结构变化与高校学科专业结构调整的相关性分析》，《统计与管理》2014年第10期；胡舜:《湖南教育结构与产业结构关系的实证研究》，《湖南财经高等专科学校学报》2010年第2期。

[4] 练晓荣:《经济结构与高等教育结构的协同发展研究——以福建省为例》，博士学位论文，福建师范大学，2009年，第74页。

[5] 乔学斌等:《互动与共变：高等教育结构毕业生就业结构与产业结构相关性研究》，《东南大学学报》（哲学社会科学版）2013年第4期。

[6] 殷春武:《基于模糊灰度的学科集群和产业集群协同创新能力评价方法研究》，《科技管理研究》2013年第21期。

[7] 周健等:《学科集群与产业集群协同创新能力评价研究》，《河南图书馆学刊》2011年第5期。

协同创新能力评价指标体系。杨道现[①]同样构造了双集群协同创新能力评价指标体系，并给出基于 OWA 算子的指标权重确定方法，提出利用语言标度与灰度相结合的评价标度进行评价，从而建立了一套科学可行的双集群协同创新能力评价方法。曾鹏等[②]构建高等教育投入和产业集聚水平促进经济增长的共轭驱动模型，通过计算发现中国十大城市群整体的高等教育投入与产业集聚水平存在长期均衡关系，且中国十大城市群内的各城市群的高等教育投入和产业集聚水平呈现出明显的地区间非均衡差异。但是长江经济带沿线各省的高等教育投入与产业集聚水平对于促进经济增长的共轭关系不稳定，高等教育投入和产业集聚水平"两轮"整体的协调性存在地区差异。黄莉敏[③]对武汉城市圈学科集群与产业集群协同创新进行研究，发现武汉城市圈包含的大小产业集群多达 100 多个，她把其中的 27 个重点成长型产业集群划分为 8 大类型，涉及理、工、管、医、法、经济学等学科门类。通过分析表明，武汉城市圈内高校学科门类齐全且实力较强，能够满足各类产业集群对知识和技术协同创新的需求。王进富等[④]基于系统论角度，以协同学和耦合理论为基础，运用序参量原理，构建学科群与战略性新兴产业间耦合度评价模型，对陕西省电子信息科学学科群与电子信息产业耦合度进行研究，发现陕西省电子信息科学学科群与电子信息产业耦合度增长缓慢，水平依然较低，学科群与新兴产业耦合链发生断裂。赵红凌等[⑤]通过分析认为可以在广东省搭建新型电子信息产业学科集群、生物医药产业学科集群、新材料产业学科集群、现代服务业产业学科集群和新能源汽车产业学科集群五大协同创新平台来提升广东省的学科—产业创新能力，保证广东在全国的经济领先地位。

[①] 杨道现：《学科集群和产业集群协同创新能力评价方法研究》，《科技进步与对策》2012年第 23 期。

[②] 曾鹏、向丽：《中国十大城市群高等教育投入和产业集聚水平对区域经济增长的共轭驱动研究》，《云南师范大学学报》（哲学社会科学版）2015 年第 4 期；曾玖林：《长江经济带高等教育投入和产业集聚水平对区域经济增长的共轭驱动研究》，《教育财会研究》2015 年第 5 期。

[③] 黄莉敏：《学科集群与产业集群协同创新的机理分析——以武汉城市圈为例》，《商业时代》2011 年第 18 期。

[④] 王进富等：《学科群与战略性新兴产业耦合度评价研究》，《科技进步与对策》2015 年第 1 期。

[⑤] 赵红凌等：《广东学科集群与新兴产业集群协同发展研究》，《高教探索》2013 年第 6 期。

表1—1　　　国内学科与产业协同研究的计量研究方法汇总

研究方法		研究者
统计学方法	线性回归	黄荣坦等（2008）
	弹性系数	冯建民（2010）
	相关分析	季芳芳（2014）
	主成分分析	邹阳等（2008）、蒋华林（2012）、许玲（2014）、乔学斌（2013）
	因子分析、聚类分析	毛胜勇（2009）
计量经济学方法	面板回归	贾彦东等（2006）
	两部门生产模型	朱迎春（2010）
	Caselli 经济增长模型	郑鸣（2007）
	动态分布滞后模型	崔永涛（2015）
	协调度模型	孙继红（2014）
	协整检验 Granger 因果关系检验	陶元磊（2015）、王学文（2009）、毛建青（2010）、严筱菁（2011）、许长青（2013）
	网络 DEA 模型	李静（2015）
	共轭驱动模型	刘林等（2013）、曾鹏（2015）、曾玖林（2015）
系统法	协同学、协同测算	张延平（2013）、李静（2013）、王进富（2015）
	欧氏距离协调度模型	杨林（2015）、王志华（2014）
	灰色系统关联	朱迎春等（2008）、乔学斌（2013）、殷春武（2013）、杨道现（2012）
	耦合	刘新平（2010）、王进富（2015）
测量学法	等级差异评定法	高耀等（2013）、高新才（2016）
	模糊积分评价法	孙希波（2006）
空间计量方法		陶元磊等（2015）

四　研究述评

通过文献梳理发现，国内外对学科与产业的关系以及学科与产业协同等方面的研究取得了一定的成果，丰富了学科研究、产业研究以及区域发展研究的理论与方法，对进一步深入研究如何解决区域发展差距、促进学科建设和产业发展等问题奠定了基础。但是，已有研究同时存在一定程度的不足，主要表现在以下几个方面：

（一）研究内容集中于教育与经济发展的关系和相互作用，对学科与产业合作协同的研究较少。教育对经济发展的作用主要是通过专门化的知识创新和人才培养促进相关产业的发展从而发挥出来的。对教育和经济发展的研究并不能直接为中国或者国内发展落后区域的产业结构优化与转型提供指导和依据。

（二）针对学科与产业发展的关系，大多数研究没有跳出高等教育"适应论"与"超越论"的研究范式与理论框架，忽略了学科和产业的独特性质和发展规律，以及两者相互作用的特殊方式，很难准确把脉学科与产业发展的关系。学科与产业发展之间的作用会受到区域经济、学科结构、产业结构和空间布局等方面因素的影响。但是目前的研究较少涉及不同区域各类学科与产业如何基于各自优势和布局进行分工合作等重要问题。

（三）针对学科与产业的作用方式和合作模式的研究大多停留在对不同国家的历史介绍和梳理中，是一种对实然状态的归纳总结性研究，缺少基于理论分析或实证研究对学科与产业协同发展应然状态的相关研究，也无法为中国学科与产业发展提供借鉴和指导。

（四）针对全国范围内或部分区域内学科与产业发展的协同研究大多集中在对协同现象的描述和对协同结果的评价方面，缺乏对协同机理的深入分析。多数研究呈碎片化，研究结果大多得出两者在某方面协调或者不协调的结论，却没有科学系统地分析造成这种不协调结果的原因，因此并不能对症下药，解决中国区域内学科与产业发展不协调和错位的问题。

（五）在研究方法方面，国内研究使用了多种方法探讨科研教育与经济、学科与产业发展等问题，但是在系统方法和空间计量方法等方面的研究和应用起步较晚，对模型理解不到位，达不到数据要求，不能有效地完成预想的研究目的。

第四节　研究思路与方法

一　研究思路

本书从中国区域发展不平衡问题出发，试图通过构建学科与产业协同的发展模式和内部框架,以此提升类似"丝路域"的发展落后区域的自我发展能力,从而找到缓解区域不平衡发展问题的路径。在对学科、产业、区域和协同等概念的解读基础上,本书运用分工理论、区域创新理论及协同理论分析学科与产业协同的根源、依据和本质。然后通过分析世界范围内由于知识生产方式所引起的学科与产业协同范式变革,总结和梳理这一过程中世界发达区域学科与产业协同的演变特征,认识和掌握协同的应然和理想状态,并以此建立区域学科与产业的协同框架。最后对"丝路域"的协同情况和现实问题进行实证分析与揭示,提出"丝路域"学科与产业协同陷入困境的制度原因和解决对策。本书主要包含四个方面的内容(见图1—2):

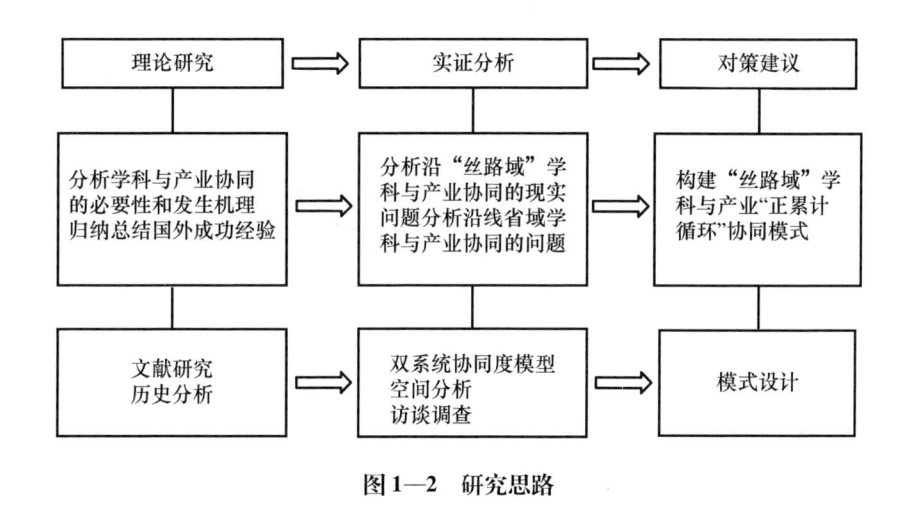

图1—2 研究思路

(一)基于理论研究,分析"丝路域"学科与产业协同的必然性和必要性

本书试图运用古典经济学分工理论剖析,由劳动分工产生的产业与由知识分化产生的学科之间存在天然联系:一方面知识与劳动的关系越来越紧密,另一方面学科与产业遵循同样的分工规律演化发展,因此学科与产业协同是社会经济发展的必然结果;运用区域创新理论解析,在知识经济时代,丝绸之路沿线省域的自主创新必须依靠学科与产业协同,由此阐明协同的必要性;协同理论揭示学科与产业协同的内涵本质,认为这是打破原有学科系统和产业系统,建立新的有序系统的过程,由此

阐释学科与产业协同对提高丝绸之路沿线省域创新能力的积极作用。

(二) 通过历史和比较分析，总结发达国家或区域学科与产业协同的一般特征和前瞻趋势

知识经济的发生和繁荣对创新驱动下学科与产业协同的理念、方式和目的产生了深刻影响。学科由传统的"纯科学"研究转向应用研究与开发，产业也由以前的知识接受者变成了知识和技术的生产者，学科与产业的研究转向和角色嬗变促使两者在知识生产和人才培养等方面进行融合，在"基础"和"应用"之间、理论和实践之间不断交互协同。因此本书对美国"硅谷""三角科技园""泛北欧科技创新区"和日本"筑波科技区"等区域进行历史和比较分析，试图揭示这些区域通过学科与产业的协同方式，推动区域创新能力从无到有、由弱变强的成功经验，梳理和总结出学科与产业协同演化所遵循的一般特征和趋势。

(三) 根据特征趋势，构建"丝路域"学科与产业协同的实证分析理论模型

根据上述分析所总结的特征和趋势，结合现有文献的研究成果，本书研究试图从知识生产、结构优化、组织建设和布局调整四个维度揭示区域学科与产业协同的理想模式，即在某区域内，学科与产业协同应该从这四个维度展开。由此构建"四维协同模型"，为实证分析"丝路域"学科与产业的协同问题提供理论依据。

(四) 运用计量方法，分析"丝路域"学科与产业协同的现状和问题

运用实证测量和空间分析方法能够准确反映"丝路域"不同学科与相关产业的协同情况，帮助政策制定者和研究者深入了解各省学科与产业协同的优劣势，为区域学科与产业协同的战略规划提供科学可靠的依据。

1. 虽然现有研究对学科或产业的协同评价及其指标体系关注较多，但是从系统协同角度测算学科与产业协同水平的研究较少。本书拟从双系统协同角度，根据"四维协同模型"，遵循系统性、科学性、可比性和可获得性等原则，构建以知识、结构、组织和布局为一级指标的综合度量指标体系，用以测量"丝路域"学科与产业的协同情况；

2. 本书通过文献分析，对比现有测量方法的优缺点，拟运用主成分分析法确定各指标权重，并选择双系统协同度模型对"丝路域"四省不

同学科与相关产业的总体协同水平进行测度,同时全面剖析学科与产业在知识、结构、组织和布局四个不同维度的协同表现。最后运用空间地理学方法将测量结果可视化呈现,从空间分布的视角深入分析各省不同学科与相关产业协同的实然表现和现实问题。

(五)剖析"丝路域"学科与产业协同的问题成因

学科与产业的协同问题涉及国家或省域相关政策、法律、制度以及自然条件等因素,这些因素会对学科与产业在知识生产、结构优化、组织建设和布局调整四个方面产生深刻影响,也是协同欠优的重要原因。本书试图通过制度分析,挖掘"丝路域"学科与产业协同问题发生的深层次原因。

(六)结合"一带一路"国家总体和区域规划,构建"丝路域"学科与产业协同模式

根据上述研究成果,梳理和分析国家及沿线各省关于"一带一路"的战略规划、相关政策以及法律制度等,理解和把握丝绸之路沿线省域学科与产业发展方向,重视国内区域与国际区域的有机衔接,构建"丝路域"学科与产业的"正累积循环"协同模式。

二 研究方法

(一)文献研究

文献是记录有知识和信息的各种载体,它包括图书、期刊、学位论文、科学报告、文件、档案等各种材料。文献研究法指根据研究目的,在一定的范围内搜集、鉴别、整理文献,并通过文献研究形成对事实的科学认识的方法。[①] 文献研究是科学研究的基础,只有充分地掌握相关研究资料,研究和分析该相关领域的研究基础、动态、前沿进展以及缺憾与不足,才能在前人研究的基础上取得创新和突破。

本书中相关概念界定、理论研究、历史分析、国际比较、学科和产业发展的数据查阅、研究方法的选择都以现有文献的研究分析和评述为基础。本书的文献分析主要包括四个部分:一是根据已有研究文献、政策文献和统计数据对区域学科与产业协同的相关概念进行界定;第二,

---

① 徐红:《教育科学研究方法》,华中科技大学出版社2013年版,第46页。

对分工理论、区域创新理论和协同理论的相关文献进行研究和分析,并运用于本书;第三,根据历史文献对不同历史时期世界发达区域的学科与产业协同情况进行梳理总结;第四,查阅"丝路域"学科和产业发展的相关统计数据和资料,分析两者的发展现状;第五,总结已有相关研究文献中所运用的研究方法,根据利弊选出适合本书的计量方法。

(二) 比较研究

比较研究,是指对两个或两个以上的事物或对象加以对比,以找出它们之间的相似性与差异性的一种分析方法。[①] 比较研究可以帮助研究者更好地认识事物的本质,把握事物运行的普遍规律。[②] 综上,本书试图通过运用比较研究法分析和总结世界主要发达区域内学科与产业协同的成功模式及其演变规律,在此基础上梳理和发现区域学科与产业协同的共同规律和前瞻性趋势,为研究区域学科与产业协同的应然性状态奠定基础。

(三) 计量分析

本书首先基于生产函数分析和考察"丝路域"各类学科与不同产业部门增长之间的相互影响和作用,可以深入了解该区域内哪类学科对哪类产业部门增长具有明显的推动作用,也可以进一步分析对不同产业部门增长的影响因素及其贡献大小,从而通过实证计量验证学科门类与产业类别相互关联的理论分析,有助于厘清"丝路域"学科与产业协同研究的对应关系。其次运用主成分分析和系统耦合模型构建区域学科与产业协同发展的指标体系,然后通过查找甘肃、新疆、宁夏和青海四省相关统计文献计算"丝路域"整体数据,最后运用双系统协同度模型测算"丝路域"各类学科与相应产业协同情况。双系统协同度模型能够较好地测算复杂系统在系统发展过程中的差异,有效消除系统内部变量所造成的不确定性,有效反映"丝路域"近十年来学科与产业的协同变化情况。最后,从空间分析的视角出发,对"丝路域"学科与产业的协同水平进行全面测度及横向比较,有利于进一步揭示该区域学科与产业协同发展的空间分布特征和现实问题,为之后的学科规划和产业调整提供依据。

[①] 林聚任、刘玉安:《社会科学研究方法》,山东人民出版社2004年版,第151页。

[②] 吴文侃、杨汉清:《比较教育学》,人民教育出版社1999年版,第8—10页。

第五节 研究意义

一、理论意义

（一）运用协同学理论拓展学科与产业的关系研究

学术界对学科与产业发展关系的认识到目前为止还没有定论，不论是被动适应、主动超前，抑或是基于两者各自优势的合作关系，都不能为发展落后区域的弱势学科与产业之间的共生发展提供理论依据。本书通过分析认为，发展落后区域的学科与产业发展均处于弱势，应该基于各自特点形成共创、共生、共建的协同关系，并提出两者在知识创新、结构优化、组织建设、布局调整四个维度的协同理论模型，拓宽了学科与产业关系的外延。

（二）拓展教育经济学研究视野，注重学科与产业发展的双向作用

自人力资本理论产生开始，教育经济学理论注重知识进步和人才培养对经济发展的作用，却较少有研究反过来分析经济发展对前者的作用。但是，随着中国经济发展进入新常态，优化产业结构的大目标促使专门化的知识、技术与产业经济的互动越来越密切，导致专门化的知识创造和人才培养在方向、结构、模式等方面发生了巨大变化，这些都直接作用于学科发展。本书以研究学科和产业两者之间双向互动作用为重点，拓展了教育经济学的理论维度。

（三）基于学科特性为学科建设提供新视角

产业集聚和产业链能够形成规模效应和集聚效应，降低成本，提高产业运行效率。同理，学科之间的合作与集群等方式也可以促进学科建设。与高校不同，学科具有独特性质，不同高校的同一学科之间拥有相同的知识基础，学科内的人员大多从属于相同的学会等学科组织。因此，与高校相比，区域内学科更容易通过合作和集聚形成共同体与外界发生作用。本书认为学科建设和发展的核心便在于加强区域内不同高校学科之间的联系与合作，共同发展。

（四）补充和拓展区域发展和区域创新理论

本书试图通过研究区域学科与产业协同问题探索如何促进发展落后区域提高自身创新和发展能力，能够对区域发展和区域创新提供新的理

论依据和方法指导。目前中国正处于区域发展的重要阶段，也是攻坚阶段，"一带一路"建设、"京津冀"协同发展、"长江三角洲"及"粤港澳大湾区"等区域发展战略成为中国新时代下重要的发展战略，也成为世界区域发展的重要一环。因此，对中国区域发展中存在的现实问题和解决措施进行理论研究，有助于促进世界区域发展理论的拓展和补充，为不发达地区发展提供理论支持。

二 实践意义

（一）促进学科和产业发展弱势区域追赶优势区域，为缩小区域发展差异提供理论依据

为缩小中国区域发展差异，本书试图探索实现学科和产业持续协同共赢的方式，充分发挥学科知识创新和人才培养的功能，在促进相关产业优化发展的同时，努力推动弱势区域建设一批优势学科和新兴学科，帮助发展落后区域提高自我发展的能力。

（二）加强区域学科建设，为"双一流"建设提供新的视角

本书认为区域社会经济与自然条件的特征与优势是区域学科发展的基础。因此，根据中国"双一流"的建设目标，本书试图探索依托区域产业发展优势和产业结构特色促进相关学科建设的路径和模式，优化弱势区域的学科结构，凝练学科发展方向，突出学科建设重点，帮助区域学科办出特色，促使落后区域有可能建设出一两所一流大学和一批一流学科。

（三）优化区域产业结构，创新丝绸之路沿线省域综合发展模式

丝绸之路沿线省域产业和科教发展落后已成为阻碍国家战略实现的重要因素。根据国家颁布的《统筹推进世界一流大学和一流学科建设总体方案》，要求将一流大学和一流学科建设与推动经济社会发展紧密结合，着力提高高校对产业转型升级的贡献率，努力成为催化产业技术变革、加速创新驱动的策源地，促进高校学科、人才、科研与产业互动。因此，本书提出通过建立学科与产业"四位一体"的区域协同模式使"丝路域"突破知识技术、人才与产业等发展瓶颈，实现区域内生型发展模式。

第二章 "丝路域"学科与产业协同的理论基础

学科与产业分属社会运行的不同系统,研究学科与产业协同需要首先解决两者之间有何种联系、为什么要协同和协同是什么等问题。学科与产业产生于现代科学和经济发展的过程中,两者从产生之初便有着天然的联系,并相互作用于彼此的发展过程,形成了现在的学科体系和产业格局。因此,有必要通过理论分析,对"丝路域"学科与产业协同的溯源、现实依据和本质内涵进行分析,梳理学科与产业的发展脉络,厘清两者之间的关系,为继续深入研究奠定理论基础。

第一节 分工理论与协同溯源

从历史的观点出发,提出分工理论的鼻祖亚当·斯密认为劳动分工的日益深化和不断演进解释了人类社会自我维持的增长。人类社会的分工累积过程包含了生产性知识的增长和进化,而知识分工与专业化是这一过程的主要途径。这两种分工同时存在并促进人类社会的发展,分别萌发了现代产业和学科体系,推动了两者的进一步演化和繁荣。

一 基于劳动分工的产业演化及其发展

经济学中的古典经济学、新古典经济学以及新兴古典经济学等流派指出专业化分工导致劳动分工,进而划分出各个产业,并在此基础上不断发展,演变为现实经济。古典经济学的奠基人威廉·配第很早就认识到某一特定种类的制造业在特定区域内的集中化发展会导致交通和运输费用的节约，这是专业化生产带来的好处。后来亚当·斯密在《国富论》中指出劳动分工的日益深化和不断演进是推动国民经济增长的最根本原因，而市场范围的持续扩大又促进了劳动分工的深化，从而产生新的分工种类。以斯密为代表的古典经济学的基本逻辑认为，由劳动分工而产生的商品交易是自由市场产生的源头，劳动分工导致市场机制的形成，同时生产技术在持续分工的专业化过程中得到提升和进步，由此导致生产力和生产效率提高，产生报酬递增效应。分工的进一步深入必须依赖于更大范围的市场作用。劳动分工是市场经济发展的原因，也是其结果，在这个因果积累过程中起关键作用的是由分工导致的生产力提高和报酬递增机制。因此，分工和专业化及其引发的生产力提高过程成为古典经济学研究经济增长和社会发展的逻辑原点。除此之外，斯密还提出世界自由贸易的产生也是基于各国的生产分工。世界上各个国家以本国自身条件为基础，生产那些具有绝对成本优势的商品相互交易，以此实现生产的最优效率，这也为区域经济学理论的发展奠定了基础。

随后，新古典经济学家对分工理论进行了进一步探讨和分析，并肯定了分工对经济和社会发展的积极作用。经济学家马歇尔通过分工理论的分析，揭示了分工对工业集聚与企业报酬递增的推动作用。萨伊则认为分工是对人力的巧妙运用，分工可以增加社会产品、社会威力和社会享受。约翰·密尔看到了分工对生产能力的提高。在同一时期，马克思也在批判和继承斯密等古典经济学家思想理论的基础上对专业化分工和协作进行了深入的分析，提出了不同的分工理论。马克思肯定了分工的重要性，认为分工的发展程度反映了生产力发展水平。同时他还认为分工产生的分工组织能够产生协作力，从而提高劳动生产力。新古典主义经济学进一步阐述了分工在经济和社会发展中的重要性，把分工当作生产力水平提高的主要因素，并初步萌发了工业产业的形成及其在区域演化发展的思想。

到20世纪50年代，新兴古典经济学发展时期，经济学家把经济学研究的目光从资源分配拉回到生产率提高上。阿林·杨格认为在迂回生产方式下，经济增长和分工以及报酬递增之间存在动态联系。他认为工业资本主义在生产过程中，通过把复杂工艺分解为简单工艺，不仅促进了生产工艺改进，而且提高了分工水平，为机器生产代替手工生产创造了条件，促进了生产工具的革新。① 杨格还为产业的形成和发展提供了理论依据，他认为产业的不断分工和专业化是报酬递增实现过程的一个基本组成部分。20世纪80年代以来，杨小凯和黄有光将分工理论重新引入经济学研究的核心内容。他们运用一般均衡等分析工具将劳动分工和交易的费用、效率等概念结合起来，认为分工能否持续深化取决于交易费用与分工收益的相对比较，这是自发演进的过程。②

通过对分工理论的回顾和梳理，可以发现产业的形成和发展是经济和社会分工专业化的结果，产业的发展也是一个渐进累积和自我增强的系统演化过程。随着市场的持续扩大，社会生产分工继续深化，每一类生产部门的专业化程度不断加深，不仅会促使新的产业生成，而且会加长产业内部的分工链条。根据分工理论，产业的分化和发展本质上是劳动的持续分工，产业分化会引起产业生产的专业化程度提高，促进生产手段和生产工具革新，最终推动产业生产效率提高。同时，新的产业出现会丰富自由市场，扩大市场边界，引发更加频繁的市场交易。这种积累效应同时会对产业发展形成反馈，推进产业进一步细化，从而产生更多的产业种类和类型。由此可以看出，由劳动分工和专业化经济所导致的产业形成既是经济增长的主要动力，又是经济增长所导致的重要结果。同时，为了进一步提高分工收益与交易费用之间的差值，实现报酬递增，分工的进一步深化和产业的发展都要求降低交易费用。交易费用与交易双方的距离直接相关，距离越近费用越低。在某一区域内会因为某一分工领域或某一产业聚集而形成优势，并随着积累效应扩大这种优势。因此，分工的深化和产业的演化发展在空间上会呈现出逐渐靠近，并在某一区域内聚集的现象。

马克思和恩格斯的经济学思想对社会分工和产业形成也做了表述。根据恩格斯的观点，人类历史上数次大分工直接引起了新产业的生成和发展。新石器时代，畜牧业从农业中分离出来；在原始社会末期至奴隶社会初期，手工业从农业中分离出来；第三次社会大分工发生在奴隶社

---

① 阿林·杨格、贾根良：《报酬递增与经济进步》，《经济社会体制比较》1996年第2期。
② ［澳］杨小凯、黄有光：《专业化与经济组织——一种新兴古典微观经济学框架》，张玉纲译，经济科学出版社1999年版，第137—207页。

会初期，商业从农业、手工业中分离出来。三次大分工之后，人类社会实际上已经形成了农业、畜牧业、手工业和商业等产业部门。之后，在近代历史上爆发的第一次和第二次产业革命，不仅极大地提高了生产力水平，而且促使社会生产分工越来越细，产业部门的种类也越来越丰富。可见，产业是社会一般分工和特殊分工的表现形式，从分工理论的角度可以解释产业的形成、演化以及发展，为分析区域内学科和产业的协同奠定了基础。

二 基于知识分工的学科演化与发展

《辞海》中将"知识"定义为"人们在社会实践中积累起来的经验"。知识是人类智识生活的结晶。随着人类文明不断演进，人们的社会实践越来越复杂，知识的积累与丰富使得知识从最初的单一性逐渐分化，形成了分门别类的知识。这个过程被称为知识分工。知识分工是人类社会发展和劳动分工的必然产物。劳斯比·布莱恩认为劳动分工过程包含了生产性知识的增长。他还认为亚当·斯密的分工累积理论是一个知识原型进化理论。即劳动分工引导了知识分工，并导致了进一步的专业化。[1] 学科正是在这种知识分工深化和专业化的基础上产生而来。斯密认为，人类知识进步实质上是一个增殖—抽象—分化的过程，这其中一个重要环节是工作与思考的区分。由于社会分工的缘故，少数人代替了从事工作的大众进行思考，哲学成为某类人专事的行业，衍生出多个不同分支学科。[2]

人类社会文明的发展促进了知识的生产和分工，在劳动分工的进一步作用下，这一过程逐渐由特定的群体在特殊的场所中完成，学科由此在大学中应运而生。在知识分工不发达时（19 世纪以前），鲜有人会囿于某一特定的知识领域从事学习和研究，因此也鲜有学科建制的说法。在古希腊时期，知识被统称为"哲学"。在这一时期，知识的分工并不明显，尤其是自然科学的各学科尚未从哲学中分化出来，而是以自然哲学

---

[1] Loasby Brain, "Cognition, Imagination and Institutions in Demand Creation", *Journal of Evolutionary Economics*, Vol. 11, No. 1, 2001.

[2] [美] 迈克·希尔:《亚当·斯密的知识分化论》，林斌译，《外国文学》2009 年第 4 期。

的形式包含在哲学知识中。随后历史进入中世纪，大学只有四个学科，分别为文学、法学、神学与医学，但是宗教神学在整个中世纪占据着大学知识的统治地位，深刻影响着其他学科的产生和发展，算不上真正意义上的分工。之后以文艺复兴的诞生为标志，自然科学得到了比较全面和系统的发展，其知识体系以垂直分化的形式，形成了比较庞大的学术分工体系，即学科系统。这一时期，知识的分工使科学研究表现出内在固有的独立性。"法学家不需要考古学，英国文学不需要物理学。工商业界围绕一组产品进行生产和分配而组织活动时，所表现出来的暗中密切的相互依存性，在高等教育界并无存在的必要。"[1] 人们把某一特定领域事物的运动形态作为某门科学的研究对象，建立起不同的独立理论体系，从而形成了专门化的学科。

文艺复兴运动、科学革命以及工业革命等社会变革加快了知识分工的速度，就分工的广度和深度而言，产生了日益泾渭分明的自然科学与人文学科，社会科学也诞生在这两者的夹缝中[2]。因此，大学中的学科建制开始正式成为了知识分工在现实中的制度性表达——在特定的组织里，由专门的研究者和学习者生产某一特定领域的知识。知识分工理论的集大成者哈耶克指出了知识生产分工所造成的重要结果：研究必然要求专业化，而且要求在一个极狭领域内的专业化，才能达到有成效的科学工作所要求的那些严格标准。因此，不断强化的专业化趋势似乎是不可避免的，无论是在研究中，还是在大学教育中，这适用于科学的所有分支。[3] 学科的诞生和发展规律遵循知识分工的规律。随着科学技术的发展，社会经济的重大需求致使知识被不断分工和重新条理化，一些新的学科产生，而一些学科则走向消亡，继续"活下来"的学科，其范式和架构若不适应新的形势，也会发生嬗变。

学科的产生和发展是人类社会和文明发展的必然过程，是劳动分工和知识分工的结果，无论在西方还是在东方的文化体系中，学科的产生

---

[1] ［美］伯顿·克拉克：《高等教育系统——学术组织的跨国研究》，王承绪、徐辉等译，杭州大学出版社1994年版，第46页。
[2] ［美］华勒斯坦等：《开放社会科学——重建社会科学报告书》，刘锋译，生活·读书·新知三联书店1997年版，第16—38页。
[3] ［英］哈耶克：《哈耶克文选》，冯克利译，江苏人民出版社2007年版，第394页。

和发展都是由于知识分工的不断深化和扩展逐渐由比较单一的初级综合学科向多门学科分化，最终形成如今纷繁复杂的学科体系。

三 学科与产业协同起源于分工

从历史唯物主义的角度理解，科学知识的产生和发展源自人类对未知客观世界的探究和认识，但其原始动力是人类生产劳动的需要和欲望。从科学知识的产生来看，科学知识来源于人类在认识和改造客观世界过程中的社会生产劳动，是人类认识的成果和结晶。[①] 随着人类社会以及生产力的发展，人类的自然科学知识和社会科学知识，几乎都起源于劳动实践，是适应人类生产劳动技能提升和生活经验积累发展的需要而产生和进步的，是人类在长期的劳动中缓慢获得的。社会生产劳动是保证科学知识体系的科学性和真理性的最终方式。反过来，人类通过科学知识的创造和运用，最终提高自身认识和改造客观世界的能力，作用于社会生产活动。知识作用于人类劳动实践，指导劳动实践。尤其在目前知识经济时代的背景下，知识已经代替劳动力和土地等其他要素，成为影响人类劳动生产的决定性因素。劳动实践和知识从产生之初到发展至今一直相互联系、相互作用、相互依靠，两者的关系越来越紧密。科学知识的产生起源于人类生产劳动，同时也依靠生产劳动的检验确保其真实性。因此，由劳动分工和知识分工演化和发展而来的产业与学科之间有着深厚的渊源，它们既产生于相互联系的劳动与知识，又遵循同样的分工规律不断演化发展。产业与学科之间相互作用、相互结合和相互协同发展不仅是人类社会进化的必然，也是"丝路域"实现可持续、高质量发展的需要。

第二节 区域创新理论与协同依据

随着知识经济发展的进程加快和全球化引发的区域竞争日益激烈，自主创新能力的培养和提升日益成为现代国家或区域经济增长与社会发展的核心要素。中国适时提出建设创新型国家的目标，要求把增强自主

[①] 《辞海》，上海辞书出版社1989年版，第274页。

创新能力作为国家战略，贯穿到现代化建设的各个方面。区域创新正是国家创新在区域层次的延伸和体现，也是国家创新的基础和支撑，推动区域创新与区域发展的同步推进，有利于国家创新战略的实现。提高区域创新能力需要区域科教水平、人才积累与创新产业的发展相结合，以增强自主创新能力作为知识技术发展的战略基点和调整产业结构、转变增长方式的中心环节。区域创新体系的构建为"丝路域"学科与产业协同提供了依据。

一 区域创新理论及其发展脉络

在国家创新的概念提出之后，有研究认为经济发展与竞争力更多是由地理区域而非国家整体所体现，区域创新能力日益成为地区经济获取竞争力的决定性因素。因此，区域创新（regional innovation，RI）的概念由英国学者库克率先提出。[①] 从区域创新的实践层面看，区域创新是区域科教、文化、经济等多方面因素共同作用的结果，从区域创新理论发展的演变来看，理论创新也来自不同学科领域，包括了经济学、管理学、系统学、社会学等。但是通过对区域创新的核心理论进行分析可以发现，其理论问题的解答主要来自三个方面，具体包括区域经济学、创新经济学和创新系统学。

（一）区域经济学对区域创新理论的影响和作用

区域创新理论在产生之初必须解决三个核心问题：一是区域创新与区域经济增长的关系，也就是区域创新是通过何种机理推动区域经济增长；二是区域创新要素的分布，即区域创新要素在区域空间中如何分布才能最大限度促进区域经济增长；三是区域创新要素的变化，即区域创新要素在区域空间中如何演化以及演化的模式是什么。区域经济学的发展对这三个问题做出了解答，为区域创新理论的产生奠定了基础。

区域经济理论首先提出区域经济增长受到资本与储蓄的影响。到20世纪80年代，内生增长理论认为国家或区域经济可以不依赖外界力量的影响而实现持续增长，在这一过程中起决定性作用的因素是经济系统内

---

① Philip Cooke, "Regional Innovation System: Competitive Regulation in the New Europe", *Geoforum*, Vol. 23, No. 3, 1992.

部的技术进步。在内生增长理论的修正下，区域经济学理论认为某一区域的经济增长除了要受到区域内外物理资本因素的作用，更重要的是还会受到区域内部人力资本和技术进步等因素的深刻影响。完善后的区域经济学对区域创新要素的投入提供了新的解释，人力资本和知识技术成为区域创新的核心要素，而区域创新则主要通过区域人力资本积累和知识技术进步所引起的生产力提升来促进区域经济增长。除此以外，区域经济学所包含的区位理论对区域创新要素的空间分布进行了解释。根据区位理论，要素之间的地理距离决定了要素间交易和联系的成本，距离越短则成本越小。因此，区位理论解释了区域内部创新要素形成空间集聚的原因和过程。创新要素的集聚可以在区域内形成创新增长级，通过辐射作用带动增长级周边区域提高创新要素质量，从而促使区域整体提高创新能力。[①] 在此之后，经济学理论与演化理论相结合，产生了演化经济学。演化经济学能够帮助区域经济学反映区域创新要素的多样性及其相互间的作用关系，成为研究区域创新要素动态演化的核心思想。[②]

（二）创新经济学对区域创新理论的影响和作用

在熊彼特的创新概念中，他认为创新是一个非均衡的过程，传统的静态均衡和完全竞争等分析方法不完全适合于解释经济发展现象。因为经济的根本目的是增长而不是均衡，只有打破均衡态势才能更好地促进经济增长，那么打破均衡的动力就来自创新。熊彼特的创新理论用于解释资本主义的本质特征，强调生产技术的革新和生产方法的变革在经济发展过程中至高无上的作用。[③] 之后研究者关于创新理论的研究大多受到熊彼特创新理论的影响，他们将创新理论的研究深入细化，并朝两个方向发展：一是研究知识和技术变革如何影响创新，从而促进经济增长；二是以制度变革为主要研究对象，考察经济增长过程中的制度创新。技术创新和制度创新构成了新的创新理论的主要内容。20世纪中叶之后，世界主要发达区域的创新发展大都沿用技术创新和制度创新的模式，技

---

① 王辑慈：《简评关于新产业区的国际学术讨论》，《地理科学进展》1998年第3期。
② Philip Cooke, Uranga M., Extebarria G., "Regional Systems of Innovation: an Evolutionary Perspective", *Environment and Planning*, Vol. 30, No. 9, 1998.
③ [美] 约瑟夫·熊彼特：《经济发展理论》，何畏等译，商务印书馆1990年版，第49—80页。

术创新能够快速提高区域生产力水平，而制度创新则重点关注市场机制的完善和法律制度的健全，以保证区域内各类要素真正发挥创新作用。

（三）创新系统学对区域创新理论的影响和作用

创新系统学从系统论的理论范式对区域创新理论进行了补充和完善。创新系统学的发展过程主要经历了"企业创新系统""产业创新系统""国家创新系统"三个阶段的理论演变，分别从微观、中观和宏观三个角度解释了区域创新的内容和意义，其中区域创新是国家创新系统在区域层次的延伸和体现，两者存在很强的相关关系。从熊彼特提出的创新理论中可以看出，其理论创立的逻辑蕴含从研究经济系统的微观组织层面，即企业内部的创新行为揭示创新对企业发展的作用和影响的思想。随着企业创新力量的壮大和创新行为的频繁，同类型企业联合形成的产业形式开始影响到企业创新，企业创新开始以集聚和创新链的形式呈现。相应地，对企业创新的研究也开始上升到对产业创新的研究层面。从20世纪40年代开始，日本、芬兰和以色列等国家相继通过国家创新系统的构建迅速发展成为世界强国，研究者在惊讶于这些成就的同时，开始关注国家创新理论的研究。国家创新理论从宏观角度为区域创新理论提供了理论依据。

二 区域创新体系及其结构要素

库克在提出区域创新概念时认为实现区域创新是由地理区域内相互分工与关联的产业组织和其他组织机构围绕知识交互学习所形成的有利于创新的网络体系进行实施和完成的，区域创新体系（regional innovation system，RIS）是区域创新理论的核心内容。[①] 随后国内外诸多学者从不同的研究视角对区域创新体系的内涵做出阐释，主要包括四个方面的内容：（1）区域创新体系需要利益相关的主体参与，目前讨论较多的有政府、产业、科研教育及中介等机构主体；（2）不同创新组织或机构主体之间通过相互作用和相互关联，构成创新体系的组织结构和空间结构；（3）区域创新体系的运行需要依靠资源要素的投入和流动支撑，主要涉

---

① Philip Cooke, Schienstock G., "Structural Competitiveness and Learning Regions", *Enterprise and Innovation Management Studies*, Vol. 1, No. 3, 2000.

及知识、技术、人才、资金等资源要素；（4）区域创新体系的创新对象和目标主要包括制度规范、知识技术、管理手段等范围。因此，区域创新体系可以理解为在界定的区域范围内，为实现区域创新发展目标，围绕知识技术互动与创新的各类组织机构彼此相互作用和相互关联，依靠知识、技术、人才、资金等资源要素投入，推动区域制度规范、知识技术、管理手段等内容创新，不断创新商业产品、提升产业结构、促进区域发展而形成的具有特殊结构形态的体系。

由此可以看出，区域创新体系具有复杂的结构特征，具体包括主体结构、投入结构、产出结构和目标结构（见图2—1）。

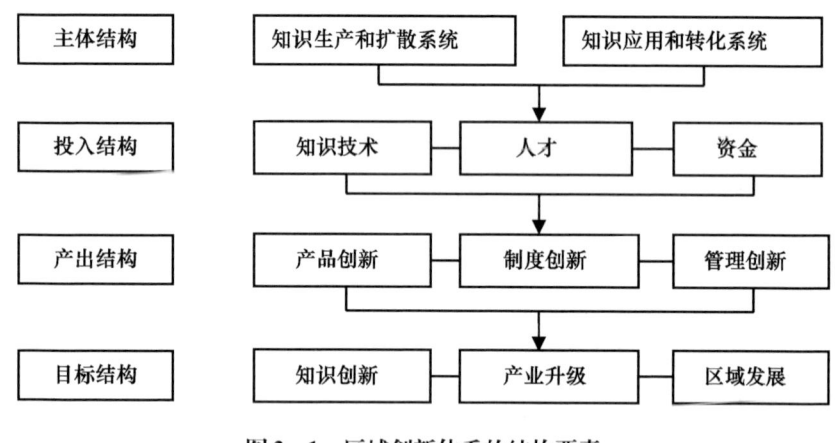

图2—1 区域创新体系的结构要素

首先，主体结构包括"知识生产和扩散系统"与"知识应用和转化系统"，[①] 其中居于"知识生产和扩散系统"中心的是围绕某一类专业知识技术形成的科研和教育组织，而"知识应用和利用系统"则主要是由相关企业或产业组织构成。其次，主体结构投入资金、人才、知识技术等资源要素形成区域创新体系的投入结构，从而促使区域实现制度规范创新、产品创新和管理手段创新，最终形成知识技术创新、产业结构升级和区域全面发展的目标结构。区域创新体系就是由这些诸多结构要素

---

① Erkko Autio, "Evaluation of RTD in Regional Systems of Innovation", *European Planning Studies*, Vol. 6, No. 2, 1998.

构成的复杂动态系统，通过结构之间的协调合作与优化组合，遵循特定的协同运行机制，展现出系统的整体效应。

三 区域创新理论为"丝路域"学科与产业协同提供依据

从构成区域创新体系的结构要素可以看出，"知识生产和扩散系统"与"知识应用和转化系统"主导着整个体系的运行过程。根据区域创新体系的概念内涵和对创新主体两大系统的理解，在某一类专业知识技术领域内，学科与产业正是扮演"知识生产和扩散系统"与"知识应用和转化系统"的角色，以创新主体的身份参与区域创新体系的运行。一方面，学科在区域的科研和教育领域发挥着重要作用，不仅主导高深知识的发现和生产，而且支配高深知识的教学和传播。学科通过高深知识的生产促进区域知识技术创新，也通过知识技术的教学和传播，培养专门性人才，从而使创新知识得以延续和利用；另一方面，随着知识经济的到来和高新技术的不断创新，新知识和新技术的应用与转化已经成为产业发展的内在动力，决定了产业发展的现实水平，也牵引着产业未来的发展方向。

区域创新理论认为区域创新体系运行的核心是创新主体之间围绕知识共享和知识生产，进行相互作用与相互学习。[1] 换句话说，区域创新体系的运行就是要实现区域学科与产业之间高效率的相互作用、协同合作。区域创新能力的提高及竞争优势的形成要求学科与产业作为创新主体，围绕某一领域的知识技术创新形成互相合作和双赢的关系。区域创新往往发生在这种关系真正发挥作用的过程中间。[2] 同时，区域学科与产业在实现知识技术创新的基础上，通过知识的消化和利用提高自身发展水平和竞争能力，加速彼此成长速度，从而推动整个区域创新体系的优化和完善。

综上，区域创新理论揭示了区域创新体系的概念内涵和结构要素，认为学科与产业分别代表"知识生产和扩散系统"和"知识应用和转化

---

[1] D. Doloreux, "What We Should Know about Regional Systems of Innovation", *Technology in Society*, Vol. 24, No. 3, 2002.

[2] 吕拉昌等：《创新地理学》，科学出版社2017年版，第115—117页。

系统",作为区域创新主体主导创新体系的运行和发展,区域创新必须建立在学科与产业之间相互作用、协同合作的基础之上。因此,区域创新理论为"丝路域"学科与产业协同的研究提供了现实依据。

第三节 协同理论与协同内涵

由分工理论和区域创新理论的分析可知,学科与产业的产生和发展是人类劳动与知识分工不断积累和优化的结果,极大地促进了劳动和知识的专业化发展,提高了人类的劳动和知识生产效率,成为区域创新发展的核心。在现代知识经济的背景下,学科与产业之间的关系越来越紧密、作用越来越频繁,这种联系和作用本质上就是学科与产业的协同。

一 协同理论及其发展脉络

协同理论及协同学是德国物理学家赫尔曼·哈肯在20世纪60年代在研究激光过程中发现其内部结构之间的合作现象之后提出的。[①] 他发现当有外界能量输入并超过一定阈值后,激光棒中的激活原子由之前的无规则非相干波列变为同相震荡,并发射出很长的相干波列。他认为激光的形成过程是一个典型的非平衡相变。因为在不同条件下所形成的激光具有不同的相变特征,它遵循着不同的激光方程。随后他通过在各学科中出现的非平衡相变之间的类比后发现,尽管不同系统由种类各异的子系统所构成,然而所有系统在非平衡相变的演化过程中却遵循同样或类似的规律。因此,哈肯认为系统相变与系统内部子系统的特征和种类无关,而是由子系统之间的相互作用,尤其是协同合作的行为所决定的。在汲取了耗散理论的营养之后,哈肯于1973年首次提出协同概念。他抓住了各种相变过程中的主要矛盾和共同规律,并通过与信息和控制概念的结合,使协同概念成为描述动态有序系统结构的得力方法和工具。

哈肯还发现,与激光系统一样,类似的现象在其他领域同样发生,例如流体力学中贝纳德对流形成的六角形花纹、化学震荡中出现的别洛

---

① [德]赫尔曼·哈肯:《协同学——大自然构成的奥秘》,凌复华译,上海译文出版社2005年版,第186—189页。

索夫—扎鲍京斯基反应、生物学中由竞争选择而造成的野兔和其天敌山猫两者数量随时间发生的周期性振荡、机械工程中薄板表面在负荷作用下形成的规则折纹以及某些社会领域中的现象等。哈肯的认识从个别层面飞跃上升到了一般层面，即为数众多的系统在从无序状态向有序状态过渡中具有一般的类似情况，也就是说，这些系统的功能服从于相同的无序向有序转变的基本原理。通过一系列研究，最后的结论有力地表明，在一定条件下，通过非线性的相互作用，若干系统之间可以产生协同现象和相干效应，使这些系统所组成的整体系统产生新的功能和结构，并进入有序状态。

协同理论用于解释由众多子系统及其相互作用共同构成的开放系统。在自然界和社会中的所有开放系统都包含若干子系统，而这些开放的系统又相互作用组合成为新的更大的系统。系统整体的结构、行为与特性并不完全是内部各子系统的结构、行为与特性的简单累加。协同理论是由物理学领域产生和发展起来的，以系统论、信息论、控制论、突变论等为基础，在解释和指导自然科学中的各种现象方面已经发展成为一种具有普遍意义的方法论。随后，协同理论被应用于除自然科学之外的其他领域，例如它可以被用来描述社会现象中的各种系统之间相互联系又相互作用的关系。协同理论认为在这些现象的发生是在共同规律支配下由各类系统相互作用所形成的结果。

二　协同理论的主要思想

协同理论作为一种系统理论，被广泛运用于研究和解释世界各类系统运行中所存在的本质特征和普遍过程，具有较强的适用性。产业属于经济系统中的子系统，学科属于教育系统中的子系统，学科与产业系统之间的相互作用具有系统协同的普遍特征。因此，协同理论的基本内容、原理和作用机制能够对学科与产业的协同关系进行研究分析，主要包括序参量、共生发展和自组织原理。

（一）序参量

哈肯认为无论在什么系统中，如果某个参量在系统演化过程中能够指示和决定新结构的形成，这就是序参量。序参量是宏观参量，实际上是大量系统内部组成部分集体运动的宏观整体模式。在协同理论中，不同领域内系统序参量的意义不同。比如,在哈肯最早进行的激光实验中,激光内部的光场强度就是序参量。在化学反应中,物质内部的分子、原子、电子等粒子构造是参序量。而在社会学和管理学的研究中,为了描述宏观量,采用测验、调研或投票表决等方式来反映对某项"意见"的反对或赞同。此时,反对或赞成的人数就可作为序参量。序参量的大小通常和系统宏观的有序度水平呈现出较强的相关性,当系统是无序时,序参量的取值为零。随着外界环境和条件变化,序参量的大小程度也随之发生变化,当到达临界点时,序参量增长到最大值,此时系统会出现一种宏观有序的结构。因此,序参量表示系统的有序结构和类型。序参量系统描述了临界点附近的行为,协同理论认为事物的演化受序参量的控制,演化的最终结构和有序程度决定于序参量。序参量一旦形成,便起着支配或役使系统的作用,即主宰系统整体的发展演化过程。对于只有一个序参量的系统,系统结构将由此序参量决定;对于几个序参量共处在一个矛盾竞争系统的情况,每一个序参量决定着一种宏观结构以及它对应的微观组态。也就是说,系统在不稳定点孕育着几种宏观结构的"胚芽状态",最终能出现哪一种结构,这要由序参量的合作与竞争结果来定。一般说来,序参量的合作会形成一种宏观结构,而序参量的竞争终将导致只有一个序参量起主导作用,使系统处于由该序参量所决定的状态。也就是说,不同系统之间的协同合作会产生序参量,序参量之间的协同合作与竞争决定着系统从无序到有序的演化进程,这是协同理论中协同的真正意义。

(二) 协同效应

协同理论认为对千差万别的自然系统或社会系统而言,均存在着协同效用,协同效用是系统有序结构形成的内驱力。协同的英文单词 synergy 包含有"同步的、同时的"含义,也就是说系统之间的协同是系统同步生长、共同发展。共生发展是指系统在发展之初就与其他系统相互作用,相互依赖,从其他系统中获取一定利益,共同适应复杂多变的环境,最终走向联合,形成更大的整合系统的过程。在这个过程中,各系统之间产生共生、共荣、共赢的互动、互助、互利的良性关系。

(三) 自组织原理

根据协同理论,不论是系统整体还是子系统,如果缺乏与外界进行物质、能量和信息的交流，其本身就会处于孤立或者封闭的状态。在这种封闭状体下，系统无法与其他系统进行相互作用从而产生协同效应，呈现出"死寂"的状态。因此，系统只有与其他系统不断进行物质、信息和能量等交流，才能维持活力，使系统向更好的方向发展。根据协同学理论，产业系统和学科系统如果独自封闭发展，便会走入"死胡同"。两个系统必须相互进行各类要素的交流和作用，才能保持持续的运行活力。

三 协同理论揭示"丝路域"学科与产业协同的本质

（一）学科与产业协同是从破到立的过程

根据系统论，学科与产业属于社会经济大系统内的子系统，因而学科与产业两个系统之间的协同也存在序参量，并且由序参量主导两者的协同作用。学科与产业协同建立在知识的供需和互补基础之上，知识是两者协同的核心要素，并由此引发学科与产业协同的序参量。因此，在"丝路域"学科与产业协同过程中，知识的特性和运行逻辑主导并作用于两个系统之间的协同过程。同时，知识类别的变化也会导致知识特性和运行逻辑的改变，从而会对原有的协同系统造成冲击，使协同系统经历从有序—无序—有序的解构和重建过程，最终形成新的系统模式。也就是说，学科与产业协同是在知识等序参量的主导下，不断打破原有系统运行，建立新的有序系统的过程。

（二）学科与产业协同是共生共荣的关系

按照协同效应，只有"丝路域"学科与产业系统共生发展，才能保证两者能够最大化地吸收彼此的有用功能，优化自身系统，实现联合发展，促使整合系统形成功能最优化、成本最小化、效益最大化的持续发展状态，实现协同的累积与放大效应。学科与产业的共生发展包括三个方面的内容：首先它们的共生以知识技术创新为核心建立内在联系，彼此进行物质、信息以及能量的交流；其次，学科与产业的共生应该发生在一个完整、统一的自然区域单元，且要求两者在区域中是一个相互作用的整体，这个区域为两者的生长和发展提供培养和共生环境；最后，学科与产业既可以通过强化共同优势或特性，又可以利用优势或特性互补决定共生方式，并在此基础上确定突破口，明确共生主体的权责利益，培育共生机制。

(三)学科与产业协同是最终实现"1+1>2"

根据自组织原理,在"丝路域"内部,学科与产业两个系统之间存在着相互影响而又相互合作的关系,会在临界点发生质变产生协同,使两个系统构成的整体系统从无序变为有序,从混沌中产生某种稳定结构,从而产生"1+1>2"的协同效应,发挥出更加优化的整体性功能。这个过程具有内在性和自生性的特点,即产业系统和学科系统之间会按照某种规则自动形成某种协同机制,同时两个系统在有外部能量流、信息流和物质流输入的条件下,系统之间会因为协同作用形成新的时间、空间或功能有序结构。

本章小结

理论基础指能够指导实践,并促进实践发展的认识和思想。对"丝路域"学科与产业协同的研究需要以理论为指导,为研究提供依据、立场和方法,奠定研究的基础。

分工理论是古典经济学理论的基础,它能够帮助我们从学科与产业的产生源头认识和分析两者之间存在的天然联系。分工理论认为劳动分工造成社会生产专门化,由此形成社会经济中不同类别的产业部门,促进了社会生产效率的提高;知识分工在劳动分工的引导和作用下产生和演化,并在此基础上形成了分门别类的学科体系。学科和产业不仅在产生之初就有着天然的联系,而且在随后的发展过程中相互作用、相互影响,演变成为现在的学科和产业格局。因此,学科和产业有协同发展的"基因",它们的协同既是人类社会发展的必然,也是"丝路域"实现可持续、高质量发展的需要。

区域创新理论由区域经济学、创新经济学和创新系统学理论发展演化而来,该理论认为区域内的学科与产业分别代表"知识生产和扩散系统"和"知识应用和转化系统",是区域创新的主体,主导创新体系的运行和发展。区域创新必须建立在学科与产业之间相互作用和协同合作的基础之上。区域创新理论为"丝路域"学科与产业协同的研究提供了现实依据。

协同理论通过揭示学科与产业协同的本质内涵，为本书提供方法论指导具体的研究过程。根据协同理论，对学科和产业协同的研究应该运用系统论的思维方式。因为这种协同并不是简单合作，而是从打破原有两个系统到建立新的有序系统的过程。在这个过程中，"丝路域"的学科与产业系统会经历从破到立，完成共生共荣，最终实现"1+1>2"协同的效应。

第三章　发达区域学科与产业协同的范式变革

范式的概念和理论是由托马斯·库恩提出的,他在《科学革命的结构》一书中认为:"范式是一个特定社团的成员共同接受的信仰、公认的价值和技术的总和。"[①] 从哲学角度看,范式是一种世界观、一种普遍的观念和分解真实世界复杂性的方法。[②] 范式概念的提出最初是用来解释科学革命的发生,后来被借用于多种学科解释各自领域内某些特殊现象的演变和发展。艾尔·巴比指出,在社会科学中,"理论范式只有是否受欢迎的变化,很少被完全抛弃","范式本身并没有对错之分;作为观察的方式,它们只有用处多少的区别"。[③] 在知识经济背景下知识生产模式发生转型,新的知识生产模式所呈现的应用情境化、社会化弥散和跨学科合作等特征促使学科与产业逐渐摒弃以往零星的、碎片化的线性交易方式,转而以注重主体间交叉互动,促进跨组织、跨部门和跨学科知识生产的多向度立体协同方式为主。学科与产业的协同范式由此经历从"交易型"到"交互型"的变革过程,交互型协同成为世界主要发达国家或区域促进知识生产、优化学科与产业结构和提高区域创新能力的主要路径,其发展过程包括产业研发、学科创业和学科与产业融合阶段,并产生高等教育学科与产业协同演变的新特征。

[①] [美]托马斯·库恩:《科学革命的结构》,金吾伦、胡新和译,北京大学出版社2003年版,第95页。
[②] [美]尤瓦娜·林肯:《自然主义研究——21世纪社会科学研究范式》,杨晓波、林捷译,科学技术文献出版社2004年版,第2页。
[③] [美]艾尔·巴比:《社会研究方法(第8版·上册)》,邱泽奇译,华夏出版社2000年版,第57页。

第一节　知识生产、传播与应用模式的现代转型

知识经济时代，经济与知识相互联系、相互依赖，推动知识的生产方式发生重大转变。20世纪中叶开始，研究者不断提出相关理论解释知识生产方式的新变化，出现了学院科学与后学院科学理论、模式1和模式2理论等。这些理论表明了知识生产变化的趋势，也反映出这种新变化对学科与产业协同的要求与引导。

一　现代知识生产模式的转型趋势

针对现代科学研究的变化，英国学者齐曼提出了学院科学（academic science）和后学院科学理论（post academic）。根据该理论，学院科学的现代形式可以追溯至19世纪德国洪堡模式的科学研究，其关注的是真理性的知识本身而非知识的实际应用。学院科学是科学最纯粹形式的原型[1]。此后，在科学组织、管理和实施方式中开始发生根本性的、不可逆转的和遍及世界的变革，导致知识生产模式进入"后学院科学"。后学院科学处于为金钱增值的压力之下，这种知识生产新模式的很多特征出现于"应用语境中"，[2] 它是学院科学向产业领域的拓展和延伸，[3] 认为知识生产不一定要局限在基础科学的进展上，而要关注科学的潜在应用，并且把社会生产所需的技术更新作为主要任务。

迈克尔·吉本斯等人提出知识生产的模式1和模式2理论[4]。模式1的知识生产方式强调"为科研而科研"，是一种在严格的"学科规训"基础上进行的高度抽象化的学术探究，运用的是学术组织制度化之前的科学原初模式。这种模式源自19世纪初洪堡将科学研究第一次真正纳入柏

---

[1]　[英]约翰·齐曼：《真科学——它是什么，它指什么》，曾国屏等译，上海科技教育出版社2002年版，第8—37页。
[2]　[英]约翰·齐曼：《真科学——它是什么，它指什么》，曾国屏等译，上海科技教育出版社2002年版，第88—89页。
[3]　李志峰等：《知识生产模式的现代转型与大学科学研究的模式创新》，《教育研究》2014年第3期。
[4]　[美]迈克尔·吉本斯等：《知识生产的新模式：当代社会科学与研究的动力学》，北京大学出版社2011年版，第1—14页。

林大学的运作体系,从而致使大学内部形成学科的组织制度化,也使科学家(即知识生产者)作为隔绝的个体进入象牙塔从事知识生产,远离社会利益纷争。洪堡时期的知识生产和科学研究意味着一种纯粹知识的观念。[1] 不论是自然科学、社会科学还是人文学科,专业化的不断深入被认为是知识增进的一种可靠途径,且这种适应性的组织规则得以传承和贯彻。在模式1中,知识生产是在一种规范的学科术语体系和语境中,也是在一种"科学的"研究方法体系中完成,严格遵循科学和社会认知的学术研究规范。在此语境中,知识生产作为一个经过严格"规训"的专业化的职业和岗位行为,形成了判断好科学(good science)和正规科学(normal science)知识,以及区别非科学知识的标准规范。"普遍性知识"和"真理性知识"成为这一时期知识生产者的价值追求,知识本身就是目的,知识也是自我合法化的活动。[2] 因此,传统的知识生产系统将知识生产组织和部门与其他社会组织部门明确地划分开来,勾勒出一条清晰的界限。在此基础上,专业化的学科组织逐渐成为大学内部唯一的知识生产者,不同学科之间也彼此隔离,并且作为知识生产的场所逐渐脱离了社会经济的边缘。学科的边界、语言和它特有的概念使学科性精神变成地主精神,禁止任何外人入侵他们的小块知识领地。[3]

随着现代知识和技术逐渐成为经济发展的主要要素,知识的生产开始突破学科性、同行性和封闭性的科学语境,同时也冲破了精英学术和学科自治的知识生产模式。由此引起整个知识生产系统经历深刻的变化,表明一种新的知识生产模式开始出现。吉本斯等人认为导致知识生产模式转变的社会情境包括:科学研究的商业化、高等教育大众化、知识生产中人性的特殊角色、经济全球化以及学科组织结构重组等。[4] 以传统基础理论独尊的知识生产模式开始转变成为以解决应用问题产生的基础研

---

[1] William Clark, *Academic Charisma and the Origins of the Research University*, Chicago: the University of Chicago Press, 2006, p. 470.

[2] John H. Newman, *The Idea of the University*, New Haven, CT: Yale University Press, 1996, p. 3.

[3] [法]埃德加·莫兰:《复杂性理论与教育问题》,陈一壮译,北京大学出版社2004年版,第197页。

[4] Nowotny Helga, "Rethink Science: Mode 2 in Societal Context", 2011 (https://www.helga-nowotny.at/documents/Nowotny-Gibbons-Scott-Mode2.pdf).

究，即模式 2。模式 2 具有 4 个方面的特征：①知识生产的"应用语境"。知识生产的问题选择、成果目标、研究环境都置身于应用情境中；②知识生产的社会弥散化。知识生产的主体和场所不仅限于特定学科内的学术共同体，而是向"社会分布"；③知识生产的跨学科或超学科性。知识生产源于社会生产需要，不再拘泥于单个学科内部，而是动态演进的跨学科过程；④问责和质量评价系统。知识生产的结论和成果不仅限于学术同行，而要更加重视社会公众、产业经济、政府等相关利益者的要求和标准。

新的知识生产模式的主要标志是新的知识生产者出现，知识生产是异质性和多样化的。知识生产的场所不再是封闭的，也不再局限于学科组织等学科共同体，而是包括了政府专业部门、社会智囊和咨询机构、企业实验室、非政府研究组织和机构等。这些新的知识生产组织是在传统知识生产组织之外成长起来的。传统知识生产者和新的知识生产者开始重点关注知识在技术、经济、社会治理和政府决策等实际问题的解决之道和直接运用。正如吉本斯所述，知识生产越来越快地由传统学科活动转移到新的社会情境中。[①] 由此，知识生产不再是科学家的"单独游戏"，不同背景的知识工作者如研发设计者、生产工程师、熟练技工和社会学者与科学家一起开始参与到知识生产过程中，知识生产方式开始加入经验和理论、认知和非认知的成分。混合的科学知识不仅模糊了原有的学科规范，也逐渐消除知识类别的界限，知识生产进入超学科或跨学科阶段。

二 知识传播和应用模式的转型

知识的生产、传播和应用是现代学术活动主要内容，也是知识价值实现的基本过程。博耶将学术活动划分为"探究的学术""整合的学术""应用的学术""教学的学术",[②] 正是基于知识生产、传播和应用的过程。在现代知识经济中，知识生产模式的转变同时驱动知识传播和知识

[①] [美] 迈克尔·吉本斯等：《知识生产的新模式：当代社会科学与研究的动力学》，北京大学出版社 2011 年版，第 17 页。

[②] [美] 欧内斯特·L. 博耶：《关于美国教育改革的演讲》，涂艳国等译，教育科学出版社 2002 年版，第 75—78 页。

应用出现新的模式，后者同时也成为知识生产新模式的重要补充。

首先，知识的传播与传承主要有两种方式，一种是通过人与人的交际，如古代生产过程中的师徒口耳相传和现代学校中的正式教学等；另一种是通过物化媒体的方式，如书籍、互联网等。不管哪种方式，知识传播最终都要落在人的身上，对人进行培养和教育，使其了解和掌握前人所创造和积累的知识是知识传播的核心。在传统知识生产模式中，知识传播和人才培养的方式是"学科规训"式的，强调学科基础知识的学习，注重系统性和理论性，严格按照学科分类教学和学术训练。"学科规训"的方式不仅限制知识本身，而且对分学科的人才培养进行着分门别类的标准化与规范化的规制，严谨的理论逻辑体系成为规训范式下教学的主要内容。在"学科规训"的培养方式下，学术人才通过学术成果和参与基础研究项目获得学术认可，并不重视社会经济及其他社会实践性的培养和训练项目，培养出的人才对学科知识掌握的融合能力较差，在之后的实际生产工作中并不能很好地发挥所学。同时，知识传播集中在学科内部，容易造成知识的片面化发展。

由于知识生产模式转变，传统以学科为基础的知识不再能够包括所有知识，操作主义开始成为占统治地位的知识形态。[①] 这种情况催生出超越"学科规训"新的知识传播和人才培养方式。在现代知识生产模式中，专门的学术机构已经不是唯一的知识生产场所，专业的知识和先进的技术也产生于社会经济运行的部门中。这类知识的积累与传播不仅成为社会生产部门保持核心竞争力的关键，也是整个科学知识创新必不可少的来源。社会生产和运行过程中产生的技术、专利、管理制度、经典案例等同样构成了知识传播的主要内容。知识传播开始突破封闭的"禁地"，推动传统的学科式的人才培养向着产业化和工业化的人才培养方式转变，知识传播逐渐与社会生产过程中的工程、技术、管理和服务等实际生产相结合，促进了知识传播的灵活性和人才培养的流动性，知识传播和人才培养也更加开放和动态，知识资源得到更优化的配置，显示出比传统方式更大的优势。

其次，著名博物学家赫胥黎认为知识最终的可贵之处并非知识本身，

---

① 黄启兵、毛亚庆：《高等教育质量的知识解读》，《清华大学教育研究》2009 年第 6 期。

而是行动。这里的行动指知识应用。知识应用是运用已有知识解决问题的阶段。知识应用有多种形式，其本质是将知识应用于改造世界和发展生产力的活动。目前，与知识的生产和传播相比，知识应用阶段受到学术研究者与社会生产者较少的关注。知识生产和传播的根本目的在于指导人类有效地改造世界，知识应用是知识价值的实现过程。离开应用，探索和发展知识就只能成为满足学者"好奇心"的活动，缺乏更为广阔的社会价值。只有当分布在社会各处的知识可以全面地在社会中流通并应用于解决实际问题时，知识才能产生价值。

在传统的知识生产模式1中，不论是知识生产还是知识传播，往往局限于单纯的学科或其他学术领域，表现出由学术志趣为方向，由学术共同体所掌控和同行评议等特征，形成了一种无须经过市场检验，也无须考虑知识成果应用，只是为了科学自身发展的纯学术过程。这意味着在传统模式下，被生产和创造出来的知识并不一定能够得到很好的应用，科学知识转化率低是桎梏传统知识生产模式发展的重要因素。在此背景下，由好奇心驱使的传统知识生产必须转向以应用为中心的新方式。知识应用强调科学知识要走出象牙塔，为国家和社会经济发展服务。一方面，知识应用将传统学术部门、社会生产部门、政府部门及社会公众等相关利益团体创造性地融合成为一体，拓宽了知识的可包容性和可理解性，促使知识在应用过程中实现更多元的社会价值；另一方面，新的知识应用以多节点、多边界、多层次和多形态为主要特征，构成了动态联系且相互交叉融合的知识生产创新系统，知识在应用过程中会根据实际情境和具体问题进行重构和再生产，从而形成新的知识价值，加速知识增值，现有研究也表明知识的应用导向对知识增长效率有显著的正向影响。[①]

第二节　从交易型到交互型的范式变革

根据区域创新理论，学科与产业协同是围绕知识创新的合作行为，知识是协同中的核心要素。知识生产模式的重大转变会传递至学科与产

---

① 肖丁丁等：《产学合作中的知识生产效率——基于"模式Ⅱ"的实证研究》，《科学学研究》2012年第6期。

业协同的过程,对主导和控制协同的基本范式产生深刻影响。知识生产模式的改变会导致学科与产业之间的协同关系发生变化,继而造成学科与产业的组织结构、布局方式等一系列特征发生根本性变革,在区域内形成新的协同范式。

一 模式转型对区域学科与产业协同的要求

不论是学院科学与后学院科学理论,还是模式1和模式2理论,都认为知识生产方式转变是现代学术逻辑的重要转型,反映了知识生产和社会经济之间关系的变化,知识生产的价值导向由"为我(学科)"转向"为它(社会)",这种变化对学科与产业的协同发展提出了新要求。

(一)知识生产的"应用语境",要求学科的知识生产和人才培养必须注重在产业中的转化和应用

传统知识生产模式是基于学科的,将所谓的"基础性"知识和"应用性"知识明确区别开来,导致传统学科更强调前者的生产和创新,同时在人才培养过程中更注重专业理论知识的灌输。伴随知识生产模式转型,科学界对知识的认知更强调社会情景化,其特点是,"基础"和"应用"之间、理论和实践之间不断交互。科学知识的生产以应用为目的,发生在应用情境中,其成果——可能在传统上会被认定为是应用性的——会刺激进一步的理论发展。[1] 基本科学知识被鼓励应用到实际问题中去,科学被强制征用为国家研发系统的驱动力和为整个经济创造财富的发动机。科学实验的过程越来越多地由在工业等产业的情境中发展出来的设计原则所引导,新材料产品及其生产过程在设计过程中合并到一起,暗示着科学发现的过程与制造的过程越来越一体化。在转型过程中,学科还可以在产业应用中利用知识、技术和方法推进研究的多元主义发展,扩大知识生产和创新范围,提高研究者对于社会实践中具体和特定问题的兴趣,促使人才提高解决实际问题和应用专业知识的能力。

---

[1] [美]迈克尔·吉本斯等:《知识生产的新模式:当代社会科学与研究的动力学》,北京大学出版社2011年版,第1—29页。

（二）知识生产的"社会弥散化"，要求学科与产业共同成为知识生产和人才培养的主要场所

新的知识生产模式的主要标志是新的知识生产者或生产场所的出现，知识生产是异质性和多样化的。知识生产的场所不再是封闭的，也不再局限于学科组织等学科共同体，而是包括了政府专业部门、社会智囊和咨询机构、企业实验室、非政府研究组织和机构等。传统知识生产者和新的知识生产者开始重点关注知识在技术、经济、社会治理和政府决策等实际问题的解决之道和直接运用。知识生产越来越快地由传统的学科活动转移到新的社会情境中。由此，不同背景的知识工作者如研发设计者、生产工程师、熟练技工和社会学者与科学家一起开始参与到知识生产过程中。知识生产的有用性、实用性和效率成为判断所谓好的科学实践的重要标准，反映出学科与产业共同的复合型理念和需求。人才作为知识的重要载体，其培养过程也开始走向学科与产业协同，产业或企业逐步发挥重要主体作用，培养大批高素质创新人才和技术技能人才，促进教育链、人才链与产业链、创新链的有机衔接。

（三）知识生产的"跨学科性"，要求跨学科与跨产业之间的科学研究和人才培养加强合作、相互融合

跨学科是现代知识生产模式的重要形式，科学问题的产生、多元知识生产者的参与和知识的应用与转化都已经形成超越单个学科结构的运行模式。现代知识生产的发起并非来自特定的学科框架，也不是由同行专家或科学家的兴趣来决定，而主要源自社会生产的应用或行动目标的实现，科学研究的注意力也会首先聚焦在社会问题领域或某些热点问题上。在应用情境中，知识生产的出发点发生了变化，对知识生产造成压力，要求知识生产者必须联合多种不同种类的知识资源并对其进行合理配置。混合的科学知识不仅模糊了原有的学科规范，也逐渐消除知识类别的界限。为了满足知识生产的超学科或跨产业的需求，各类学科与产业组织的研究者会被召集和联合起来，运用各自优势和专长共同解决所遇到的新问题。这种"跨学科性"还要求人才培养应该探索跨学科、跨院系、跨专业交叉的创新创业人才培养的新机制，促进人才培养由单一型学科专业向多学科融合型转变。

二 区域学科与产业协同的交易型范式

在传统知识生产模式（模式1）中，学科属于学术领域，是知识生产的主要场所，而产业则属于经济领域，是商品生产的主要部门。学科与产业之间存在巨大的异质性，两者承担着不同的使命和责任。学科的宗旨和目标是知识生产和知识创新，并培养传承知识的专门性人才；产业的使命是不断生产社会商品，创造经济财富，为社会发展提供物质资源。正是学科与产业之间的这种差异，导致两者在传统知识生产模式中自发地产生以交易为主的协同合作。

一方面，产业在激烈的市场竞争环境中必须依靠先进的科学知识和技术提高产业资源利用效率和产品生产效率。激烈的竞争提出创新要求，并且改变了创新过程中的增值点，使产业不断以新的方式、运作技能和智慧来反复地架构资源，尤其是知识资源。[①] 产业为了提高市场竞争力和自我发展能力，对相应学科所生产的知识及人才需求旺盛，成为学科与产业之间交易式协同的需求方。

另一方面，从学科发展的历程来看，学术组织在历史的大部分时间独立于市场而存在，它们没有宣传和广告，没有服务收费及出卖知识和技术的实践与传统。但是随着市场经济理念影响的扩大，"经济自由化、私有化、市场化、全球一体化"的思想成为西方国家的主流政治意识形态，并逐步向全球蔓延。思想的变革引起各国政府逐渐缩减了对学术组织和学术活动的资源投入，并以评估绩效、项目委托、边际成本等市场的方式评估学科并划拨资源，导致学科在发展过程中也同样面临着资源短缺和激烈竞争的境遇。学科竞争不仅体现在不同学科之间，而且也发生在相同学科内部的不同组织之间，竞争态势随着学科发展与资源稀缺之间矛盾的扩大而加剧，部分学科和产业一样面临着存亡考验。学科为了发展，迫于资源压力会形成对外部市场的依赖，依赖程度取决于资源的稀缺性和学科间的竞争强度。在这种环境中生存和发展，学科必须在市场中寻求替代性资源，减轻对关键性资源的依赖程度，消除对由政府

---

① ［美］迈克尔·吉本斯等：《知识生产的新模式：当代社会科学与研究的动力学》，北京大学出版社2011年版，第40—51页。

提供的等公共资源的唯一性依赖。① 因此，学科开始通过转让知识技术成果等市场行为在市场中获取其他资源，而不再纯粹依赖公共资源。资源上的依附压力催生了学科发展的市场化倾向，而同时期产业部门寻求新知识和技术的需要与学科发展需要一拍即合，促成两者签订协同的交易"合同"。

在传统知识生产模式中，学科与产业的交易式协同是学科、产业和政府长期博弈的结果，也是社会发展的必然过程。现代学科的建立和发展起源于中世纪大学。中世纪大学创设之初多为单科性大学，后来内部逐渐分为文、法、医、神四大学科，神学享有至高地位，"凡是与宗教信仰相违背或可能撼动宗教权威的知识，就不能获得知识的名誉。各门学科只有得到神学的肯定和支持，或至少不与神学相冲突，才能进入大学成为合法的教学和研究活动"②。当时的政治和宗教观念坚决反对知识向"庸俗的众多"泄露，因此学科发展受到国家和教会支持，与产业发展无关。学科与产业真正实现广泛合作是因为社会生产活动的繁荣，文艺复兴、宗教改革以及工业革命等社会运动造成"人类航海、贸易和战争的需要使得科学成为最关生死、最积极、又最有利润的事业"③。恩格斯也认为，"工业巨大发展，产生了很多力学上的，化学上的，以及物理学上的新事实。真正有系统的实验科学，这时候才第一次成为可能"④。之后以1862年美国通过《莫里尔赠地法》和随后赠地学院的产生为开端，学科与产业的协同合作开始在政府的推动下制度化和完善化，成为区域和国家发展的重要手段，学科与产业的协同合作进入成熟期。因此，交易型协同范式的形成过程也是学科、产业和政府三者在交易过程中权力变换的过程，共分为两个阶段：

（一）政府主导阶段

传统知识生产模式中的学科作为知识生产者，大多以封闭的形象隔

---

① Paul Dimaggio, Walter Powell, "The Ironcage Revisited: Institutional Isomorphism and Collective Rationality in Organizational Fields", *American Sociological Review*, Vol. 48, No. 2, 1983.

② 黄福涛：《欧洲高等教育近代化——法、英、德近代高等教育制度的形成》，厦门大学出版社1998年版，第70页。

③ ［英］克洛德·贝尔纳：《科学的社会功能》，陈体芳译，商务印书馆1982年版，第57—74页。

④ 恩格斯：《自然辩证法》，人民出版社1971年版，第162页。

绝于象牙塔中从事知识生产,远离社会生产活动,不参与产业合作。学科与产业遵循各自的运行轨道,只有政府的介入和主导才能打破产业和学科协同合作的僵局,促使二者各自平行发展的轨迹发生交叉,达成彼此之间的"交易"。从世界范围看,美国政府最先颁布法案主导和推动了各州农学与农业生产的协同合作。美国建国之初国民经济主要以农业生产为主,随着"西进运动"的展开,耕种面积不断扩大,各州迫切需要农业知识技术和大量懂实用农业技术的农业劳动力服务农业生产。可是同时期美国的学术体制承袭欧洲,重神学、法律、医学等古典文科教育,以高深学问研究或教会教士培养为主要职责,普遍轻视农学和工学等学科的建立和发展,造成国家和区域经济发展受阻。此背景下,美国政府于1862年通过了《莫里尔赠地法》(Morrill Land-Grant Acts)。该法案的主要目的包括:1.高等学校打破传统的办学体制;2.在各州支持创办发展农业和机械学院,以满足农业迅速发展的需求;3.高等学校鼓励和发展农学和工学等实用学科,为各州当地生产服务。该法案规定,联邦政府依照每州参加国会的议员人数每人拨给3万英亩土地,并将这些赠地所得的收益在每州至少资助开办一所农工学院(又称"赠地学院"),主要研究和讲授有关农学和机械工程学等方面的知识,为农业发展服务。依靠农工类学科的服务和支持,美国各州很快实现了农业现代化,为产业升级和产业结构调整打下基础。

《莫里尔赠地法》的颁布及赠地学院的建设开创了农工类学科以知识技术服务当地农业生产,从而获得自身生存和发展资源的交易型合作模式,对学科和产业协同的发展具有重要作用。首先,赋予学科服务产业生产的新职能。在赠地学院基础上发展起来的美国威斯康星大学提出了著名的"威斯康星思想"(Wisconsin Idea),认为"利用学科和专业优势帮助全州开展知识科技推广和函授教育以帮助本州发展,使大学对本州人民的作用就如同人的头脑对人的手、脚、眼的作用"[①]。其次,推动学科向实用主义价值取向发展。长期以来,学科发展被"神学观"和"纯粹科学观"所统治,脱离社会生产的实际。在《莫里尔赠地法》及相关法案的支持下,美国各州通过赠地等多种形式陆续建立了75所赠地学

---

① 王英杰:《美国高等教育发展与改革百年回眸》,《高等教育研究》2000年第1期。

院，学科设立摒弃了以神学和纯粹科学为核心的体系，转而以解决各州农工业发展过程中遇到的实际问题为导向。同时，学科获得了生存和发展的机会，在政府的主导和支持下，到1932年，联邦政府和州政府对赠地学院的拨款分别占学校收入的10%和30%以上[1]。最后，为学科和产业发展奠定良好基础。美国各州在赠地学院的基础上相继建立了各自的州立大学系统，为学科发展奠定了良好的基础。例如美国加利福尼亚州在赠地学院的基础上，逐步建立了由10所加利福尼亚州大学分校、24所加利福尼亚州州立大学和119所社区学院所构成的庞大大学系统，形成了健全的学科体系。同时，一些赠地学院依托当地政府和产业支持，逐渐发展成为声名显赫的大学，如麻省理工学院、加利福尼亚大学、康奈尔大学、威斯康星大学等世界名校，其农学、生物学和工学类等学科也发展成为世界一流学科。也正是在这些顶尖学科的服务和帮助下，美国各州迅速实现了农业现代化，从而加快了生产力的提高和劳动力的解放，有力支持了工商业的发展，很快实现产业升级和结构调整。

（二）市场化阶段

西方世界在工业革命和农业现代化的推动下率先实现以工业制造业为主的第二产业逐渐取代以农业为主的第一产业成为国民经济发展支柱的过程。产业的蓬勃发展虽然极大地促进了生产力的提高和社会财富的增加，但是维持这种发展亟须依靠相关技术与高素质劳动力支撑。因此，产业开始迫切需要寻求相应学科的知识技术与人才支持，并且也有能力提供学科发展所需的相应资源。学科与产业的合作由此进入市场化交易阶段，产业是知识技术与高素质劳动力的需求方，学科成为其供给方。

项目委托和专利买卖是市场化阶段最普遍，也是最容易的交易协同方式。项目委托是指针对产业发展中的具体问题，产业通过直接向相关学科组织以项目委托的形式获得问题解决方式，具体包括知识和技术研发以及人才培养等方面。项目委托模式广泛存在于世界各国，在中国各类产业多数以委托"横向项目"的形式与相关学科建立协同合作关系。而专利最初是美国政府用来保护知识技术成果发明人权利的一种制度，为此专门成立了负责全国专利工作的联邦政府专利与商标局（PTO）。随

---

[1] 杨德广等：《世界教育兴邦与教育改革》，同济大学出版社1990年版，第162—180页。

着科技越来越被重视，到 2016 年美国全年共颁布来自全世界的 30.4 万件专利[①]，专利成为推动世界科技和经济发展的重要制度。专利的购买与转让成为产业与相关学科组织进行交易合作的普遍方式，专利的价格也就成为调节这一市场化交易行为的主要因素。近期美国《自然》杂志刊登的一项研究认为：产业或企业通过购买或资助学术组织进行专利发明研究对于未来创新具有更高的价值。1. 产业或企业购买资助的发明获得专利或许可证较多。没有赞助商信息的发明最不容易获得许可证（13%）或专利（17%）。企业赞助的发明获得许可证（29%）或专利（35%）比联邦支持的发明（22% 和 26%）更频繁。2. 产业或企业购买资助的发明专利激励更多"知识外溢"。研究引用数据展示了一个专利在之后专利中的引用数量，专利如果授权给第三方，每项专利平均被引用了 12.8 次；如果授权给购买者或资助者，这个数字则更大。[②] 因此，产业或企业通过购买或资助发明专利的形式与相关学科组织进行交易协同，比两者独自进行发明研究更有利于创新发展。

  虽然交易型协同范式在一定程度上促进了学科与产业之间的合作交流，推动了知识生产的市场化进程，对知识和技术创新具有积极作用。但是在知识经济时代，交易型范式由于本身的局限性已经不能完全满足现代知识生产模式的内在复杂性需要。首先，交易型范式中，学科与产业在知识生产过程中仍然处于分散状态，学科生产的知识通向市场，而不是直接通向产业，知识并不是始终可以"现货供应"的商品，容易造成知识生产与市场需求出现偏差，也会导致交易延迟和不畅。其次，当囤积如山的科学成果找不到市场，"大学和研究机构就会很少有动力去寻求研究团体之外的研究成果出口"[③]，导致知识生产缺乏动力，交易萎缩。最后，兴趣和动力的匮乏依然会导致许多学科组织"离群索居"，虽然学科与产业之间的交易联系保持运作状态，但是从学科到产业的思想、理

---

  ① 科技世界网：《美国在 2016 年共颁布 30.4 万项专利》（http://www.twwtn.com/detail_230364.htm，2017-1-11）。
  ② Brian D. Wright, Kyriakos Drivas, Zhen Lei, Stephen A. Merrill, "Technology Transfer: Industry-funded Academic Inventions Boost Innovation", *Nature*, Vol. 507, 2014.
  ③ ［美］迈克尔·吉本斯等：《知识生产的新模式：当代社会科学与研究的动力学》，北京大学出版社 2011 年版，第 1—29 页。

论和实验成果的流动是不可持续和非均衡的。因此，只有学科与产业变成知识生产的共同主导者和参与者，知识生产才有持续创造财富的潜质。

三 区域学科与产业协同的交互型范式

随着科学研究与经济发展密切结合，知识生产、传播和应用模式发生转变，各类学科作为知识生产者不再游离于社会生产之外，同时产业在知识经济的大环境中也开始注重知识技术的开发与积累，逐渐发展为知识生产、传播和应用的重要组织者和参与者。学科由传统的"纯科学"研究转向应用研究与开发，产业也由以前的知识接受者变成了生产者，学科与产业的研究转向和角色嬗变促使两者之间的边界越来越模糊，以前简单的线性交易型协同关系由此发生变革，形成了新的交互型协同关系。

一方面，传统中作为各类科学知识生产者和存储者的学科所遵循的基础和应用研究系谱发生了重大变革，主要表现为各类学科开始运用知识和技术优势通过专利、许可、入股甚至直接创业的方式融入现代产业化进程中。有研究对英国理工类学科领域的学者参与产业协同的意向调研结果显示，"提升科研成果的可利用性"成为所有学科的研究者参与协同的最主要动力因素。

另一方面，各类产业，尤其是高科技产业也开始注重知识技术的开发和人才积累，产业界采用和遵循传统学术规范，雇用存在于学科内部的学术人员进行科学研究、发表论文和申请专利，甚至组建自己的科研组织和机构实现从知识接受者到知识生产者的跨越。按照这种趋势，学科内部的学术人员与产业研发人员互动合作共同解决相应的知识问题，学科与产业的知识功能出现重叠，研究人员也开始具有双重身份。那些有名的明星科学家在相关产业的产生和成长中也扮演着研究和创业的双重角色。[1] 英国和加拿大的调查中显示，获取优势科研资源和高级人才以及促进组织发展等因素是产业参与协同的主导动机。

因此，学科与产业之间的知识关系发生了根本性变革，从原来的知

---

[1] Hicks D., *The Changing Science and Technology Environment*, Washington DC: Aaas Science & Technology Yearbook, 2002, pp. 255–365.

识交易演化成为知识交互,一种新的协同范式诞生了。交互式协同范式是一种在知识经济时代的非线性协同范式,学科与产业之间的关系不再基于简单的差异互补,而是更加注重协同主体之间的交叉互动,实现知识生产和创新的跨组织、跨部门、跨学科方式。在这种范式中,知识生产和创新不再严格遵循线性过程中的每一节点传递,学科与产业的协同是多维的和立体的。学科的基础研究可能直接链接到产业的产品开发和市场营销中,或是实现两股知识创新力量的直接"碰撞"。知识生产、传播和应用的场所与环节不再彼此孤立,而是有机地结合起来,形成知识整合的"大熔炉"。学科与产业的交互型协同促进了知识技术的创新和演化,也对学科与产业运行的价值文化产生重要影响。以竞争和效率为主要内容的"学术资本主义"价值文化开始盛行于学科组织内部,而科学研究的规范性、客观性和精准性文化也渗透进入产业运行过程中。文化的相互融合反过来进一步推动了学科与产业的深入协同,导致学科与产业从知识技术的供求者身份共同演变成为知识的创新者身份。交互型范式促使学科在与产业的协同过程中取得更有价值、更接近市场也更能推动社会进步的知识成果,同时可以帮助产业不仅获得最新的知识技术以提高生产效率,而且还能获得知识研究和创新能力,为产业的可持续发展提供有力保障。

技术垄断带来的高额利润催生了现代意义上的交互型协同范式实践,产业开始重视内部研发并主导设立研发组织。随后,大学内各类学科组织凭借知识和技术优势创立企业组织,并带动周边区域相关产业蓬勃发展,促使学科与产业交互型协同范式在这一阶段逐渐趋于成熟化。目前这种交互型范式已经在世界不同国家和区域的发展过程中创建和演化出不同的机制与模式,并受到政府的积极推动,成为协调资源配置、优化产业结构、提高创新能力的主要战略路径。因此,交互型协同范式从萌芽到目前,共经历了三个阶段。

(一) 产业研发阶段

产业研发是社会生产力量第一次真正大规模从事知识生产活动的开始,也是知识生产突破传统"象牙塔"内的封闭环境走向外界,遍布在社会经济的各个角落的开始。自此,知识技术的生产、传播和应用为更多的社会参与者所掌握,他们与学科研究者一起成为知识技术的生产者和继承者，成为学科与产业交互协同的开端。世界上真正的产业研发始于美国爱迪生建立的 Menlo Park 实验室，发展到 1899 年，美国有将近 139 个工业实验室分布在不同区域进行应用科学的研究。1901 年通用电气公司成立了大型研究实验室，标志着产业内大型企业研究实验室建设的开端，之后美国电话电报公司、福特汽车、杜邦化学、美孚公司等传统工业产业领域以及微软、谷歌和苹果等现代高科技产业领域的大型企业都成立了各自的研发组织。目前全体 OECD 国家中，产业界研发投资占全国研发投资的比例已经达到 61% 左右[①]。美国产业研发组织达 5 万多个，产业研发投资占全部投资的比例超过三分之二，根据美国国家科学基金会（NSF）最新数据，这些研发投资大多集中在制造业的计算机及电子、化学工业、运输设备和机械制造等产业领域，并按照产业的不同类型聚集，在全国形成西、南和东北五大湖产业研发区域，即西部以加利福尼亚州为中心、南部以得克萨斯州为中心以及东北部以马萨诸塞州和纽约州为中心的五大湖区等产业研发区。区域产业研发是产业的共性和基础知识技术创新源泉，也成为区域内相关学科发展的动力。例如最初在五大湖区形成的工业制造产业研发区，促进了机械制造等领域共性知识和技术的创新，从而带动了该区域工程学等学科的发展，使 MIT 等院校的工程学科处于世界前列。随后美国南部宇航产业和西部电子及半导体产业的发展也促进了各自区域内相关学科水平的提高。在此基础上，美国、日本、德国等世界主要发达国家根据区域产业研发优势建立了产业知识技术研发联盟和企业大学等组织以提高区域竞争力。

产业对知识和技术的迫切需求不仅引起了产业内部研发组织的大规模建设，而且在此基础上还发展出规模更为庞大的产业外部学术组织，企业学校和产业大学等组织应运而生，直接成为知识生产和传播的主要参与者，也成为学科发展的重要推动者。英国沃里克大学（University of Warwick，又称华威大学）的创建和发展便是这一阶段的典型案例。英国是产业革命的发源地，产业发展较为领先，沃里克大学首任副校长便积

[①] Richard V. Noorden, "Israel Edges Out South Korea for Top Spot in Research Investment" 2017 (https://www.baidu.com/link? url = FJAIZi4ZLqjlk8pRPnmy29QjUcmtFJH6Ckor5QBIyN2NZ-Lle-JykzFXUZp-OFVV5&wd = &eqid = addcf955000ed389000000025e021e6b).

极主张以产业发展需要为主导，致力于建立以学科为中心并具有企业精神的大学。① 这也成为沃里克大学发展的逻辑起点，产业发展的需要主导大学各类学科的发展方向与研究内容。

1. 产业发展主导大学学科发展战略。沃里克所在的考文垂市是一个以制造业闻名的工业城市，大学学科发展以区域产业发展需要为导向，并不断进行自我调整和变革以适应产业发展；

2. 产业发展主导大学学科发展方式。沃里克大学采用的是公司型的运行方式，以管理系统引导学科系统发展。因为资源有限，大学只能将资源和精力集中在少数的几个学科，这些学科需要听从于产业导向的管理系统（如沃里克制造业集团）的统一规划和安排；

3. 产业发展主导大学学科组织结构。沃里克建立以学科为中心的扁平化组织结构，各系主要以跨学科的研究中心为主，科研团队主要负责解决某一产业内的各种问题，同时校级层面按照产业发展需求对各学科创业活动进行强有力引导。这种以产业发展为主导的发展模式使沃里克大学发展成为世界知名的创业型大学，与产业发展相关的商科、法律、工程学和生物学等学科处于世界前列，创造出学科与产业交互协同的"沃里克模式"，引起了世界广泛关注。

（二）学科创业阶段

学科创业是指各类学科凭借领先的科学知识技术、高素质的人力资源和主动自觉的创新意识进入社会经济领域，将科研成果转化为现实的经济生产力。在创业过程中，学科利用在知识创造和人才聚集方面的优势，进行知识转移和学术创业，促进了高新技术产业的飞速发展。学科创业不仅在社会经济活动中极大地发挥对产业发展的引领作用，更重要的是给学科的传统知识生产职能赋予了新的内容和形式。在这一阶段，学科的知识生产开始转向实际应用问题，也更注重应对外界社会经济环境变化。学科不仅要创造知识，而且要负责知识的向外传播与转化应用，直接参与和服务创业活动，促进学术的创业化和知识的资本化，使学科等传统学术组织从附属的社会支撑机构转变为经济与社会发展的动力核

---

① Rosa Brunojofré, "Review of Creating Entrepreneurial Universities: Organizational Pathways of Transformation", *Advances in Mathematics*, Vol. 225, No. 1, 2000.

心。创业活动的发展带动学科与产业的交互协同进入成熟阶段。

学科创业开始于 20 世纪初期,以量子力学为主要内容的微观物理学科为现代核产业、半导体和微电子等产业的出现和发展奠定了基础;以 DNA 双螺旋结构为基础的生物学科,为现代医学、生物产业以及农业的发展提供了支持;以信息理论为核心的信息和计算机等学科同样对日后的通信产业、计算机以及相关信息产业的发展发挥重要作用。现代学科与高新技术产业的出现和发展在全世界引发了第三次产业革命。

在此背景下,以美国斯坦福大学电子工程系为代表的学科组织开始积极参与并创建以高新知识技术为主体的新兴产业,成功地创造出"硅谷"(Silicon Valley)等区域发展奇迹,发展为学科与产业交互协同的典型模式,成为推动区域发展最强劲的动力。20 世纪 50 年代,被称为"硅谷之父"的弗雷德·E. 特曼很早就意识到研究型学术组织能够对区域经济的发展有所贡献,区域发展反过来也对学术组织有好处。因此,作为斯坦福大学工程学院院长,特曼指导电子工程系与区域内高压动力传输以及无线电工程类公司密切合作,从而重塑了电子工程系,将其发展成为斯坦福大学的优势学科,成为日后该区域电子类产业发展的原动力。此后,特曼找回自己的学生威廉·惠利特和戴维·帕卡德普卡特,并自己投资 500 多美元,这项投资被称为世界上第一笔"天使资本",帮助他们开创了惠普公司。此行为不仅成就了一个世界级的企业,也开创了学术组织支持研究人员、老师和学生创业的风气,一直影响至今。为推进学科与产业的进一步交互合作,特曼倡议斯坦福大学创办了"斯坦福产业园区"(Stanford Industrial Park),允许高科技产业公司租用场地作为办公用地。[①] 园区建成初期,先后有 59 家高科技产业公司进驻,它们一年提供大约 28000 个就业岗位,同时向斯坦福大学支付 500 万美元的租金。[②] 同时,斯坦福大学鼓励电子工程、信息科学和生物医学等优势学科的教师和研究人员为高科技产业企业提供咨询,并且向产业人员开放课堂,使当地产业人员及时获取最先进的知识和技术支持。根据硅谷发展

[①] Martin Kenney, *Understanding Silicon Valley: the Anatomy of an Entrepreneurial Region*, California: Stanford University Press, 2000, p.3.

[②] 李建军:《硅谷模式及其产学创新体制》,博士学位论文,中国人民大学,2000 年,第 74—77 页。

历史，斯坦福大学工程学院的一栋楼里曾先后诞生三家著名公司：SUN、硅图和思科。目前，斯坦福大学有关的产业（即由斯坦福的师生和校友创办）总产值占硅谷产值的50%—60%，[①] 这些产业中60%与电子信息等学科相关。除此之外，斯坦福大学那些传统上人们认为无法创造高附加值产业的人文学科在硅谷也开始开发创造出稳定的收入。[②] 斯坦福大学利用其优势学科创建和发展高科技产业成为区域学科与产业协同的新模式，使学科优势成为相关产业发展的引擎。

在地球另一端，英国剑桥大学率先在欧洲与产业界建立联系，创建了类似硅谷的剑桥科技产业园，成为欧洲最大的高科技产业园，被称为"剑桥现象"。剑桥大学在生物科学、物理学以及计算机科学等学科领域的优势成为剑桥地区各类产业创建和发展的持续动力。例如剑桥分子生物学实验室首先破译了脱氧核糖核酸（DNA）遗传密码和发展了单克隆抗体，产生了7名诺贝尔奖奖金获得者，从这个实验室分离出许多生物公司。1981年剑桥只有3家生物公司，现在已超过20家。除此之外，剑桥大学的计算机实验室、计算机辅助设计中心和物理系卡文迪什实验室也成为相关产业产生和发展的源头。目前，剑桥地区一半以上的高新技术产业公司与剑桥大学合作，其中90%与剑桥大学各学科直接挂钩。[③]

硅谷和剑桥科技园创造了以学科创业带动产业发展，并形成区域产业优势的新模式，"产业界因其产业活动涉及高水平的科技创新工作而开始认识到，处于智力中心的区位远比临近市场、交通、原材料和产业劳动力的区位重要"[④]。此后半个世纪，这种模式不仅被日本、加拿大、澳大利亚等发达国家所采用，也成为韩国、印度和中国等发展中国家提升国家和区域竞争力水平的重要方式。

[①] 钱颖一、肖梦：《走出误区——经济学家论说硅谷模式》，中国经济出版社2000年版，第13页。

[②] Lawrence M. Fisher, "The Innovation Incubator: Technology Transfer at Stanford University", *TECH INNOVATION*, Vol. 4, No. 13, 1998.

[③] 徐继宁：《英国传统大学与工业关系发展研究》，博士学位论文，苏州大学，2011年，第87—91页。

[④] Stuart W. Leslie, Robert H. Kargon, *Selling Silicon Valley: Frederick Terman's Model for Regional Advantage*, Cambridgeshire: Business History Review, 1996, p. 437.

(三) 学科与产业融合发展阶段

社会进入知识经济时代,"知识在资源分配中从外生的独立变量地位'提升'到取决于投入的一种内生变量的地位"。① 管理大师彼得·F. 德鲁克认为,在新的经济体系内,知识并不是和人才、资本、土地并列的制造资源之一,而是唯一有意义的一项资源。新时代的经济增长更加依赖于知识及知识资本的创新和转化利用,而不是物质资产规模的盲目扩张。在这种背景下,各类学科作为科学知识的主要生产者,蕴藏着不可估量的潜在社会价值和经济价值。但作为资源的知识仅仅是一种潜在的能量,只有在能满足社会生产主体特定需求的前提下实现资本转化,才具有市场经济价值,才能真正为社会经济的发展提供不竭动力。因此,生产力的提高和社会经济的发展需要学科从社会的边缘融入社会生产中心,充分发挥其作为社会最主要的知识生产部门的作用和价值。

产业孵化器是学科与产业实现融合的初期模式。孵化是动物界自然现象,引入产业经济学,有孕育新的产业或企业之意,接受孵化的产业更容易"破壳而出"。孵化器则是指为新产业或弱势产业提供核心资源和要素以提高产业生产率和成活率的组织和区域环境。在知识经济时代,产业孵化器是能够为产业提供知识技术以及高素质人力资源的相关学科组织或协同组织。产业孵化器模式源于美国,位于纽约州特洛伊城(美国最早的工业城市之一)的伦斯勒综合工学院试图运用校内各学科资源培育高新技术产业振兴城市经济,推行了"培育箱计划",扶持了一些基础力量薄弱的小型高科技产业公司,取得了成功。此后美国一些顶尖研究性大学开始创办孵化器组织,例如威斯康星大学研究区凭借生命科学、材料科学和计算机科学领域的优势资源开始创办"MGE 创新中心"(MGE Innovation Center)和"Metro 创新中心"(Metro Innovation Center)等孵化器,专门服务于不同学科教师和学生所创立的产业企业。类似的孵化器在美国兴起,并蔓延到世界各国。"柏林创业与企业孵化中心"率先在德国创办,之后产生很多类似的创新中心和技术中心组成孵化器网络覆盖全国;芬兰成立了 Otaniemi 等科技孵化器,项目基本来自赫尔辛

---

① [美] 弗里茨·马克里普:《美国的知识生产与分配》,孙耀君译,中国人民大学出版社 2007 年版,第 6 页。

基科技大学，孵化企业的存活率高达 90%—95%；以色列创建了包括 Rad—bio—med 孵化器在内的 26 家民营孵化器，专注于生物技术和医疗器械等产业的发展；此外，英国、日本等国家开始由政府主导发展孵化器模式。[1] 据美国企业孵化器协会统计，约 50% 未经孵化的小企业会在创办开始 5 年内倒闭，而经过孵化器孵化的小企业有将近 80% 都能在竞争中存活壮大。[2] 在孵企业比未孵企业拥有更高的生产率[3]和更高的存活率[4]。与硅谷模式不同，产业孵化器专注于在特定区域内运用学术组织的各类学科资源对新兴和弱势产业以及小企业进行扶持和孕育。学术组织所拥有的实验室等研究场所可以帮助产业降低研发成本[5]，教授可以深入产业内部提供知识技术和咨询意见[6]，学术组织的形象与声誉可以使企业更自信地向顾客保证产品质量[7]。目前，产业孵化器已经演变为多种类型，孵化器的主体也由最初的学科组织转变为学术组织、产业联盟、企业、政府以及中介组织等多种形式。

随着学科与产业融合的进程加快，学科与产业交互协同对经济和社会发展的促进作用凸显，世界各国和各区域的政府也致力于激励和推动两者之间的融合与协同，在世界范围内掀起热潮。日本赶超欧美发达国家成为世界经济与科技强国，得益于创新系统的形成与构建。为了推动学科与产业融合，建设创新系统，日本从 20 世纪 80 年代开始由科技厅和

---

[1] 金加林等：《高新技术产业孵化器模式的比较选择研究》，《科学管理研究》2004 年第 3 期。

[2] Bergek Anna, Norrman Charlotte, "Incubator Best Practice: A Framework", *Technovation*, Vol. 28, No. 1 – 2, 2008.

[3] Siegel Donald S., Westhead Paul, Wright Mike, "Assessing the Impact of University Science Parks on Research Productivity: Exploratory Firm-level Evidence from the United Kingdom", *International Journal of Industrial Organization*, Vol. 21, No. 9, 2003.

[4] Ferguson R., Olofsson C., "Science Parks and the Development of NTBFs—Location, Survival and Growth", *Journal of Technology Transfer*, Vol. 29, No. 1, 2004.

[5] Markman Gideon D., Phan Phillip H., Balkin David B., Gianiodis Peter T., "Entrepreneurship and University-based Technology Transfer", *Journal of Business Venturing*, Vol. 20, No. 2, 2005.

[6] Zucker Lynne G., Darby Michael R., Brewer Marilyn B., "Intellectual Human Capital and the Birth of U.S. biotechnology Enterprises", *American Economic Review*, Vol. 88, No. 1, 1998.

[7] Zucker, Lynne G., Darby, Michael R., Armstrong, Jeff S., "Commercializing Knowledge: University Science, Knowledge Capture and Firm Performance in Biotechnology", *Management Science*, Vol. 48, No. 1, 2002.

通产省等确立了产业界、学术界和政府部门合作的科研体制，形成了分工合作的运行体系。1. 政府颁布和实施法律政策保障学科与相关产业的合作研究。日本先后制定和出台了《科学技术基本法》《研究交流促进法》《科技政策大纲》《产业技术力强化法》等法律和政策，为产业和学科的合作创造了有利的制度环境。2. 政府制订科技发展计划引导产业和学科协同方向。日本从1976年开始由通产省提出"超大规模集成电路计划"，联合计算机产业的大型企业设立共同研究所，在4年内开发了1000多项发明专利，成功促进了计算机产业和学科的共同发展。[①] 日本内阁会议每五年还会制订并实施新一期"日本科学技术基本计划"，现在已经发展到第五期，为此文部省还成立了类似科学技术振兴机构（Japan Science and Technology Agency，JST）等具有独立行政机构支持科技计划的实施，促进生物、材料以及环境等学科与相关产业的合作研究。[②] 3. 产业和学科建立共同研究制度。在文部省和科技厅的推动下，日本国立大学各类学科的研究人员和相应产业界的研究人员就共同的研究课题，依靠产业资助，以平等的立场进行合作研究开发，并使用各自的研究设备，形成了产业和学科协同合作的制度。共同研究制度促进了大学内7大类学科与相关产业之间的共同研究，包括了电子工程、材料、机械、软件、土木建筑、生物，以及能源开发等学科。[③] 除此之外，日本还形成了委托研究、委托培训、捐赠讲座以及地区共同研究中心等制度，推动工程学科（35%）、生物医疗（30%）、农学（15%）和理学类（10%）等学科与相关产业的协同合作[④]。4. 建设科技城提高区域创新能力。日本参考硅谷模式的成功经验，在政府、学术界和产业界共同作用下兴建了筑波科技城等27个科技城，在不同区域有效形成了各具特色的产业集群和知识密集区，其中有12个区域针对IT、生命科学和纳米等学科领域进行重点研究，取得了良好效果。除了日本外，芬兰和以色列等国家也依靠建立创

---

① 孙福全等：《主要发达国家的产学研合作创新》，经济管理出版社2007年版，第153—171页。
② Japan Science and Technology Agency Beijing Representative Office，2017（http：//www.jst.go.jp/inter/beijing/index.htm）.
③ 袁韶莹：《日本政府大力推进产学研合作事业的发展》，《外国教育研究》1999年第1期。
④ 刘彦：《日本以企业为创新主体的产学研制度研究》，《科学学与科学技术管理》2007年第2期。

新系统创造了举世瞩目的经济成就。其中在以色列，政府、产业界和学术界共同制订和实施了磁石计划（Magnet Plan）等创新战略项目促进产业与相关学科的联合研究，创造了仅次于美国的高科技产业群体，[1] 也使以色列在生命科学、医学、化学、数学、微电子学、光机电学、农学等学科拥有雄厚的科研力量，处于世界前列。

美国各州为促进区域创新发展，在借鉴硅谷模式的基础上，由州政府推动，联合区域内优势产业和优势学科建立了如"北卡罗来纳三角科技园"（The Research Triangle Park，RTP）等科技工业园，成为区域产业、学科与政府三方协同的成功模式。北卡罗来纳三角科技园位于北卡罗来纳州（North Carolina）的北卡罗来纳州立大学、杜克大学以及教堂山的北卡罗来纳大学之间形成的三角形地带中央。该园区的创设是由北卡罗来纳大学的教授提出想法，学术界、经济界联合倡导，最后由北卡罗来纳州政府结合三所大学的学科和产业优势共同完成的。目前，该园区在生物技术、生物制药、计算机等学科和产业领域处于领先地位。园区内拥有170多个组织和机构，包括与上述学科相关的各类学术组织、产业组织和政府机构及其他中介、金融等组织。[2] "北卡罗来纳三角科技园"从创立之初就积极推动区域优势学科融入区域产业结构调整升级，不断构建产业和学科的协同网络。1. 以学科优势带动产业发展。"北卡罗来纳三角科技园"内杜克大学以电子工程和生物医学等学科见长；北卡罗来纳州立大学以工程类学科，如核能工程、工业与制造工程等在全美大学名列前茅；北卡罗来纳大学教堂山分校的商学和新闻学等学科受到社会认可。"三角科技园"正是由于学科优势提供了丰富的知识和技术资源，吸引相关产业入驻，并互相促进发展，实现了区域优势学科与支柱产业的无缝对接；2. 产业发展引导研究方向，并为学科发展提供支持。园区内产业的更新换代和产业发展的需要引导学科研究的方向。1959年科技园成立时，化学和纤维是发展重点；60年代中后期，电子业成了高新技术的代表；80年代，微电子和生物工程视为最有前途的技术领域；90年代后，网络工程和生物产业成为园区主导产业。这些核心产业的更新与

---

[1] 田学科：《自主创新：以色列的立国法宝》，《中国发明与专利》2010年第4期。
[2] About The RTP-Research Triangle Park，2017（http://www.rtp.org/about-us/）.

发展为园区相关学科发展提供了资金支持，也成为这些学科人才培养的重要场所。近90%的公司表示与周围大学相关学科建立了正式或非正式的关系；超过80%的园区公司重视从周围相关学科毕业生中挑选员工；并确定了集中于这些核心产业的学科研究领域。[①] 3. 政府和公共机构的合理作用。区域政府的作用在于制定区域创新政策、整体规划与顶层设计、协调配置资源等，但不干涉产业和学科的具体事务与实际运作。除此之外，在科技园活跃着大量第三方组织，例如"科研三角基金会""北卡罗来纳生物科技中心""北卡罗来纳超级计算机中心"等机构，成为产业、学科与政府协同合作之间的桥梁和助推剂。

德国现代科学知识和技术创新越来越依靠不同学科联合完成，尤其在解决产业生产的实际问题过程中，单一学科的知识技术不太可能掌握复杂系统的解决方案和运行程序。因此，基于多学科共同合作的研究联合体便成为提高产业创新和研究能力新的驱动器。德国的弗劳恩霍夫应用研究促进协会便是基于多种学科联合，促进德国产业应用研究的联合体，同时它也是德国及欧洲最大的应用科学研究机构，成立于1949年，以德国科学家、发明家和企业家约瑟夫·弗劳恩霍夫的名字命名。弗劳恩霍夫协会的运营具有典型的学科、产业与政府三方共同作用和参与的特征。1. 协会的组织机构由三方构成。弗劳恩霍夫在德国不同区域协会下设多个研究所，共分为三个板块：以各类学科为核心的学术组织、产业举办的研究中心以及政府等设立的公共组织机构。各类组织机构相互合作，从事跨学科领域的研究，促进区域发展。协会本身也发挥着促进各个组织之间沟通的桥梁作用；2. 协会资助来源多元化。协会运行经费来源于政府投资、公共部门研究合同收入、各类产业的研究合同收入以及自有资金。根据最新统计，协会年度研究总经费达20亿欧元，其中17亿欧元来自科研合同，超过70%的研究经费来自各类产业合同和由政府资助的研究项目。近30%经费是由德国联邦和各州政府以机构资金的形式赞助[②]。3. 协会运行"产业化"。协会整体是由政府推动形成的"产业

---

① 李张珍：《产学研协同创新中的研用对接机制探析——基于美国北卡三角协同创新网络发展实践的考察》，《高等工程教育研究》2016年第1期。

② 德国弗劳恩霍夫应用研究促进协会北京代表处，2017（http://www.fraunhofer.cn/index.jsp）。

化"机构，协会研究的主要目的是面向各类产业，为产业发展承担创新项目，解决它们在生产、开发、设计等环节遇到的问题，并侧重于产业共性知识技术的开发和研究，促进同类产业的共同发展。4. 协会促进新兴学科与新兴产业的协同发展。协会根据社会发展制定研究规划，目前的研究领域集中在健康/营养/环境、国防/安全、信息/通信、交通/移动、能源/生活和制造与环境六大方面，① 促进工学、理学、农学以及经济和管理多种学科的交叉和融合研究，以交叉和跨学科研究支持和帮助产业交叉与产业融合，推动新兴学科与新兴产业的协同发展，最终促进区域或国家整体发展。

第三节　范式变革中学科与产业协同的演变特征

从交易型协同到交互型协同的范式变革由知识生产模式的转变所引发，在全球范围内引起了区域学科与产业协同的蓬勃发展。作为时代变迁背景影响下的范式演变，学科与产业协同不仅经历了多种发展阶段，而且在世界各国形成了不同的协同模式。通过对协同范式变革的历史考察和各国比较，不难发现，协同范式的演变遵循共同的趋势和特征，对发展落后国家或区域具有借鉴意义，总体表现在四个方面。

一　围绕高新知识技术的生产和创新展开

产生于不同时期的高新知识技术本身一直处在动态发展过程中，目前的研究对高新知识技术的概念界定没有形成共识。尽管如此，高新知识技术的生产与创新对于学科与产业协同具有重要意义，主要表现在两个方面：一是决定了协同的主要目的和形式，促进协同范式的变革。根据世界各国不同区域学科与产业协同的演变过程，在协同发展成熟之前，协同的主要内容集中于对已有知识技术的总结、积累和传播；当协同步入成熟期之后，区域学科与产业便开始围绕高新知识技术的生产创新和

---

① Structure and Organization of Fraunhofer-Gesellschaft, 2017 (https：//www. fraunhofer. de/en/about-fraunhofer/profile-structure/structure-organization. html).

转化应用展开。从美国硅谷、英国剑桥科技园和日本筑波科技城等协同发展的经验来看，其成功点在于较早地摆脱了学科与产业之间单一的交易型合作方式，从而建立起围绕高新知识技术研发为核心的交互型协同模式。例如在美国硅谷，高新知识技术的研发不仅是斯坦福大学里各类学科组织的主要工作，也是谷歌、苹果、思科等大型企业运行中最重要的环节，学科与产业共同关注的焦点从知识与资源的交易转换为知识的生产、创新和应用转化。高新知识技术成为硅谷发展过程中最具价值的资本要素，也是该区域生产力发展的不竭动力。二是决定了协同的发展方向，引领区域学科与产业转型升级。高新知识技术的主要特征表现在"高"和"新"两个方面。其中"高"对应于学科是指各类学科中的核心和主导知识技术，对应于产业来说是指具有高效益和高增值，并对产业发展发挥重要作用的知识技术；而"新"在学科内是指各类学科中最新的前沿和尖端知识技术，在产业内则是指能够指导和用于新产品创新和开发的知识技术。

高新知识技术的生产和创新决定了发达区域学科与产业的协同路径和发展方向。一方面，不论是区域内的学科发展历史还是产业演进过程，始终是在对知识和技术的选择、创新、锁定、解锁和再选择中持续推进的。学科与产业共同作用于高新知识技术的研发和生产，往往能够促使学科或产业结构从旧的发展路径中挣脱出来，有效地跨入新的发展路径，实现结构调整和升级。从具体发展历程来看，19世纪中叶开始，世界主要发达区域学科与产业协同以现代农业知识技术的创新和应用为主要内容；到19世纪末20世纪初期，电气、化工以及流水线管理等知识技术成为区域学科与产业协同的核心；随后，协同开始围绕核科学、微电子、半导体、计算机、基因序列等一系列知识技术的研发与转化展开；20世纪中叶以后，发达区域内的学科与产业开始以信息科学、生命科学、新能源与可再生能源科学、新材料科学、海洋科学和环境保护科学等高新知识技术的创新与转化应用为核心实现协同发展。从历史的发展演变中可以看出，正是高新知识技术的创新推动区域学科与产业结构完成升级和换代。

另一方面，高新知识技术的创新作为世界主要发达区域持续发展的动力，推动发达区域不断建构新的发展模式和发展方向，使其成为引领世界经济和科技发展的发动机。硅谷①、剑桥科技园②和筑波科技城③等区域在学科与产业协同的推动下，形成了清晰的高新知识技术演化路径。高新知识技术的创新和演进是这些区域摆脱落后生产方式、完成飞跃发展的切入点和制高点，能够帮助这些区域在某些领域不断构筑优势，突破区域发展困境。

综上，以高新知识技术的生产和创新为核心，是世界主要发达区域学科与产业协同的主要特征，也是这些区域实现学科与产业结构升级，构建区域发展优势的不竭动力，对落后区域的协同发展具有借鉴作用。从世界创新格局看，新一轮的技术革命和产业变革正在孕育，根据麦肯锡咨询发表的研究报告，未来社会的发展会被12项技术所颠覆，包括移动互联网、物联网、人工智能、云计算、先进机器人、自动化交通工具、能源存储技术、3D打印、先进材料、非常规油气勘探开采、可再生能源和下一代基因组技术。美国著名的咨询企业兰德公司也在发表的《2020年的全球技术革命》研究报告中提出了16个未来应用最广泛的科技领域，包括低成本太阳能电池、无线通信技术、转基因植物、水净化技术、低成本住宅、工业环保生产、混合型汽车、精确治疗药物、人造器官等。④ 发展落后区域应该加快高新知识技术的研发与战略布局，加快步伐促进学科与产业新业态和新模式的发展，实现某一领域高新知识技术的针对性突破，以期赶上世界发展的步伐。

二　实现学科与产业结构的适应和匹配

根据世界主要发达区域的成功实践和大量研究表明，实现学科与产业的结构适应和匹配是达成交互型协同目标的重要标志，也是发挥协同

---

① ［美］阿伦·拉奥（Arun Rao）、皮埃罗·斯加鲁菲（Piero Scaruffi）：《硅谷百年史——伟大的科技创新与创业历程（1900—2013）》，闫景立等译，人民邮电出版社2014年版，第9—16页。
② Jim Kelly, "Cambridge: A Cluster of Entrepreneurial Energy", *Financial Times*, Sep. 17, 2003. Druilhe Celine, E. Garnsey, "Emergence and growth of high-tech activity in Cambridge and Grenoble", *Entrepreneurship & Regional Development*, Vol. 12, No. 2, 2000.
③ 王瑾：《日本自主科研基地：筑波科学城》，《科学时报》2010年9月8日第6版。
④ 张来明、赵昌文：《以创新引领未来产业升级》，《人民日报海外版》2017年1月17日第5版。

效应的必要途径。这种适应和匹配既是知识技术创新发展的结果，也是学科与产业在交互协同过程中满足双方发展需求的结果。

（一）种类的适应和匹配

某一区域内学科与产业种类的适应与匹配是协同实现的主要特征，也是学科与产业结构协同的主要内容。以硅谷所在地，美国的加利福尼亚州为例，其GDP总量已经超过法国，成为世界第六大经济体，同时州内聚集了一大批世界名校和科研机构，是世界上最发达的区域之一。这一区域从发展之初就形成了电子科学技术与半导体产业之间的对接，"硅谷"名称由此而来，随后计算机科学技术与计算机以及互联网产业的对接发展使硅谷成为世界最成功的创新区域。目前在硅谷活跃的各类新兴学科与新兴产业更是双方互为基础与条件共同创造的产物。对加利福尼亚州产业与学科的相关数据进行统计，用产业年产值表示产业发展情况，用学科排名进入世界前100名的大学数量表示学科发展情况。[①] 如果从中提取出年产值超过1000亿美元的产业和排名进入世界前100名的大学数量超过5所的学科分别表示发展情况较好和更具优势的产业与学科种类（如图3—1所示）。

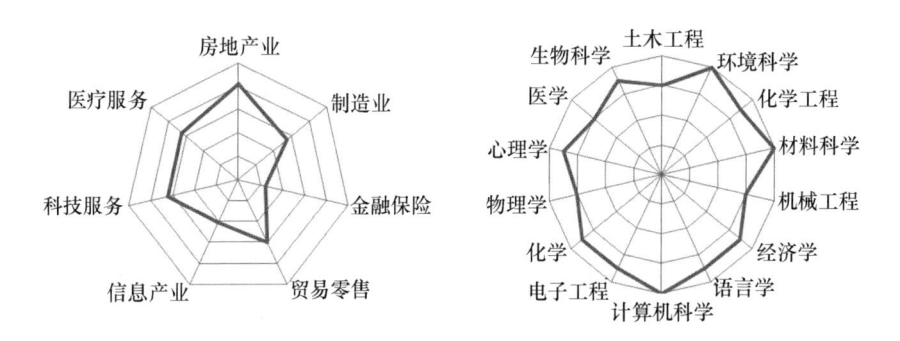

图3—1 美国加利福尼亚州的优势产业和优势学科发展情况

资料来源：美国商务部经济分析局 https://bea.gov/iTable/index_regional.cfm, 2015；QS世界大学专业排行 https://www.topuniversities.com/subject-rankings/2015。

---

① 注：本研究采用学科排名进入世界排名前100名的大学数量衡量美国加州该学科的发展情况即某类学科排名进入世界前100名的大学数量越多，说明区域内该学科发展情况越好，越具有优势。

可以发现加利福尼亚州的优势产业与优势学科种类之间存在着明显的适应和匹配效应。尤其是在医疗服务业与生物和医学学科、信息产业与电子工程和计算机科学等学科、金融保险业与经济学、制造业与机械工程和材料工程学科等领域表现出强的匹配关系。同时,这种优势产业与优势学科的对接效应促使加利福尼亚州形成了以创新驱动为主的高附加值和低能耗的产业结构,成为世界经济增长的发动机。对世界其他发达区域的研究也可以得出类似的结果。

(二) 功能的适应与匹配

功能是系统与外界发生关系时表现出的作用,系统的内部结构决定外部功能。[①] 系统结构是影响功能发挥的最主要因素之一。因此,区域内的学科与产业结构不仅是学科与产业系统内部图景的体现,也是两个系统对外联系与作用的关键因素。功能的适应与匹配是指区域学科与产业在协同过程中扮演的角色和应起的作用进行匹配。从本质上说,功能的适应与匹配是区域不同学科与相关产业在协同中相互满足发展需求的过程,产业和学科由于受到各自的发展特征和发展趋势所影响,在协同中具有不同的功能。从发达区域的发展经验来看,学科与产业在协同过程中所发挥的功能之间存在同步演进的关系。从19世纪中叶开始,学科与产业合作步入常态化和成熟化,美国率先建立赠地学院确立了农业类学科服务农业生产的功能。学科的功能主要在于为农业生产提供必需的知识技术和具备特定技能的人才,这一阶段学科与产业之间是服务与被服务的关系;农业现代化的发展极大地促进了生产力的提高,德国、英国和美国的传统重工业区域开始在19世纪末期到"二战"结束期间得到快速发展,这一时期的协同主要以交易型为主,即在协同发展中传统理工类学科为第二产业的发展继续提供技术和人才支持,同时产业发展为学科发展提供所需的资源保障;到20世纪中叶开始,第三产业逐渐成为世界经济的新增长点,硅谷、剑桥还有"第三意大利"等区域依靠学科与产业优势打造区域"内生"发展优势,成为经济增长新的突破点;紧接着协同出现新的发展范式,学科与产业共同完成知识的生产、创新和转化应用,促进了新兴产业和新兴学科的快速发展,成为现代区域发展的

---

① 申仲英:《系统中的结构与功能》,《哲学研究》1983年第8期。

新动力。

(三) 发展重心的适应与匹配

根据产业和学科发展理论，学科与产业的发展重心和关注点在不同的历史发展阶段会存在差异。发展重心的演变一方面反映了不同历史阶段学科与产业的自身发展规律，另一方面体现了协同过程中学科与产业对彼此发展的内在要求。换言之，区域学科与产业发展重心的确立和转移与协同过程中学科与产业之间的相互作用及其自身发展规律密切相关。因此，根据学科与产业种类及功能演变所划分的历史阶段，在协同发展成熟的区域内，学科与产业发展的关注点也表现出相对一致性的演变特征，经历了从注重发展规模到注重创新的变化过程。根据世界主要发达区域的经验，学科与产业在种类、功能和发展重心等方面的有效适应和最优匹配是区域学科与产业实现结构对接的前提和基础，也是促进区域学科结构优化和产业结构转型升级的重要支撑，有助于协同发展进入良性循环轨道。

三 依靠多元化的组织支持

随着区域发展对知识技术生产和创新的需求增加，学科与产业协同的层次不断提高，这就需要参与协同的组织提供多方位的保障与支持，以满足协同的多种诉求。现代学科与产业的协同组织是一个自组织系统，协同过程一方面要尊重不同组织或机构主体的组织目标和组织文化多样性，另一方面也更加注重加强组织间的理解和共识，以服务知识生产和创新目标为核心。弥散式知识生产迅速扩散是因为体现不同组织风格的合适的环境正在不断被建立。这里所谓组织，实质上是整个协同过程区域内所有要素以及要素之间关系的总和。广义的组织范围包括人、财、物以及场所等要素，也包括协调各要素之间关系所形成的组织结构。从这个意义上说，区域学科与产业协同的组织多元化趋势主要体现在两个方面：一是为协同提供人、财、物等要素的组织种类多元化发展；二是在协同过程中真正联合和协调各要素之间关系的组织结构多元化发展。从发达区域学科与产业协同的发展脉络看，从 19 世纪中叶开始，协同组织的演化大概分为三个主要阶段。第一阶段：19 世纪 50 年代至 19 世纪 90 年代，这一阶段区域内以农学与农业协同发展为主，协同的主要形式是农学类学科为农业发展提供所需服务，但此过程中学科与产业的协同较为松散，各自为政，并未形成特定的协同组织；第二阶段：19世纪90年代至20世纪50年代，这一阶段区域学科与产业的协同关系进一步加深，学科和产业在各自内部分别设置和创立联合中心或研发机构等组织，协调和促进双方协同。学科与产业的协同多以内部组织之间的委托项目和知识技术专利转让等形式为主，组织之间依靠契约建立联系；第三阶段：20世纪50年代至今，这一阶段随着第三次产业革命的爆发和知识经济的到来，学科与产业发展相互依赖、紧密结合成为世界趋势，在学科、产业和区域政府共同作用下，各类基金会、联合体、中介等组织应运而生，成为促进和实施区域学科与产业协同的主要组织和机构，例如美国北卡罗来纳三角科技园的"科研三角基金会"、德国"弗劳恩霍夫应用研究促进协会"、日本筑波科技城的"筑波学园研究机构联络协议会"。除此之外，其他政府、金融、法律服务等组织机构也成为区域学科与产业协同组织网络中的重要节点，对协同发展发挥着重要作用。

四 学科与产业布局趋于区域集聚

根据学科与产业协同的空间分布脉络可以发现，协同大都发生在一些经济发达或经济发展较快的区域。从世界宏观范围看，这些区域集中在西北欧、北美和东亚[1]，从微观角度出发，在单个国家，各类学科与相关产业协同也发生了向不同区域聚集发展的过程。聚集主要表现为某类或某几类特定学科与相关产业之间，互有联系、彼此依赖的组织机构聚集在一定区域范围内，以实现分工合作和资源互补的目的。同时，在学科与产业协同聚集的作用下，不同区域内出现了学科集群和产业集群的现象。造成各类学科与产业协同在区域逐渐集聚的原因不仅因为区域之间的资源禀赋差异，而且与学科与产业的类型相关。例如美国最早在法律的支持下，由各州政府主导创建赠地学院推动农学类学科服务农业生产，学科与产业在这一阶段的协同分布较为广泛，没有形成特定的区域聚集，而是平均分布在各州；随着美国传统工业的快速发展，美国在伊利诺伊州、俄亥俄州、宾夕法尼亚州和密歇根州等形成了传统工业与相

---

[1] 注：根据前文分析所得。

关学科协同发展的环五大湖区域；直到20世纪中叶，以微电子、半导体和计算机为代表的产业与相关学科协同掀起了新兴产业与新兴学科协同的高潮。与此同时，美国西海岸的加利福尼亚州、南海岸的佛罗里达州和得克萨斯州以及东海岸的纽约和波士顿等沿海区域成为新兴产业与新兴学科协同聚集区域。[1] 产业和学科集群在美国代表着一种模式，它具有强有力的经济含量和不断增长的重要性。很显然，建立那种如今已出现在波士顿地区和加利福尼亚州北部的集群是一种潮流和一种趋势。[2] 集聚趋势的形成是因为整体聚集优势要比各部分聚集优势之和大，集聚会随着时间的推移触发出循环性累积优势。[3]

表3—1　　　　　范式变革中学科与产业协同的演变特征

时间	知识类别	结构匹配	组织关系	布局特征
19世纪50年代至19世纪90年代	农学	农学↔第一产业	较为松散	分散
19世纪90年代至20世纪40年代	钢铁、汽车、化工	传统自然学科↔第二产业	契约交易	集聚
20世纪40年代至20世纪80年代	微电子、半导体、激光、计算机	现代自然和人文社会学科↔第三产业	紧密融合	集聚
20世纪80年代至今	生物医学、互联网、新材料、新能源	新兴学科↔新兴产业	多元网络	集群

本章小结

随着时代发展和知识经济的到来，科学知识的生产模式经历了由模式1向模式2的重大转型，表现出知识生产的应用情境化、社会化参与和

---

[1] 包惠：《美国产业研发的空间结构与科技政策研究》，博士学位论文，华东师范大学，2005年，第65—74页。
[2] Stuart W. Leslie, Robert H. Kargon, *Selling Silicon Valley：Frederick Terman's Model for Regional Advantage*, Cambridge University Press：Business History Review, 1996, pp. 443 – 444.
[3] ［英］雷·奥基：《高技术小公司》，周美和等译，科学技术文献出版社1988年版，第44—48页。

跨学科合作等新特征，知识的生产开始突破学科性、同行性和封闭性的科学语境，知识生产的主要场所不仅限于特定学科内的学术共同体，开始向"社会分布"，各类产业部门由此成为知识生产的主体之一。这种转变对学科与产业协同的理念、方式和目的产生了深刻影响。传统上以知识和资源交易为主的协同范式已经不能完全适应现代知识生产的内在复杂性，也无法满足知识经济中学科与产业自身发展的需要。协同范式开始由交易型转向交互型。交互式协同范式是一种在知识经济时代的非线性协同范式，学科与产业之间的关系不再是基于简单的差异互补，而更加注重协同主体之间的交叉互动，以期实现知识生产和创新的跨组织、跨部门、跨学科方式。在新的协同范式下，学科与产业部门从知识技术的供求者身份共同演变为知识的创新者身份，学科内部的学术人员与产业研发人员也因经常互动合作共同解决知识问题而扮演双重角色。

　　协同范式的变革在世界范围内促进了学科与产业协同的蓬勃发展，交互式协同成为世界主要发达区域促进知识生产、优化学科与产业结构、提高区域创新能力的主要路径，其演化过程经历了产业研发阶段、学科创业阶段和学科与产业融合阶段，并形成了多种协同机制和模式。经过历史梳理和比较分析发现，学科与产业在世界发达区域的协同演变呈现出共同特征和前瞻性趋势，主要包括围绕高新知识技术创新展开、实现区域学科与产业结构对接、依靠多元化的组织支持和布局趋于区域集聚四个方面，对落后区域的协同发展具有普遍的引领和示范作用。

第四章　新范式下学科与产业的多维协同

通过对学科与产业协同范式变革过程的历史脉络梳理和世界主要发达区域的协同方式比较发现，成功的协同模式遵循共同的特征和前瞻性趋势，总体上围绕知识、结构、组织和布局四个维度展开，其中知识协同是核心、结构协同是基础、组织协同是保障、布局协同是关键。四维协同相辅相成、相互补充，是"丝路域"学科与产业协同的主要内容，也是协同的应然和理想状态。由于学科系统与产业系统本身在知识特性、结构演化、组织价值和布局逻辑方面存在显著差异，形成了四维协同的冲突和矛盾来源，因此协同的过程就是消减和化解冲突的过程。

第一节　知识协同为核心

知识是学科与产业协同的核心要素，正是在知识生产模式变迁的影响作用下，学科与产业的协同范式实现由"交易型"向"交互型"演化和变革。新范式下，知识协同要求知识主体之间密切合作，交互协同，实现在恰当的时间将知识传递给合适的对象，并完成知识的生产和创新。知识协同不仅是学科与产业协同的中心环节和主要目的，也决定了学科与产业协同未来发展和演变的方向。

一　知识协同的本质及核心作用

（一）知识协同的本质与内涵

知识协同的表述最早由《知识管理》杂志前任主编卡林兹格·沃伦

于 2002 年提出，知识协同被认为是知识管理的一种手段。[1] 从知识管理角度，研究者认为知识协同是知识管理的协同化发展阶段，在以"知识协同"为主要标志的知识管理阶段，大多数公司是以协同/协作、共享、合作创新为主题，通过实践社区、学习社区、兴趣社区、目的社区等进行知识的协同和交互。[2] 知识协同是一种"活动"，例如协同开发、协同著作等；活动中参与成员努力进行个人的知识创造，并最终形成有价值的成果。[3] 也有研究者认为知识协同是指知识管理中的主体、客体、环境等达到的一种在时间、空间上有效协同的状态，知识主体之间或"并行"（parallel）或"串行"（serial）地协同工作，并实现在恰当的时间和场所（即空间，包括实体空间和虚拟空间），将恰当的信息和知识传递给恰当的对象，并实现知识创新的"双向"或"多向"（也包含"单向"）的多维动态过程。[4]

学术界和产业界对于知识协同的概念和本质至今没有统一的定论，但是从协同目标、协同主体以及协同特征等方面进行分析和理解能够清晰展现知识协同的本质和内涵。

从协同目标出发。一方面知识协同以提高组织业务绩效为主要目标。"知识协同是一种组织战略方法，以最大化商业绩效。"[5] 另一方面，知识协同被认为是知识管理活动的高级形态。各类组织通过协同进行知识创新，能够有效地弥补知识缺口和消除"知识孤岛"。[6] 综上，可以认为知识协同的目标是协同主体利用对方知识优势，弥补和消除各自知识缺陷，通过主体间协同实现知识共享、知识增值和知识创新。

---

[1] Karlenzig Warren, "Tap into the Power of Knowledge Collaboration", *Customer Interaction Solutions*, Vol. 20, No. 11, 2002.

[2] Patti Anklam. "Knowledge Management: the Collaboration Thread", *Bulletin of the American Society for Information Science and Technology*, Vol. 28, No. 06, 2010.

[3] Maureen McKelvey, HakanAlm, Massimo Riccaboni. "Does Colocation Matter for Formal Knowledge Collaboration in the Swedish Biotechnology-pharmaceutical Sector", *Research Policy*, Vol. 32, Issue 3, 2003.

[4] 佟泽华：《知识协同的内涵探析》，《情报理论与实践》2011 年第 11 期。

[5] Karlenzig Warren, "Tap into the Power of Knowledge Collaboration", *Customer Interaction Solutions*, Vol. 20, No. 11, 2002.

[6] Patti Anklam, "Knowledge Management: the Collaboration Thread", *Bulletin of the American Society for Information Science & Technology*, Vol. 28, No. 6, 2010.

从协同主体出发。知识协同的主体是指以类别划分的，主导和参与知识协同过程的组织和机构。[1] 知识协同的主体最初是指产业和企业组织，[2] 对于企业而言，在组织内外部建立和维持知识协同可以弥补部门的、地区的和文化的缺口。[3] 随着产业发展对知识创新的需求和依赖逐渐强烈，产业作为知识需求方和学科作为知识供给方成为知识协同主体。当前，产业研发加速增长，学科知识融合加快，产业与学科已经改变了知识的需求与供给身份，共同成为知识资源的输入和输出方，主导知识协同。

从协同特征出发。知识协同具有互补性、动态性和局部性的特征。互补性体现知识协同主体之间相互满足的状态和程度，协同主体因为在知识类别、存量以及知识生产能力等方面存在互补的势差而发生协同作用，互补性越大，协同意愿和动力越大；动态性强调知识协同会随着协同目标、协同主体、知识类别以及社会经济环境等内外部因素的变化发生改变；局部性则主要体现区域特性，由于不同区域内的学科与产业发展情况各异，区域知识存量和知识圈界限的大小存在差异。因此就单个区域而言，知识协同存在一定的局部性。

(二) 知识协同的核心作用

知识协同是学科与产业协同体系的核心。从根本上来说，"交互型"学科与产业的结构协同、组织协同和布局协同都是围绕知识协同发生和展开。

首先，根据上一章内容，知识生产和创新源于学科与产业之间的知识交易。虽然当前学科与产业已经共同发展成为知识生产的主体，但是学科作为"科学共和国"（Republic of Science）所生产的"科学知识"与产业作为"技术王国"（Realm of Technology）所生产的"技术知识"之间存在天然的差异性[4]，这种差异促使双方为了知识生产和创新自发地建

---

[1] 佟泽华：《知识协同的内涵探析》，《情报理论与实践》2011年第11期。
[2] 李丹：《基于产业集群的知识协同行为及管理机制研究》，法律出版社2009年版，第36—37页。
[3] Karlenzig W., Markovich M., Borromeo J. J., et al, "Knowledge collaboration", 2002 (http://www.didata.com).
[4] 张学文：《基于知识的产学合作创新：边界与路径研究》，博士学位论文，浙江大学，2010年，第54—58页。

立协同关系,形成知识优势互补。由知识交易和知识互补所引起的知识协同成为"交易型"协同的起点。

其次,知识协同贯穿于学科与产业协同的整个过程,是结构协同、组织协同和布局协同的根本目的。学科与产业协同就是要建立能提供知识转移、共享和创造的情境,即"场",协同过程可以看成是各种"场"的有机组合。① 也就是说,学科与产业的结构、组织和布局协同实质上是为知识协同搭建平台,为知识转换过程及知识螺旋运动提供能量、质量及场所,② 知识协同是协同的根本目的。

最后,根据协同理论,知识是学科与产业系统协同的核心序参量,主导和控制学科与产业系统协同的有序程度。知识作为核心序参量,其类别和特性的变化会引起知识协同运行逻辑的改变,从而打破协同系统的有序状态。例如神学知识到自然科学知识再到社会科学知识的变化会导致学科与产业的结构、组织和布局等一系列协同关系的破裂与重建。综上,知识是学科与产业协同的中心要素,知识协同在整个协同过程中发挥着核心作用。

二 知识协同中的特征冲突

学科知识是科学知识的分支或分类,是由各个不同学术领域的共同体基于某种特定信仰和范式,通过持续探究而形成的科学知识体系。③ 而产业知识是由产业组织和产业员工在产业运行过程中所积累的经验、技术、工艺以及管理制度等。④ 传统学科知识和产业知识的不同主要因为学科和产业在知识生产模式、组织和结构等方面的差异。这也造成学科知识与产业知识近乎相反的特性,存在明显的边界划分。

(一) 知识的公共性与私有性冲突

根据学科发展史,学科知识能否得以独立或者成立,有着非常严格的条件,比如特殊的研究对象、完整的理论体系、公认的专门术语、独

---

① [日] 竹内弘高、野中郁次郎:《知识创造的螺旋——知识管理理论与案例研究》,李萌译,知识产权出版社2006年版,第95—99页。
② 吴思静、赵顺龙:《知识逻辑下的产学研合作模式分析》,《情报杂志》2010年第9期。
③ 庞青山:《大学学科论》,广东教育出版社2006年版,第18—32页。
④ 王洪伟等:《企业知识管理研究》,《软科学》2003年第2期。

特的研究方法论、代表性著作和人物，等等。① 学科严格的规训制度和范式保证了学科内部学术共同体所创造的学科知识必须遵循科学知识所具有的严格规范：普遍性和可重复检验性。② 它们不仅构成了学科知识的科学基础，而且也共同体现了学科知识所具有的公共性特征。学科知识的普遍性要求社会大众能够运用学科知识解释和解决该领域内共通的现象和问题；可重复性检验要求不仅学科知识的创造者可重复，而且社会公众只要实现相同的条件也可以重复知识创造。科学或知识创造是一项公共的事业，而不只是存在于少数知识精英和技术专家头脑中的东西，知识的有效性必须以别人的实际认可为前提。③ 由此可见，公共性是传统经典学科知识不可或缺的重要特征。

公共经济学理论的解释认为，学科知识公共性还指学科知识具有使用和消费的非排他性和非竞争性，④ 即社会公众可以使用和消费公开的学科知识，并从中受益。这种公共性是由科学知识的特性所决定，也是学科共同体运行规律作用的结果。默顿认为公有性和大公无私构成了这种共同体的基本规范和自发秩序。⑤ 一方面，学科共同体以创造知识和开放知识为主要学术目标，知识的开放与共享是学科共同体和社会公众共同的愿景；另一方面，知识及时公开源于学科共同体成员对科学发现优先权的竞争，这是传统经典学科激励和保护共同体成员的重要制度，演变成为学科共同体的基本规范：生产和开放知识是最基本的职责，具体表现为各成员必须通过期刊论文发表和专著出版等形式及时披露学术成果，向社会公众公开知识成果，"不发表就出局"（publish or perish）成为大

---

① 张应强：《超越"学科论"和"研究领域论"之争——对我国高等教育学学科建设方向的思考》，《北京大学教育评论》2011年第4期。
② ［英］巴里·巴恩斯、大卫·布鲁尔：《科学知识：一种社会学的分析》，邢冬梅等译，南京大学出版社2004年版，第178—211页。
③ ［英］迈克尔·马尔凯：《科学与知识社会学》，林聚任等译，东方出版社2001年版，第32—34页。
④ ［美］约瑟夫·E. 斯蒂格利茨：《公共部门经济学》，郭庆旺译，中国人民大学出版社2005年版，第110页。
⑤ ［美］罗伯特·K. 默顿：《科学社会学》，鲁旭东等译，商务印书馆2003年版，第368—375页。

家的共识[1]。因此，公共性是由学科知识本身和知识创造主体的运行规律共同决定的，是学科知识区别于其他知识的重要特征。

与传统产业相比，在现代产业内部各类企业机构等经济组织中，知识和技术能够为企业带来超额利润和经济租金，是经济组织竞争优势的源泉，成为产业发展壮大过程中最具价值的要素。产业知识的转化和升级都是在组织内部进行的，在组织内部可以共享，对外却是私有的、封闭的，这是由现代产业和经济组织的特性决定的。[2] 对先进产业知识和技术的私有化已成为现代产业发展的深层目标。[3] 产业为了实现这一目标，保持自身知识和技术优势，会形成有效保护知识免受盗用或模仿的特殊制度，一般是通过专利申请、保密和挽留关键职员等方式，允许产业和内部经济组织保护独特的资源和能力[4]。与学科不同，产业的营利性目标促使其自然地加强对知识和技术这类价值要素的占有和封闭，私有性也就成为产业知识最基本的特征。

（二）知识的显性与隐性冲突

英国科学家波兰尼在《个人知识》一书中把知识分为显性知识（explicit knowledge）和隐性知识（tacit knowledge）。波兰尼认为："人类的知识有两种。通常被描述为知识的，即以书面文字、图表和数学公式加以表述的，只是一种类型的知识。而未被表述的知识，像我们在做某事的行动中所拥有的知识，是另一种知识。"[5] 学科知识和产业知识分别体现了知识的显性和隐性特征，属于两种不同类型的知识。

所谓显性知识，是指可以通过书面和系统化的语言表达出来，并且以诸如数据、公式、说明书、教科书等形式在组织中共享的知识，它可以比较容易地处理、传递与存储。[6] 显性知识可以容易地被记录下来，能

---

[1] ［英］约翰·齐曼：《真科学——它是什么，它指什么》，曾国屏等译，上海科技教育出版社2002年版，第43页。

[2] I. Nonaka, R. Toyama, A. Nagata, "A Firm as a Knowledge Creating Entity: a New Perspective on the Theory of the Firm", *Industrial and Corporate Change*, Vol. 9, No. 1, 2000.

[3] Arrow Kenneth, "Vertical Integration and Communication", *Bell Journal of Economics*, Vol. 6, No. 1, 1975.

[4] Liebeskind, Julia Porter, "Knowledge, Strategy, and the Theory of the Firm", *Knowledge and Strategy*, Vol. 17, Special Issue, 1996.

[5] 徐婷：《默会知识与教学改革》，《才智》2012年第28期。

[6] 周城雄：《隐性知识与显性知识的概念辨析》，《情报理论与实践》2004年第2期。

够被详尽地论述、严格地定义,并经常通过学术论文、消息报道等载体呈现。[1] 而学科知识是由各学科共同体所创造的研究发现、结论以及学科的概念和定理等建构形成的知识体系,具有显性知识可以被表达、被确认、被编码和被共享的基本特征。从波兰尼的显性和隐性知识分类理论出发,学科知识主要体现出显性特征。除此之外,显性和隐性知识的生产模式也另一方面反映了学科知识与产业知识属性特征。詹森(Morten Jensen)等学者认为不同类型的知识是由不同的创新模式所创造,显性知识是由"科学技术创新"模式(Science, Technology and Innovation, STI)所创造,隐性知识却适合于"干中用"(Doing, Using and Interacting, DUI)的创新模式[2]。因此,从知识生产的角度出发,源于科学研究的学科知识与生产实践中的产业知识分属于显性和隐性的不同类别。

隐性知识指深藏于人的生产实践之中的、难以言明和模仿、尚未编码化的内隐性知识,是我们在做某件事情的行动中所掌握的知识。隐性知识包括非正式的技能、技巧、经验等,通常被称为技术诀窍,常见于人们的生产实践过程中。产业知识便主要是由这些在"干中用"的过程中所创造的经验和技能构成,具有隐性知识的特征。产业知识中有相当多的经验形态的技术知识,例如生产技能和技术诀窍等,由于它们的存在依附于产业员工的身体,通常只能在具体的生产实践中表现出来,而生产行为又往往依赖于特定的生产情境,所以无法对产业知识进行准确的表述和编码,由此成为"难言知识"(隐性知识)。产业生产中的隐性知识还包括生产团队的默契、价值观以及组织文化等。

综上所述,学科知识具有公共性和显性特征,而产业知识具有私有性和隐性特征,两种知识在生产和演变过程中产生了天然的边界划分。这种异质性造成了学科和产业在知识协同中的冲突与矛盾。在协同中如何充分保护知识的私有产权,如何充分发掘隐性知识并促成与显性知识的融合等问题的解决不仅是知识协同中的难点,也是提高协同双方协同意愿的重要环节。

---

[1] 赵士英等:《显性知识与隐性知识的辩证关系》,《自然辩证法研究》2001 年第 10 期。
[2] Jensen M. B., Johnson B., Lorenz E., Lundvall B. A., "Forms of Knowledge and Modes of Innovation", *Research Poliey*, Vol. 36, No. 5, 2007.

三　知识协同的过程和冲突消减

知识协同本质上并不是学科与产业协同的结果，而是两大知识系统在一定空间和时间维度的复杂动态协同过程。在整个过程中，知识协同源于两类知识的差异互补，并在此基础上，进行知识搜索、选择、传递、共享、整合、增值，最终推动知识整体跃迁为高阶价值知识的循环创新。总体上，学科与产业知识协同每次循环创新的过程分为准备阶段、运行阶段、回馈阶段三个环节。

在知识协同发生之前，参与协同的学科与产业主体会根据内外部创新目标和机会识别来抉择是否或能否进行知识协同，并以此确定协同需求和协同目标。学科与产业双方在内外部需求驱动下，按照协同需求和目标寻找合适的协同伙伴，并明确协同各方资源。这就需要两者在区域范围内展开知识搜索、选择和传递工作，实现协同主体的最优化配对。这一过程最初主要由区域内各类产业所发起，产业根据相应学科公开的学术成果，例如学术论文和出版专著等，寻找自身发展所需的知识和技术，并建立协同关系。

协同运行阶段也是知识协同发生阶段，是整个协同过程的关键。协同主体双方基于协同需求和目标，依靠特定的协同平台和环境进行知识共享和整合。两大知识系统原有结构和特性在这一过程中被打破，新的知识融合系统在协同作用下重新建构，实现知识增值，并形成保护新生知识系统的管理制度和运行环境。这一过程在下文中详细分析。

反馈阶段是知识协同所创建的新知识系统"回流"反向供给学科与产业的过程，也是知识协同过程中真正实现由知识增值到知识创新的阶段。在这一阶段，参与协同的学科主体吸收新的知识系统，并将其内化，与原有的知识系统进行融合重组，进而加工升华成为新的学科知识，并再次通过学术论文或出版专著等形式向社会公众公开，实现学科知识创新；同时相应产业也会吸收和利用新的知识系统，升级生产和管理技术，进而实现产业知识系统的更新换代。学科与产业在知识协同的反馈阶段完成一次知识创新，并为下一次知识协同打下基础，形成不断成长的"知识螺旋"。

知识协同的运行是打破学科与产业原有知识系统的结构和特性，构建新的有序知识系统的过程，如何实现两大知识系统的差异互补是消减协同特征冲突的关键。一方面，在知识经济的发展过程中，公共性的学科知识越来越需要提高知识的经济价值以更好地支持学科自身发展和相关学术活动。在这种需求作用下，学科知识谋求知识权利的经济价值，完成从学科知识公有性到产业知识私有性的特征转变。例如斯坦福大学的电子学科利用学科知识直接转化为产业知识获取经济回报。知识协同打破了学科知识的固有特性，对知识产权的认可和保护成为强调学科知识的私有性权利的重要理念和措施，与之相伴的是新知识管理制度的出现。另一方面，虽然隐性的产业知识由于独创性和难以模仿，使得拥有和掌握这些知识的个人或经济组织在一定时期内获得超额经济收益。但是整个产业企图凭借分布在内部各个角落的隐性知识获得永久性的独占优势是不可能的，这也正是产业必须与相关学科开展协同创新的原因。在此背景下，那些散落在个人或单独经济组织内的隐性的产业知识必须首先完成编码化和抽象化，实现从隐性向显性的知识特征转化，才能实现与学科知识协同创新。因为只有实现产业知识从隐性到显性的转化，两种知识才能更准确和更有效率地进行交流与融合。同时，产业发展的趋势要求各类产业与相关学科协同，生产能够惠及整个产业发展的共性知识。可以看出，不论从产业本身发展还是区域产业发展的角度，产业知识与学科知识的协同都应该是产业知识由隐性特性向显性转化的过程。但是，产业的营利性目的要求知识的显性化过程不能损害知识的私有性所带来的经济收益。因此，与学科知识一样，促进产业知识的显性与私有性共存需要知识产权战略发挥相应的作用，[1] 知识产权的保护是鼓励知识协同创新的重要知识管理和法律制度。

综上所述，学科与产业的知识协同既是一个周而复始的循环过程，也是一个螺旋上升的动态过程（如图4—1所示）。当学科知识与产业知识从协同的准备阶段到运行阶段，最后经过反馈阶段完成一次协同之后，两类知识也相应地实现了一次蜕变和升华，这不仅包括知识内容的丰富和知识存量的增值，也包括知识管理制度的完善。由此，知识协同的多次螺旋演化会带来学科与产业知识的全面发展和共同飞跃，最终促进创新和自我发展能力的提高。

---

[1] 王黎萤、陈劲、杨幽红：《技术标准战略、知识产权战略与技术创新协同发展关系研究》，《中国软科学》2004年第12期。

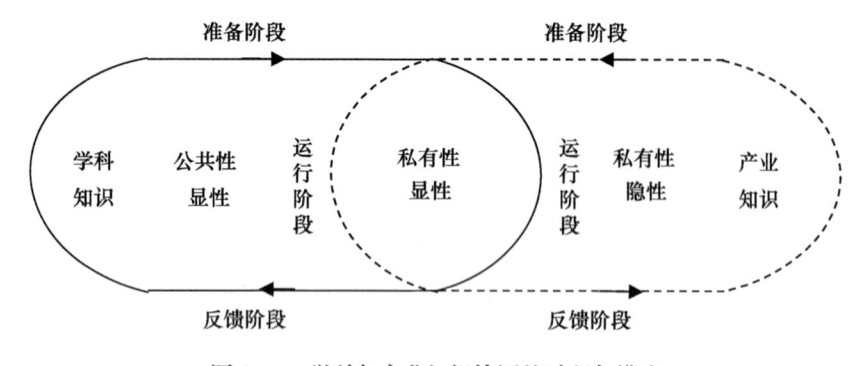

图 4—1　学科与产业知识协同的过程与模式

第二节　结构协同为基础

系统论认为结构是指由系统内元素之间相互作用所形成的稳定的元素排列组合和强弱关系。同样的元素也会形成不同的结构,进而影响系统的特性和功能。[①] 例如存活在自然界中生命体,构成的元素并无根本不同,其千姿百态正是因为由不同的结构所形成。同理,不同区域学科系统与产业系统呈现出形态、特性和功能等差异,主要是由学科与产业的结构所决定。由此,学科与产业系统之间能否建立协同关系,以及建立怎样的协同关系,本质上也是由两个系统的结构所决定,结构协同是系统协同的基础。

一　结构协同的本质和基础作用

(一)结构协同的本质与内涵

由第二章内容可知,知识分工形成学科并造成学科分类,使一个学科与另一个学科区别开来,每一个种类的学科便成为学科系统中的一个元素。因此,在一定范围内不同学科种类之间相互作用所形成的稳定的排列组合和强弱关系可以界定为学科结构。按照这种理解,国家或区域内由劳动分工所形成的不同种类的产业之间也因为相互作用会形成特定的国家或区域产业结构。由于知识与劳动具有天然的联系,那么这种联

[①] 申仲英:《系统中的结构与功能》,《哲学研究》1983 年第 8 期。

系也会反映到学科与产业的种类之间,进而存在于学科与产业的结构关系中。与知识协同源于知识互补的原理不同,学科与产业的结构协同则源于由知识与劳动的普遍联系所形成的学科与产业的种类对应。

学科种类的划分会因为世界各国文化传统和科学发展程度的不同而具有多样性和差异性,但究其根本,划分的原则和标准主要围绕知识展开。从知识生产和分工的角度出发,学科划分遵循知识本身的发展逻辑与社会生产发展需要的逻辑两个方面。随着知识与社会生产的联系越来越紧密,后者在学科分类的过程中发挥着更为重要的作用。尤其当学术发展到现代,科学研究开始由社会生产发展需要所主导,并日益发展成为一种社会建制。学科划分和新学科的产生进入"快车道"。与此同时,社会生产分工的进一步细化也主导了各类产业的创建与种类划分。在这一过程中,应用学科和技术学科根据各类产业发展的需要创建起来,并蓬勃发展,研制出新的流程、工艺或产品。新兴学科为了技术和方法创新,广泛地应用传统自然科学各学科的理论和知识,引起各学科理论的大幅度交叉,形成知识的极度膨胀和更深刻细致的学科分化,产生了如跨学科、交叉学科、横断学科、边缘学科、综合学科等新的学科分类名目,以应对社会生产中产业或行业日新月异的发展和变化。事实上,不仅科学知识的产生和发展源于人类的劳动和社会生产,学科通常也是人们为了更深刻地理解和把握现实世界,对科学知识所进行的人为划分。[1]因此,根据新学科的诞生和学科种类划分的内在逻辑,学科与产业存在种类对应的关系。

世界不同国家和相关组织都有各自具体的学科和产业划分标准和分类体系,例如联合国制定和颁布的《国际教育标准分类法》与《国际标准产业分类法》将学科分为 8 大类,产业分为 21 个大项(见表 4—1);美国的学科分类包括 17 个大的门类,同时将产业划分为 18 个大类;中国的学科分类体系包括 13 大学科门类,下设一、二、三级学科层次,与此相对应的是第一、二、三次产业划分,下设 20 个行业大类(见表 4—2)。通过对不同学科与产业分类体系的对照和比较可以发现,无论学科和产业种类具体如

---

[1] 张应强:《超越"学科论"与"研究领域之争"——对我国高等教育学学科建设方向的思考》,《北京大学教育评论》2011 年第 4 期。

何划分，世界各国和相关组织所制定的分类体系都表现出一定的学科种类与产业种类相互对应和关联效应，尤其在较低层级的分类中，多数学科与产业名目存在重合的现象，更进一步说明了这种效应的存在。

表4—1　　　　　　　　联合国学科与产业划分体系

学科分类	产业分类
农业	农、牧、林、渔业
工程制造和建筑	采矿和采石
	制造业
	电、气、空调供应
	供水、污水处理
	建筑业
	房地产
社会科学、商业和法学	批发零售业
	金融和保险
	行政和辅助
	公共管理和社会保障
科学	信息和通信
	专业、科学和技术
教育	教育
医学和福利	人体健康和社会工作
人文学科和艺术	艺术、娱乐和文娱
服务	运输与存储
	食宿服务
	其他服务
	家庭自主创业与服务
	国际组织和机构

资料来源："International Standard Classification of Education, United Nations, Educational, Scientific, and Cultural Organization, 2011"; "International Standard Industrial Classification of All Economic Activities, Revision 4, United Nations, Department of Economic and Social Affairs, 2008."。

表 4—2　　　　　　　　　　中国学科与产业划分体系

学科分类	产业分类	
学科门类	行业分类	三次产业
农学	农、林、牧、渔业	第一产业
工学 理学	采矿业 制造业 电力、热力、燃气及水生产和供应业 建筑业 信息传输、软件和信息技术服务	第二产业
经济学 管理学	金融业 房地产业 租赁和商业服务 住宿和餐饮业 公共管理、社会保障和社会组织 公共设施管理和水利、环境 交通运输、仓储和邮政业 居民服务、修理和其他服务业 国际组织	第三产业
教育学 哲学 文学 法学 艺术学 历史学	教育 科学研究和技术服务业 文化、体育和娱乐业	
医学	卫生和社会工作	

注：军事学由于特殊的学科内容不在表中体现。

资料来源：中国教育部《学位授予和人才培养学科目录（2018）》；中国国家统计局网站（http://www.stats.gov.cn/tjsj/tjbz/hyflbz/）。

既然学科与产业种类划分存在相互对应和关联效应，那么在一定范围内，由不同种类之间相互作用所形成的学科与产业结构通过相互调节，也具有类似的效应，保证学科与产业系统相互促进，共同发展。总体来说，学科与产业结构之间的这种对应和关联效应反映出两者结构协同的内涵和本质。由此，学科与产业的结构协同是指一定范围内的学科系统与产业系统在知识协同的作用下，系统内部的学科结构与产业结构相互调节，形成对应关联效应，最终实现共同优化发展的过程。

回到对学科或产业结构概念的认识中可以发现，不同学科或产业在系统内的排列组合与强弱关系不仅要考虑"数量"因素，还要考虑"质量"因素。因此，学科与产业的结构协同实质上包含了"量的协同"与"质的协同"两个方面的内容。

1. 量的协同

这里的量并不是指绝对数量的大小，而是指一定时期内数量之间的比例关系，也就是系统内各元素核心要素数量之间的比例大小。通常来说，系统结构中用来衡量数量比例关系的核心要素主要包括各元素的"投入"与"产出"要素。例如在产业系统结构中，衡量各类产业之间数量比例的核心要素主要指在产业发展过程中所投入的人力、物力和财力等资本要素以及产值总量等产出要素；[1] 与产业系统不同，由于知识是学科的核心，所以学科系统中，衡量各类学科之间数量比例的核心要素主要指知识要素，既包括了狭义的科学知识与技术要素，也包括了高素质的人才要素。综上，结构协同中"量的协同"就是指一定空间和时间范围内，各类学科与产业的"投入"和"产出"等核心要素的数量比例关系达到对应与关联的效应。

2. 质的协同

学科与产业的结构协同要实现从"量的协同"到"质的协同"的跨越发展。这里的"质"是质量的意思，具体指系统内各元素发展情况的好坏与元素之间相互作用关系的优劣程度。"质的协同"要求学科与产业结构要达到更高层次和更高水平的协同关系。这需要发展情况更好或更具优势的学科与产业元素之间建立协同，同时也包括学科系统与产业系统在更优化和更完善的结构基础上实现协同。世界上经济与科教水平较为发达的区域，其内部学科与产业系统结构便会体现出"质的协同"这一特征。例如上一章中美国加利福尼亚州内部的优势学科与优势产业结构分析结果就表明了这一特征。

---

[1] 苏东水：《产业经济学》，高等教育出版社 2001 年版，第 246—259 页。

(二) 结构协同的基础作用。

学科与产业结构不仅是学科与产业系统内部图景的体现,也是两个系统对外联系与作用的关键因素,在学科与产业协同过程中发挥着基础作用。首先,结构协同搭建起学科与产业协同的框架。虽然知识是学科与产业协同的核心要素,但是学科与产业两大系统的对接和联结关系却是由系统结构协同所决定的,其中包括学科与产业的种类划分、发展水平、力量配置等要素的关联效应。这些复杂关系的建立搭建起学科与产业协同的框架,是两个系统之间耦合性和依赖性的保证,反映出协同存在的基本形态。其次,结构协同能够维持学科与产业协同的稳定性。虽然学科与产业协同会促进知识要素不断更新,但是结构协同能够稳固两个系统之间的协同关系不受破坏,使协同保持延续。结构协同也发生在例如人体系统等自然环境中,人体内各类细胞和蛋白质等物质时常进行新陈代谢,整个人体系统依靠各器官和组织之间的结构协同处于稳定的循环过程中。国家或区域创新需要学科与产业的结构协同保持知识要素的循环更新,同时实现结构的共同优化。最后,结构协同能够促使区域学科与产业在协同过程中发挥应有功能。功能是系统与外界发生关系时表现出的作用,系统的内部结构决定外部功能。[1] 结构功能主义理论也认为系统结构是影响功能发挥的最主要因素之一。因此,只有实现结构协同,才能促使学科与产业系统发挥各自应有的功能,达到协同的最大效用。

二 结构协同中的演化冲突

学科与产业结构协同的过程也是两个系统结构各自演化的过程。由于学科与产业系统之间的差异,导致两者在演变趋势、规律和演变的内在动因等方面存在不同,成为阻碍整体协同的重要原因。深入分析学科与产业在协同中的结构演变划分,有助于促进两个系统结构向合理化、高度化协同的方向演变。

(一) 结构演化的线性与非线性冲突

现实中,产业各部门对资源要素的利用效率并不相同,其收益也可

---

[1] 申仲英:《系统中的结构与功能》,《哲学研究》1983年第8期。

能出现系统差别。由此，资源要素会发生由低生产率向高生产率的产业部门转移的现象。同理，不同产业部门的相对收入差异会促使劳动力资源在自由市场中流向工资率更高的产业部门，这是市场经济中的自然和必然的演变过程。之后，研究者发现了产业结构在市场经济中的自主演化规律，著名的配第—克拉克定理认为随着经济发展和人均国民收入水平的提高，劳动力呈现首先由第一产业向第二产业转移，然后再向第三产业转移的演进趋势。① 综上所述，在某一国家或区域的市场经济中，产业结构的演变可以看作一种纵向的线性演化形式。与此相反，学科结构的演化遵循知识结构的演化规律，具有多元化和网络化的特点。根据学科发展的历史，学科体系大致经历了从中世纪神学权威的建立到后来人文学科崛起，从自然科学和人文社会科学逐步专门化到自然科学学科不断分化形成基础学科、工程学科和技术学科，以及20世纪以来的综合学科、交叉学科、边缘学科的产生和壮大的过程。学科系统的发展从分野、对峙到逐步走向融合，新学科的产生和壮大并没有阻碍和替代旧学科的继续发展，而是为学科的系统网络添加新的节点。由此，学科结构的演化表现为非线性的网络化方式，这与产业结构的演化方式存在明显差异，导致学科与产业结构往往在协同过程中出现不对接和不匹配的矛盾。

（二）结构的高变换率与低变换率冲突

根据世界各国的发展经验，产业结构不断演替能够推动国家或区域经济持续增长和竞争力不断提升，产业结构由破到立是国家或区域持续发展的根本动力，即新产业的成长抵消旧产业衰落而产生的积极效应是推动国家或区域不断增长的重要原因。"增长的进行，是以不同的模式、不同的主导部门，无止境地重复起飞的经历。"② 由此可见，国家或区域持续发展需要产业结构的不断演变，这种变动主要表现为产业结构由低级向高级演进的高度化和产业结构横向演变的合理化。这种结构的高度化和合理化推动着国家或区域经济向前发展。③ 所以，产业结构进行积极

---

① Stolper, Wolfgang F., "The Conditions of Economic Progress", *Revue Economique*, Vol. 4, No. 6, Jun 1953.
② ［美］华尔特·惠特曼·罗斯托等：《从起飞进入持续增长的经济学》，贺力平等译，四川人民出版社1988年版，第11页。
③ 苏东水：《产业经济学》，高等教育出版社2001年版，第235—236页。

有序的演替不仅是区域乃至国家经济持续发展的基础,而且成为政府广泛运用政策手段所追求的目标。但是与产业结构调整相比,学科结构的转变通常表现出"惰性"和"滞后性",成为产业结构与学科结构不相适应的主要原因。一方面,由于传统学科体制运行往往受到政治等外生力量的干涉和控制,学科发展和变革的自主性被束缚,学科设置和调整长期呈现"无序"状态,深陷"计划"的轨道难以面对快速变化的产业结构环境;另一方面,学科结构演变是一个多层次、宽内涵的概念,不仅涉及学科发展目标和方向的变化,也包括学科数量及其人才培养数量的增减。"十年树木,百年树人",学科人才培养需要一个较长的周期,同时学科消化师资、设备和资金等要素投入也需要较长时间,学科发展的这种"惯性"约束导致其与产业结构调整之间客观存在着不同程度的错位或时滞现象。

三 结构协同的机制与冲突化解

学科与产业结构的协同过程是通过一系列相互调节和制约机制进行的,旨在解决两个系统在结构演变中的矛盾与冲突。既然学科与产业协同的核心是知识,那么知识结构的变动就成为引发两大系统结构协同机制启动和运行的"开关",发挥着关键作用。在这一过程中,知识结构不仅指狭义的科学知识和技术结构,而且包括知识的最重要载体——高素质人才的结构。

知识经济中,科学知识和技术的创新是产业结构变动的最主要因素之一[①],而知识技术结构的升级与完善是由学科结构所决定的。因此,知识技术结构是学科与产业结构协同机制中的中间变量。一方面,知识技术结构决定了产业间比较劳动生产率的差异,如果某类学科实现知识技术进步,就会促进相应产业提高比较劳动生产率和生产率增长的速度。另一方面,产业结构转换的原始动力就来自产业间比较生产率的差异,它表现为生产要素从比较生产率低的产业部门向高的产业部门转移,从生产率增长速度慢的产业部门向快的产业部门转移。结合两方面原因,学科系统发展会引起知识技术升级,从而影响产业系统的生产率,最终导致产业结构的调整和变化。

---

① 苏东水:《产业经济学》,高等教育出版社2001年版,第240—241页。

反过来，产业结构通过高素质人才的供求结构影响和作用于学科结构。"机构迫使学科以学生为中心，有时还迫使它认识其他学术领域。"①从上文可以看出，国家或区域的产业结构并不是简单的静态产业关系，而是一个动态演变的过程。在国家或区域的不同发展阶段，产业结构的特征和变动趋势是不同的，这种差异的发生会导致高素质人才的需求结构发生变化。在国家或区域的劳动力市场中，当某一产业部门对高素质劳动力的需求增大，超过学科培养并提供的劳动力数量，该领域的相对工资率上升，吸引学生趋向进入相应学科学习深造，随后引起该学科扩招。这些连锁反应在未来会逐渐使该学科供给的劳动力数量与产业需求相对达到均衡；相反，当国家或区域内某一学科扩招导致劳动力的供给数量超过了产业需求，会致使工资率下调，学生流向其他工资率较高的学科，该学科开始萎缩。也就是说，产业结构的调整会引起所需人才工资率的变动，进而影响相应学科结构。

综上，学科与产业结构通过知识结构的变动和传导相互作用和调整，并建立协同关系。与知识协同一样，结构协同也是一个动态的循环过程（如图4—2所示），学科与产业结构在每一次相互调节过程中，一方面实现结构对应协同，另一方面也完成自身结构的进一步优化与完善，最终形成两大系统共同发展的趋势。

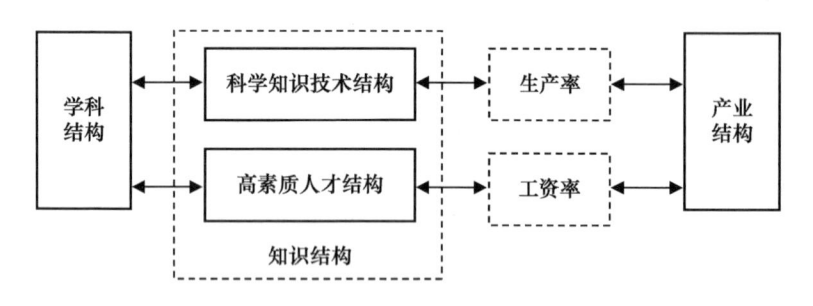

图4—2 学科与产业结构协同的过程与机制

---

① [美]伯顿·克拉克：《高等教育系统——学术组织的跨国研究》，王承绪等译，杭州大学出版社1994年版，第57—74页。

第三节 组织协同为保障

学科组织与产业组织是构成学科系统与产业系统的基本单元。相对于系统的抽象性,组织形态的学科与产业存在是"形而下"的,也是学科与产业系统的实体化和具体化呈现。因此,学科与产业协同的具体运作和实施是由实体性学科组织和产业组织共同完成的。组织为系统协同提供必需的人、财、物等要素资源和协同活动发生的场所,并形成一系列激励和维护系统协同持续发生的规则制度,在整个协同过程中发挥着保障作用。

一 组织协同的本质与保障作用

组织在汉语里的意思最初是指把丝麻编结成布。英文"organization"(组织),则是从"organ"(器官)一词引申而来,意在说明器官是由细胞集合形成的组织。尽管词源所代指的事务不同,但是这两种组织包含的内容具有共同要素:一是具有构成组织的基本材料或元素,如丝麻或细胞;二是材料或元素的相互联结或组合具有一定规则;三是组织的形成具有特定的功用和目的。这些要素也成为人类社会组织的基础。组织学家詹姆斯·穆尼认为组织就是为了达到一个共同目标的人们联合的形式。管理学家巴纳德也认为组织是人们有意识地调整共同活动或力量的系统。[1] 基于组织的要素构成,中国组织学家郑海航认为,组织是由两人以上的群体组成的有机体,是一个围绕共同目标,由内部成员形成一定的共同规范和关系结构的力量协调系统。[2] 由此,学科组织与产业组织同样是由上述物质要素、目标要素及形式要素所构成。那么,理解区域学科与产业组织协同的本质就要从构成组织的三类要素之间的协同展开。

(一)组织协同的本质与内涵

学科组织是学术人员围绕某一类学科发展所建立的学术组织,例如

---

[1] [英]皮尤等:《组织管理学名家思想荟萃》,唐亮等译,中国社会科学出版社1986年版,第81—88页。

[2] 郑海航:《企业组织论》,经济管理出版社2004年版,第6页。

学会、科研院所和大学的学院、系及大型实验室等；同样，产业组织是由产业人员建立，以某一类产业生产为中心的经济组织，例如行会和企业等。学科与产业的组织协同就是这两类实体组织之间的协同，具体包括三个方面：首先是物质要素的协同。组织的物质要素指组织内部的实在元素和物质材料，在社会组织中，物质要素一般包括人员、物质设备和经费等，是构成组织最基本的要素。物质要素的协同要求不同组织内部人员、设备、经费等要素之间进行协调合作和共同发展，实现学术人员与产业人员互助、物质设备共享以及经费供需平衡等。物质要素的协同是学科与产业组织协同的基础，也是两类组织协同的落脚点。其次是目标要素的协同。组织是所有物质要素为了实现至少一个目标而形成的集合体，目标要素是组织形成的核心。[1] 因此，目标要素的协同是学科与产业组织协同的充分且必要条件。学科组织与产业组织是围绕各自不同的目标要素所形成的，目标协同并不是要求这些组织放弃原有目标，并强加于统一的目标，而是指两类组织运用现有目标或创造新目标，减少和消除组织冲突与摩擦，实现组织目标相互匹配与联结，共同应对组织协同的过程。最后，基于组织目标，在组织内部约束和明确所有物质要素行为和关系的规则与制度等被称为组织的形式要素。组织内部的规则、制度、惯习等是组织形式要素的本质，组织通过形式要素对外展现组织形态，对内管理所有物质要素。因此，与物质要素和目标要素一样，学科组织与产业组织也具有各自不同的形式要素。那么形式要素的协同就是为了在两类组织的协同过程中追求更好的协同效果，组织间的规则、制度和惯习等相互调节和适应，并不断进行帕累托改进的过程。

（二）组织协同的保障作用

学科与产业协同的最终落脚点在于协同过程中各项具体工作的实施与操作，这些任务主要由学科组织与产业组织完成。知识协同和结构协同也是通过组织协同得以实现。组织协同支撑起两系统的协同体系，保证协同持续顺利运行，发挥着保障作用。首先，组织协同为两系统协同提供物质要素保障。学科与产业协同并不是虚幻的空中楼阁，而是由学

---

[1] ［美］W. 理查德·斯科特等：《组织理论：理性、自然与开放系统的视角》，高俊山译，中国人民大学出版社 2011 年版，第 32 页。

科与产业组织实实在在的物质要素之间的协同累积相加后所产生的效应。组织协同的物质要素保障体现在两个方面：一是物质要素是构成学科组织与产业组织的基本要素，源源不断的优秀人才、先进设施和充足资金等能够促进区域学科与产业不断发展和壮大；二是协同过程中的具体工作需要人、财、物等物质要素负责参与和实施，保证协同体系的正常运转。其次，组织协同为学科与产业协同提供制度保障。制度的存在能够保证协同参与各方在限定的框架内行使和承担各自权责，那么"每个成员都能形成对其他成员特定条件下行为的稳定预期，这种稳定的预期是理性地考虑行动结果的必要前提"[1]。制度协同能够促使学科方与产业方之间减少或消除冲突，形成持续稳定的协同关系。最后，组织协同为学科与产业协同提供效率保障。巴纳德认为任何组织的持续存在，都必须讲求效率。如果组织的一项行动满足了所设定的某些目标或动机，而又没有产生消极后果，那么我们说它是有效率的。[2] 可以看出，效率与目标有关，各类学科组织与产业组织协同包括目标协同，也包括人、财、物等要素协同，能够保证要素资源在协同目标的规划和指导下得到合理和优化使用，从而提高整个协同体系的运行效率。

二 组织协同中的价值冲突

不同物质、目标和形式要素使社会组织具有不同的价值追求，学科组织与产业组织也不例外。组织的价值追求是组织的重要特征，是组织的精神内核，对组织行为具有引领和约束作用。组织的价值追求与组织目标有关，是组织目标逐渐内化于组织行为后的产物，体现在组织日常的制度、规范、惯习等方面。从组织价值进行研究，可以通过帮助确定哪些组织行为是重要的，也可以帮助我们对所研究的事务形成一种"整体的图画"[3]。组织的价值导向不仅决定着组织的治理模式，也使组织形

---

[1] [美] W. 理查德·斯科特等：《组织理论：理性、自然与开放系统的视角》，高俊山译，中国人民大学出版社2011年版，第42页。

[2] [美] 切斯特·I. 巴纳德：《经理人员的职能》，王永贵译，机械工业出版社2007年版，第15页。

[3] [美] 伯顿·克拉克：《高等教育新论——多学科的研究》，王承绪译，杭州大学出版社1994年版，第118页。

成不同的组织结构,这种潜在冲突成为阻碍组织协同的关键因素。

(一) 组织的学术导向与利益导向冲突

学科组织本质上是由学术人员以创造专门的高深知识为目标集合而成的学术共同体。这一精神内核决定了传统学科组织在本质上应该为学术而学术、为科学而科学。在此基础上,学科组织自觉形成了特有的社群意识和学术认知,奠定了以学术信仰为中心的价值体系。传统观念认为,学科组织作为享受国家资助的公共机构和推动社会文明发展的"核心机构",其核心使命在于知识的生产和传承,并引领社会发展,组织的价值追求应该由探索科学和真理的兴趣所驱使,组织成果理应属于公共产品,并不涉及社会经济利益冲突。现代学科组织作为知识积累和发展的产物,依然遵循着追求、传播真理和创造、传播知识的本质属性,与外界组织建立关系是为了组织存续及更好地发挥知识的效用。与学科组织不同,产业组织以营利为目的,商品生产是组织运行的主要内容。产业知识则主要是以创造经济价值为目标而创建,利润是产业组织核心的价值追求。投资者、组织成员以及组织本身的存续都要求产业组织追求超额的利润收入,这也是产业组织发展最根本的动力。"产业组织不需要隐藏追求利润的动机,如果没有什么利润可赚,那些要素资源就会寻找其他组织。"[1] 组织价值导向是组织进行行为选择的依据和评价的标准,也决定了学科组织和产业组织在协同过程中对行为目标选择的优先性排序。不同的价值导向会导致这两类组织在协同过程中出现目标冲突和行为冲突,从而阻碍协同的顺利进行。

(二) 组织的公共治理与公司化运作冲突

学科组织化的初始形态表现为"教师会"等由共同学术偏好的学者所构成的组织,后来发展成为具有"共同学术信念和约定的科学共同体"所组成的学术组织。学科内的学者们共同参与学科组织的管理和运作,并在共同的学术追求中组成知识的集体生产者。他们一起对学术的原材料进行共同的生产和加工,对生产的性质、过程和应用进行决策。一方面学科组织成为学者们进行学术生活最基本的社会存在,另一方面学术

---

[1] [美] 切斯特 I. 巴纳德:《经理人员的职能》,王永贵译,机械工业出版社 2007 年版,第 104 页。

共同体构成了学科组织形成所必需的物质和精神元素。学科组织由此形成了一种由学术共同体"共同治理"的组织模式。与学科组织不同，产业组织的治理基础是自由和市场导向的管理，强调集权式的专业化管理和管理工具与技术的运用。产业商品的生产者并不直接参与组织的决策和管理，也无法对生产何种商品进行自由选择，更无权对产品的质量进行审查和评判。由此，如果把知识看作一种产品，那么产品生产者是否直接参与组织的治理过程就成为学科组织与产业组织之间治理冲突的主要表现。组织协同过程中，学科组织的共同治理方式会严重影响产业组织的运行效率，而产业的专业化管理又会导致学术共同体逐渐变成"被雇佣者"，从高深知识的创造者沦为紧跟社会市场需求的普通知识生产者，失去学科组织的学术性和自主性。

（三）权力结构的扁平式与层级式

组织权力是指支配和控制组织各类要素从而影响组织行为的能力，[1]那么组织权力结构就是指组织权力的配置与各种不同权力之间的相互关系。一方面，学科组织围绕知识开展活动，其权力结构由知识发展的特性所决定。知识发展的最大特点是趋于分化和专门化，即使在同一学科门类也存在多种知识领域和知识方向。不同知识领域在知识对象、研究方法和理论等方面存在差别，在知识的创新与发展方式等方面也具有分歧。因此，虽然同属某一学科门类的学术人员聚集于学科组织相互联结和相互影响，但又因彼此分属不同知识领域而体现出不同程度的排斥性，形成了学术人员在学科组织内相互独立和自由的关系特征。基于此，学科组织的权力结构也在一定程度上保持一种独立、自主、低度联结的扁平化组合方式。伯顿·克拉克认为随着学科和专业领域的日益专业化，以学科为主的层次聚集形式会越来越松散。[2]另一方面，产业组织以追求利润为核心，其组织权力结构应该体现出有利于提高绩效和竞争力的特点，主要表现为科层式的组合方式。这是一种在组织内部层级递进、权力效用逐级集约的权力分配体系。德国社会学家马

---

[1] [美]斯蒂芬·P. 罗宾斯等：《管理学》（第九版），孙健敏译，中国人民大学出版社2008年版，第255—256页。

[2] [美]伯顿·克拉克：《高等教育系统——学术组织的跨国研究》，王承绪等译，杭州大学出版社1994年版，第39—44页。

克思·韦伯认为科层制是"完全按照理性建立起来的理想化高效率的组织模式的概念"①。科层式的权力结构使产业组织形成了自上而下的等级管理体制，并具有细密的管理和复杂的规章制度，要求组织内成员遵循权威下的共同目标，区别于学科组织内部的权力运行体系。产业组织的科层制管理要求组织成员遵循权威领导，这必然导致在协同过程中学科人员从属于科层组织，其学术行为受到产业组织的干涉和制约。而科层制管理推崇追求效率的文化，与学科组织"十年树木，百年树人"的信仰和科研穷理中坚守"铁杵磨成针"的精神相抵触。

三 组织协同的过程与冲突化解

学科与产业组织协同本质上是要素重新组织化的过程，即原有学科与产业组织内各要素以协同发展为目标，集合形成新的组织系统的演化过程。但是由于学科组织与产业组织存在特征差异，组织化的过程较为复杂，由自组织和他组织两种组织化类型共同完成，并由此形成了特殊的协同机制与形式。

（一）协同的组织化过程

自组织概念最初由德国哲学家康德所提出。哈肯认为，从组织的进化形式来看，可以分为两类：他组织和自组织。"如果一个系统靠外部指令而形成组织，就是他组织；如果不存在外部指令，系统按照相互默契的某种规则，各尽其责而又协调自动地形成有序结构，就是自组织。"②而自组织理论，则是对普里戈金等人创立的"耗散结构"理论，哈肯等人创立的"协同学"理论，托姆创立的"突变论"，艾根等人创立的"超循环"理论，以及曼德布罗特创立的"分形"理论和以洛伦兹为代表的科学家创立的"混沌"理论的通称。因此，所谓自组织系统是指，无须外界特定指令而能自行组织、自行创生、自行演化，能够自主地从无序走向有序，形成有结构的组织或多组织系统。而他组织是与自组织相对的概念，即表示需要依靠外界的特定指令来推动，从而被动地从无序

---

① Max Weber, *Economy and Society*, University of California Press, 1978, pp. 218–219.
② Haken Hermann, Portugali Juval, "Information and Self-Organization", *Entropy*, Vol. 19, Issue 1, 2016.

向有序演化的组织或多组织系统。（如图4—3所示）

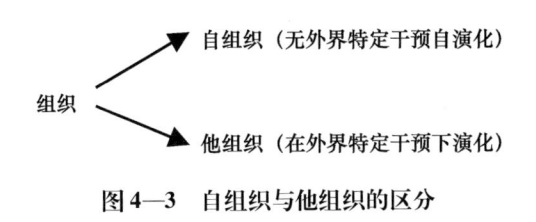

```
                    ▶ 自组织（无外界特定干预自演化）
        组织
                    ▶ 他组织（在外界特定干预下演化）
```

图4—3　自组织与他组织的区分

1. 自组织过程

根据组织特征分析，学科组织与产业组织由于生存和发展的需要，催生了双方合作的倾向和意愿，使这两类组织逐渐开始自主进行物质和知识等要素的交换和生产，从而进入协同的自组织过程。在自组织过程中，学科组织与产业组织在协同内因的推动下彼此依赖并相互作用，双方组织的物质、目标和形式等要素全体通过自行适应与调节，构成了越来越强的组织化模式，完成从无序到有序、从组织程度低到组织程度高的转化。总体来说，这一自组织过程是学科与产业组织协同层次跃升的过程，也是协同的有序程度通过跃升得以提升的过程，组织协同在自组织过程中发生了质的变化。

2. 他组织过程

虽然物质要素来源的互补性为学科与产业组织协同奠定了自组织的基础，但与此同时，两类组织之间存在的价值追求及权力结构差异，造成了自组织过程中的冲突与矛盾。组织协同不得不依靠外界其他组织的介入和干涉消除或减少协同的"摩擦力"，形成协同的他组织过程。这一过程中，政府、金融、法律服务、中介等外界组织机构，通过政策指引、制度规范和要素投入等方式对组织协同进行干预。他组织是协同优化的过程，是协同组织化层次不变而复杂性和稳定性增进的演化，也是协同自组织实现跃升后各要素进行磨合并为下一次跃升做准备的阶段。

综上，自组织和他组织相互结合，构成了学科与产业组织协同的整体过程（如图4—4所示），不仅促使协同系统实现不断跃升与优化，而且形成了更有利于发挥协同作用的组织模式。

（二）协同的组织模式

由于不同国家或区域内学科组织与产业组织的多样性特征，以及组

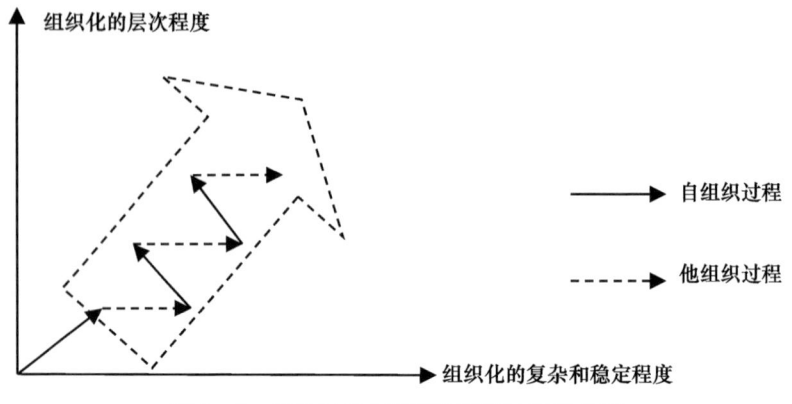

图4—4 学科与产业组织协同的过程和机制

织协同中的冲突和矛盾种类纷繁复杂，导致两者在协同组织化的实践过程中形成不同的组织协同形式。这些模式向外体现出学科、产业及其他组织在协同中的关系架构，其本质上是各类组织所包含的要素之间的配置和流通关系。根据学科与产业协同的历史进程，在总结已有协同组织模式的基础上，依据学科与产业组织之间的作用关系和所发挥的功能，可以认为组织协同模式包括依托型模式、平等型模式以及网络型模式（如图4—5所示）。在图中，白色的圆圈表示学科或产业组织，黑色的圆圈表示政府、中介、金融和法律等参与协同的其他组织，联结各圆圈之间的直线表示组织间的关系，圆圈的大小则表示组织要素的强弱和在协同中所发挥的作用大小。

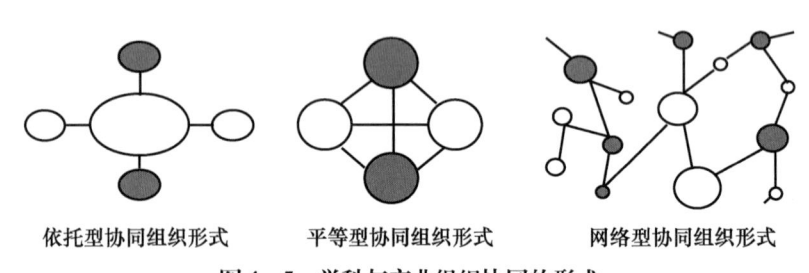

图4—5 学科与产业组织协同的形式

注：○代表学科或产业组织；●代表政府或中介组织

1. 依托型协同组织形式

依托型协同组织形式是学科与产业协同发展前期较为普遍存在的形

式。这种协同组织模式的形成往往是围绕国家或区域内一个或者几个同类型的核心学科或产业组织而展开。不论是核心学科组织还是产业组织，这些核心组织都可以发起和主导相关组织的协同。在这一过程中，其他中小型学科、产业和辅助性组织依托核心组织的辐射和推动作用，共同参与协同的运作，从而形成依托型协同组织。

2. 平等型协同组织形式

在平等型协同组织形式中，国家或区域内的学科组织与产业组织之间的协同相互关系大致处于对等的地位，在协同中发挥的作用也大体相当。除此之外，政府及其他组织能够充分发挥应有职能，但不会强制干涉协同运行。因此，学科组织与相关产业组织的协同不存在依附关系，在协同的合作、谈判及收益等方面都处于相对平等的地位。但是，不难看出，在这一模式中，协同的平等关系建立在组织之间规模大小和实力强弱对等的基础之上。也就是说，参与协同并建立协同关系的学科与产业组织，其规模与实力都大致相当。这种模式决定了协同关系只能发生在特定的学科与产业组织之间，是线性的和封闭的，阻碍了所有组织要素相互流动的通道，也由此演化形成了新的网络型协同组织形式。

3. 网络型协同组织形式

与前两种形式不同，网络型协同组织形式是由参与协同的各类组织所构建起的非线性的、开放的和相互嵌套式的组织网络关系。在这一模式中，国家或区域内有意愿参与协同的所有学科与产业组织都可以通过组织间的联系形成协同网络中的一个节点，在协同过程中发挥最优化的作用和功能。例如，某个学科组织可以与同类型的多个学科组织建立联系，并形成小型的学科网络，然后在此基础上与相关产业组织网络相互联结、彼此嵌套，形成一个高密度的关系网络。同样，类似的小型网络还可以先由区域内一部分学科、产业及政府和中介等组织所搭建，然后再向外扩展和延伸，吸收更多的组织加入协同网络，使各类要素在组织之间达到无障碍流通。

综上，网络型协同组织形式可以减少学科与产业组织在协同过程中的矛盾和摩擦，有利于各类组织参与协同，发挥其应有的作用和功能，实现优势互补和共生发展，提高协同的综合效益。因此，根据学科与产业实际发展情况，搭建网络型协同组织形式，充分利用各类组织所蕴含的要素资源,是学科与产业协同发展的根本保障。

第四节 布局协同是关键

学科与产业协同由各类实体化和具体化的组织及其所包含的各类要素来实施和完成,那么这些组织及要素的区位和布局情况也成为影响协同过程与结果的重要因素。布局协同决定了所有参与协同过程的组织及要素之间的空间距离,从而影响协同的成本和效率。更重要的是,布局协同对跨学科、跨产业的知识协同和知识创新具有深刻的影响作用。因此,布局协同是学科与产业协同的关键所在。

一 布局协同的本质与关键作用

(一) 布局协同的本质和内涵

学科或产业布局是指学科或产业组织及组织要素在一定地理空间的动态分布,是学科或产业组织在地理空间发展运动规律的具体表现。其中,产业布局首先受到研究者的关注,他们运用圈层理论、地租理论和比较成本学说等对农业和工业的布局进行解释和阐述,由此发展成为经典布局理论。布局理论认为各类产业布局应综合考虑实现产业整体运行的成本最小化与利润最大化。与产业布局不同,学科布局最初与经济活动的关系甚微,是科学知识创新与教育发展的产物。同样,"无论在什么时代,教育的器官都密切联系着社会体中的其他制度、习俗和信仰,以及重大的思想运动"[1]。所以,在学科发展初期,政治、宗教、文化等人类社会活动的历史过程和演进是影响学科布局的主要因素。直到近现代以来,知识、教育与经济活动的联系越来越密切,学科布局开始表现出经济发展和产业布局的逻辑,资源的有效配置成为支配学科布局的主导思想。综合对产业布局与学科布局的认识和理解,可以认为学科与产业布局协同是指根据一定地理空间的资源条件和历史基础,各类学科与产业组织及组织要素不断调整分布区位和相互距离,优化要素资源配置,

---

[1] [法]爱弥尔·涂尔干:《教育思想的演进》,李康译,上海人民出版社2003年版,第3页。

从而减小协同成本，促进知识创新，实现协同效益最大化的过程。

(二) 布局协同的关键作用

布局协同是学科与产业两大系统协同在地理空间上的呈现，决定了学科与产业要素的活动范围与相互距离，从而深刻影响双方协同的意愿和效率，以及均衡分布情况。对 OECD 国家的研究发现，协同伙伴的选择仍以地域相近为特权，空间距离对跨部门协同创新起着关键作用。[1] 首先，布局协同影响学科与产业组织的协同意愿。学科与产业协同是一个复杂的系统工程，各类学科与产业组织参与协同的意愿和积极性不仅与协同中能够获得的利益有关，而且受组织在区域内的布局影响。由于知识流动与知识溢出具有距离衰减性，[2] 合理的地理距离可以提高协同的成功率，也能够促进协同主体进行频繁交流与互动，增强彼此信任，进而提高各主体的协同意愿度。[3] 其次，布局协同对提高协同效率发挥着关键作用。根据本书的概念界定，区域内的自然与社会环境具有相似性，但是在更小的地理范围，由于行政区划、宗教信仰和人口条件等因素的影响，社会文化与制度依然存在差异。因此，布局协同一方面能够促进协同主体在一定的地理范围内减少文化与制度差异造成的协同效率损失，另一方面可以更容易实现协同要素与制度共享，有利于知识尤其是隐性和显性知识之间的转移和创新，从而提高协同效率。加拿大的相关研究支持了这一说法，研究显示对于隐性知识转移的产业组织，地域距离每增加 10%，其直接提供的协同研发经费额就会下降 1.42%；对于显性知识转移的产业组织，则下降近 3%。[4] 最后，布局协同关系着学科与产业协同在地理空间的均衡发展。学科与产业协同的主要目标之一是要实现学科与产业的均衡和高质量的发展。这里的均衡发展并不是要求学科与

---

[1] Koen D. Backer, Vladimir L. Bassols, Catalina Martinez, "Open Innovation in a Global Perspective: What Do Existing Data Tell Us?" *OECD Science, Technology and Industry Working Papers*, Vol. 9, No. 1, 2008.

[2] Pablo D'Este, Iammarino Simona, "The Spatial Profile of University-business Research Partnerships", *Papers in Regional Science*, Vol. 89, No. 2, 2010.

[3] 吕国庆、曾刚、顾娜娜：《基于地理邻近与社会邻近的创新网络动态演化分析——以我国装备制造业为例》，《中国软科学》2014 年第 5 期。

[4] Rosa Julio M. and Pierre Mohnen, "Knowledge Transfers between Canadian Business Enterprises and Universities: Does Distance Matter?" *MERIT Working Papers*, Vol. 17, No. 87, 2008.

产业在所有地域范围平均发展，而是指在不同地理空间范围内，学科与产业在发展规模、质量、结构等方面都能够满足彼此的协同需求，并促进协同主体实现共同发展的状态。可见，布局协同通过调整学科与产业要素的区位分布，直接影响整个协同体系内部的均衡状态。

二 布局协同中的逻辑冲突

布局协同涉及所有协同主体与要素在空间地理上的调整和流动，由占据不同利益的组织和群体之间的相互作用推动和约束，布局过程会受到不同场域的多重力量支配，如资源、目标、利益、制度等。在不同力量的博弈框架内，公平与效率逻辑是阻碍学科与产业布局协同的主要因素，也是学科规划与产业调整亟待调和的主要矛盾。

从产业发展的角度来看，极差地租和运费成本是对产业布局起决定性作用的因素，布局优化就是不断调整各类产业在区域内的位置分布和相互距离，从而减少地租与运费等成本费用的过程；收益理论则认为布局必须充分考虑市场因素，尽量把各类产业安排在各自获取最大利润的区位。后来布局理论将成本逻辑与收益逻辑合二为一，认为布局应该对原材料分布、市场区、运输能力与条件、价格、劳动力和资本的分布、利息差别、商业和要素流动等众多要素进行综合考虑和分析。[①] 因此，产业布局基于成本收益原则，以产出效率最大化为基本逻辑展开。要素资源的分布情况往往决定了不同产业的布局。第一产业的劳动对象直接来自大自然，自然资源直接制约第一产业的分布状况，导致其与相关学科的协同布局也同样受制于自然资源；要素资源对第二产业的影响与第一产业相比较弱，主要通过地质条件、水资源、物产资源及人口条件等对产业用地、原材料和劳动力资源的布局约束表现出来，致使采掘、冶金、化工、交通运输乃至机械制造等产业与相关学科的协同布局大多遵循要素资源的分布特点；虽然第三产业对要素资源的依赖性较第一、二产业更弱，但是不同地理空间所拥有的社会人文要素和地理优势对第三产业布局同样起着决定性作用。从学科发展的角度看，随着知识在社会发展中的重要性提高，促进社会公众共享知识创新红利和保证他们平等接受

---

① 苏东水：《产业经济学》，高等教育出版社2001年版，第305—311页。

知识教育服务不仅是国家发展的主要目标，也逐渐成为学科自身所应承担的重要义务。学科作为知识生产和知识传承的组织机构，具有公共服务性特征，公平与均衡是现代社会支配学科布局的原则，也是学科布局追求的理想与目标。遵循公平的布局逻辑能够保障不同区域的大众享有相对平等接受学科组织服务和参与知识生产的机会，同时也能促进知识生产和创新能力的均衡提高。

公平与效率是学科与产业布局协同中面临的主要冲突与矛盾。在布局协同中，如果过分强调以效率为核心的布局逻辑，容易把学科组织等同于其他经济组织，忽略学科功能的公共性和普惠性，只是把学科的知识生产工作视为推动社会经济发展的工具，而没有真正把服务社会大众和促进区域均衡发展的目标落到实处；而如果过分强调公平逻辑，则可能会损害产业的商品生产效率和学科的知识生产效率，导致社会生产陷入"低水平的平均主义"，由此降低社会整体生产力水平。世界各国在发展过程中都面临着同样的问题，并形成了各自的布局理念和模式。美国"注重公平，兼顾效率"，日本更"注重效率、忽视公平"的模式，英国则形成了"注重公平，保守效率"。[①] 因此，如何处理公平与效率的关系，是学科与产业布局协同的关键。

三　布局协同的模式与冲突化解

协同布局是学科与产业系统协同在地理空间上的反映和表征，在传统意义上的公平与效率逻辑影响下，经过演化会形成分散型和集聚型的布局模式（如图4—6所示）。为了实现公平与效率的统一，在知识经济时代，布局协同应该适应知识生产和创新模式的变革，形成新的布局模式。

分散模式是区域内的学科与产业组织及其要素资源遵循公平逻辑，演化形成的布局协同模式。在公平逻辑的影响下，为了保证区域内部各地区共同享有学科与产业的生产和服务机会，学科与产业组织在区域内的分布趋于均衡，具有分布均匀、无规则和分散的特点。因此，区域内

[①] 范志勇：《中外高等教育区域布局理念研究——基于经济和人口的视角》，硕士学位论文，大连理工大学，2013年，第40—41页。

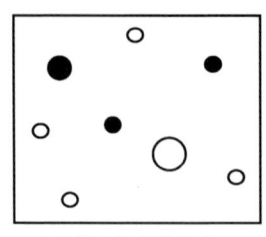

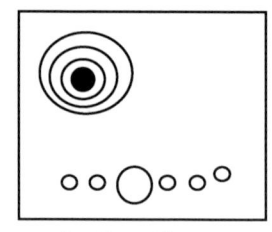

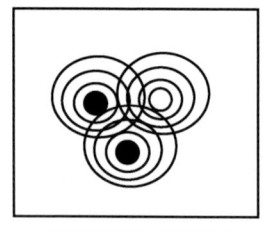

布局协同的分散模式　　　　布局协同的集聚模式　　　　布局协同的集群模式

图 4—6　学科与产业布局协同的模式

注：○和●分别代表学科组织和产业组织

学科与产业之间协同关系的发生也同样分散于各地区，特别是在学科与产业都不发达的区域，协同发生的频率和规模较小，其分布更为零散。分散型的分布模式容易出现在学科与产业协同初期，或者发生在第一产业和部分第二产业与学科的协同过程中。例如前文中所分析，美国为了促进各州的农业生产，在各州建立赠地学院，这一时期农业与相关学科的协同分布便呈现出分散型的特点。

与分散模式相反，集聚形式是指属于同一种类或类型的产业与其相关学科的组织及其要素在协同过程中逐渐汇聚和集中于某一地理范围的布局形式，地理空间的接近性是集聚型形式的核心特征。由于区域内地理条件制约，集聚型形式主要分为环形集聚和带状集聚两种类型，例如英国剑桥科技园的布局以剑桥和牛津大学为中心，向四周扩散而形成典型的环形集聚；而美国的128号公路区则以麻省理工学院为中心，沿波士顿市的128号公路两侧聚集了众多参与协同的组织机构。根据协同的具体实践，集聚的布局模式起源于降低协同组织之间的交易成本，遵循效率逻辑演化而成。地理空间上的临近促进协同组织机构之间通过正式或非正式渠道进行信息的分享和交流。虽然科技进步逐渐打破地域性界限，大大降低了信息沟通的成本，但是依靠信息技术沟通的远距离组织仍然很难进入共同的协同场域，无法有效识别彼此的缄默性信息和已经固化的组织制度、文化和惯习，造成协同成本和效率浪费。而空间集聚有利于参与协同的组织及其要素在长期相互交易和博弈中增强彼此信任，产生"自我约束"，从而减少交易中的信息误差与不轨行为。除此之外，提高协同效率和收益是组织及其要素集聚的另一个主要因素。一方面，组织及其要素在空间上的集聚有利于组织间的相互竞争从而促进协同效率的提高;另一方面,众多组织及其要素在地理空间上的集聚可以产生规模经济效应,有效消除单个组织运行的规模限制,提高协同的边际收益,促进整体协同系统达到最优规模。

学科与产业组织的布局必须实现公平与效率的统一,既要发挥效率逻辑促进区域整体生产力的快速提高,也要遵循公平逻辑缩小区域内各地区之间的差距,造福社会大众。在知识经济时代,布局协同应该适应新的知识生产和创新模式,以此消除传统方式中两类组织的冲突与矛盾。

学科与产业是知识与劳动分工的产物,虽然学科与产业的不断分化和细化加速提高了知识和劳动生产的效率,但同时学科与产业过度分化会造成知识技术的"领地观念"和"沟通壁垒",呈现出"局部性"和"碎片化"的特征,使知识技术整个系统被"分离、肢解和箱格化"。[①]学科与产业在面对现实的复杂性和不确定性问题面前,越来越显得"力不从心"。面对这种"超级专业化"所带来的危机,只有通过谋求实现"超越专业领域壁垒和跨领域的知识系统化",进而不断进行"知识再生产"和"知识进化",[②] 促进不同学科之间与不同产业之间的开放、合作和沟通,才能以此有效平衡知识"条块化"与问题"整体性"之间的矛盾与冲突。因此,现代知识创新的逻辑要求学科与产业协同的区域布局打破学科间和产业间在知识协同方面的壁垒,使具有横向与纵向相互关联的不同学科与不同产业在同一区域内汇聚和融合,能够整合多个知识种类所包含的信息、数据、技巧、工具、视角、概念和理论,从而带来各类知识技术的大幅度交叉和高度综合,促进新知识和新技术的创造与生产。在新的知识创新模式中,哈佛大学商学院的波特教授在研究国家和区域竞争优势的时候发现并提出集群布局的概念。波特教授认为产业、学科、政府等相关组织及其要素在特定区域内的集群构成了国家或区域创新系统,从而形成竞争优势。集群型模式是在集聚型模式的基础上发展而来的,同样具有成本收益优势,但与集聚形式不同的是,集群形式

[①] [法]埃德加·莫兰:《复杂性理论与教育问题》,陈一壮译,北京大学出版社 2004 年版,第 101 页。

[②] 刘仲林:《中国交叉科学》(第二卷),科学出版社 2008 年版,第 39 页。

的形成与演化遵循知识创新的布局逻辑。因此，构成区域集群的学科与产业的种类和类型不止一种，而是包括了几组通过垂直（纵向）或水平（横向）关系相互联结的学科与产业组织及其要素。① 也就是说，不同类别的相关学科与产业在协同过程中向特定的地理空间汇聚从而形成集群形式。其优势主要体现在各类学科与产业更容易通过近距离的交互来促进知识技术的创新。一方面，从知识创新的成本收益来看，集群模式使学科与产业比单个组织或同一种类的集聚模式更加经济地依靠知识技术交叉和溢出从外部获得所需要的多种市场及专业知识技术，尤其是难以传播和扩散的隐性知识和技术。同时，这能够带来规模经济和范围经济，从而分担研究开发的费用和风险，提高知识创新的速度与规模。另一方面，地理空间集群模式改变了以往以基础研究和应用研究渐次继进为特征的线性创新体制，构造出一种各类创新主体并行参与的交互的、非线性的和多层面交流的创新体制，并提供了学科与产业互动交流和要素共享的最佳平台，进而诱发知识技术创新的乘数效应和累积循环效应，实现快速有效的创新。

本章小结

"四维协同"构成了学科与产业"交互型"协同的应然和理想状态，解答了学科与产业协同应该是什么的问题，具体包括知识协同、结构协同、组织协同和布局协同。如果把协同的整个过程比喻为房屋修建，则知识是砖瓦，结构是框架，组织提供所需的人、财、物等资源，布局决定了房屋最终的落脚位置。"四维协同"相辅相成、缺一不可，在整个协同体系中发挥着不同的作用，共同保证协同的正常运转和目标达成。

知识协同是学科与产业协同的核心，是学科与产业等协同主体利用对方知识优势，弥补和消除各自知识缺陷，通过协同实现知识共享、增值和创新的过程。虽然在新的知识生产模式中，学科与产业已经成为知识生产的主体，但是两者在生产方式和生产目的等方面仍然存在差异。

---

① ［美］迈克尔·波特：《国家竞争优势》，李明轩、邱如美译，中信出版社 2012 年版，第 132—138 页。

知识协同面临知识的公共性与私有性以及显性与隐性的特征冲突。化解和消除协同冲突，就是要在协同的准备、运行和反馈三个环节，注重知识产权保护，促进协同知识的私有性和显性特征表现，完成螺旋上升的动态协同过程。

结构协同是学科与产业协同的基础，搭建起协同的框架，并维持整个协同体系的稳定性，使协同主体发挥应有的功能。结构协同反映出学科与产业的种类及其发展之间的关联和对应关系，既包括"数量协同"，也包括"质量协同"。结构协同只有通过知识技术结构和高素质人才结构的调节才能消解学科与产业结构演变过程中所出现的自演化与他演化以及高变换率与低变换率的冲突矛盾。

在此过程中，各类学科组织、产业组织、政府组织和中介组织等为协同过程提供人员、设备和经费等物质资源保障。但是学科与产业组织同样在价值导向、治理运作和权力结构等方面存在冲突矛盾，导致组织协同过程较为复杂。这需要运用自组织和他组织的组织化过程化解冲突，并形成依托型、平等型以及网络型三种组织协同形式。其中，网络型协同组织形式可以有效减少学科与产业组织在协同过程中的矛盾和摩擦，有利于组织协同，实现优势互补和共生发展。

布局协同是学科与产业协同的关键，是学科与产业协同在一定地理空间上的呈现，决定了各要素的活动范围与相互距离，从而深刻影响协同主体的协同意愿和效率，以及在地理空间的均衡分布情况。布局协同中通常会面临公平与效率逻辑的冲突，由此形成分散型、集聚型和集群型的布局协同形式。其中，集群形式不仅能够带来协同的规模经济和范围经济效应，而且构造出所有创新主体并行参与的交互的、非线性的和多层面交流的创新体制，可以有效促进知识创新能力的提高。

第五章 "丝路域"学科与产业发展的特征与趋势

丝绸之路起源于西汉时期，以当时首都长安为起点，经甘肃、新疆，到中亚、西亚，是连接中国和地中海各国的陆上通道，最初被用来运输中国古代出产的丝绸，之后发挥着对外商品交易和文化交流的重要作用。近代以来，"丝路域"整体发展同样承载着国家发展的特殊使命，始终占据国家战略实施的重要环节。但是，受政治经济政策等因素的影响，"丝路域"现代学科与产业却呈现出"震荡"的发展路径，先后陷入"先天不足"与"后天亏欠"的历史困境，逐渐落后于全国其他区域，并且在国家实施的"追赶战略"中增长乏力。从历史分析视角出发，对"丝路域"学科与产业的发展水平和协同情况进行梳理，有助于深入揭示"丝路域"学科与产业协同发展的历史脉络和逻辑特征，从而为重建"丝绸之路经济带"，打造区域学科与产业优势，制定学科规划和产业政策提供依据和支持。

第一节 "丝路域"学科与产业发展的"先天不足"阶段

一 中华人民共和国成立前"丝路域"的学科与产业发展

现代学科制度与产业体系的建立和发展都埋嵌在历史的演变过程中，从清末巨变至今，作为实现"强国梦"的重要途径，不论是"教育兴国"，还是"产业兴国"，其百年的发展历程造就了今日中国学科与产业的现状图景。回顾百年沧桑变迁，"丝路域"学科与产业的发轫和发展同样离不开近代以来历史进程中的特殊环境与变革逻辑影响。受"丝路域"整体发展和国家政治经济政策等因素的影响,"丝路域"现代学科与产业呈现出"震荡"发展路径,先后经历过三次大的发展阶段。

中国现代学科的形成和演化与近现代高等教育的建立和发展息息相关。晚清洋务学堂的建立开启了中国高等教育发展的序幕,各类学科也初见雏形。同文馆、船政学堂、水师学堂、电报学堂、医学馆等组织机构成为外语、军事、科技、医学等学科形成的基础。随后,清末癸卯学制规定高等教育结构横向分为经学、政法、文学、格致、医、农、工、商八科,及师范和实业,并以分科教育为中心,① 其目的是向西学习知识技术,培养社会急需的人才,实现"师夷长技以制夷"和"实业救国"的构想。可以看出,中国学科体系在建立之初,就确立了与各类实业协同发展的关系。为此,《奏定学务纲要》中规定各省宜"先急办师范学堂"和"速设实业学堂",② 并在不同区域设立以工农商三科为主的高等实业学堂(见表5—1)。根据表中数据,甘肃和新疆两省各举办一所高等学堂和法政学堂,甘肃另有师范学堂和艺术学堂各一所,青海一所学堂都没有(宁夏还未设立)。与全国其他区域相比,"丝路域"在高等教

表5—1　　　　　清末1909年全国各省举办各类学堂的情况　　　　(单位:所)

学堂\省	京师	直隶	山东	山西	陕西	河南	江宁	江苏	安徽	浙江	江西	湖北	湖南	四川	广东	广西	福建	奉天	吉林	黑龙江	贵州	云南	新疆	甘肃	合计
大学堂	1	1		1																					3
高等学堂	3	1	1		2	2	1	3	1	1	1		1	1	1		1	1	1		1	1	1	1	24
高等实业学堂 农		1	1	1																					5
高等实业学堂 工		1						1		1				1	1	1		1							7
高等实业学堂 商										1															1

---

① 璩鑫圭、唐良炎:《中国近代教育史资料汇编(学制演变)》,上海教育出版社1991年版,第328页。

② 陈学恂:《中国近代教育史教学参考资料》(上册),人民教育出版社1986年版,第532—550页。

续表

学堂＼省	京师	直隶	山东	山西	陕西	河南	江宁	江苏	安徽	浙江	江西	湖北	湖南	四川	广东	广西	福建	奉天	吉林	黑龙江	贵州	云南	新疆	甘肃	合计
优级师范学堂	1	2	2	1		1	1	1		2	2	2	1	2	2	2	1	2	1		2	1		1	31
法政学堂	1	5	3	1	1	2	5	1	3	2	1	1	4	5	2	1	1	1	2		2	1	1	1	47
文科学堂	1	1			1		3	3		1		3	1		2										18
理科学堂							1		2	1															3
医科学堂		2	1	1				1				1	1												8
艺术学堂		2				1								3				1							7

资料来源：1. 高等实业学堂、优级师范学堂、文科学堂、理科学堂、医科学堂、艺术学堂的数据来源于《宣统元年分第三次教育统计图表》，转引自潘懋元，刘海峰《中国近代教育史资料汇编（高等教育）》，上海教育出版社2007年版，第363—364页。

2. 高等学堂的数据来源于《第一次中国教育年鉴》（丙编·教育概况），开明书店1935年版，第12—13页。

育举办伊始便缺少工、农、商、医、理等学科的设立与发展，区域内各项实业也处在百废待兴的阶段，几乎不存在学科与产业相互促进和共同发展的可能性，学科与产业发展均落后于与西方接触较为便利、工农商业较为发达的沿海沿江区域或省份。

　　1922年，国民政府制定壬戌学制，奠定了我国现代高等教育与学科制度的基础，并围绕控制高校数量，提高教育质量，对高等教育进行了整顿。整顿的范围较广，大致围绕取消单科大学，限制滥设大学；加强对私立院校以及教会学校的控制与管理；调整院系结构，注重实用科学等内容展开。① 但是这一时期高等教育的举办越来越向北京、上海等地集中，区域不平衡更加突出。到1927年国民政府成立时，宁夏、青海、新疆三省都未设立高校，仅甘肃拥有在"甘肃政法学堂"基础上所设立的"兰州中山大学"，是"丝路域"四省份唯一的省立大学。② 1931年，全国大学及学院之分布，计上海市18所，北平市12所，广东省6所，南京

---

① 田正平、陈玉玲：《国民政府初期对高等教育的整顿（1927—1937年）》，《河北师范大学学报》（教育科学科学版）2012年第1期。

② 《第一次中国教育年鉴》（丙编·教育概况），开明书店1935年版，第349—508页。

市及福建、四川、山西各3所，江苏、浙江、山东、河北、湖南、河南、辽宁各2所，安徽、广西、吉林、甘肃、云南、新疆各1所，尚有江西、陕西、贵州、绥远、宁夏、察哈尔、热河、黑龙江、西康、青海、西藏、外蒙古等12省区未有大学和学院。[①] 也就是说，"丝路域"4省份总共只有2所，与东部一些区域的差距已经开始拉大。这种差距还体现在专科及以上学生数和每百万人口中专科及以上学生数上（见表5—2）。可以看出，"丝路域"每百万人口中专科及以上学生数平均只有20人左右，是福建、辽宁、江苏等东部省份人数的十分之一，差距较大。

表5—2　　民国时期1931年全国各省专科及以上学生数量情况

省份	专科及以上学生数	每百万人口中学生数	省份	专科及以上学生数	每百万人口中学生数
福建	2609	261	湖南	1592	50
辽宁	3003	197	绥远	104	49
江苏	6647	195	湖北	1302	49
山西	2387	195	河南	1236	40
广东	5844	180	陕西	361	31
浙江	3414	165	甘肃	164	26
河北	4266	137	新疆	54	25
吉林	865	113	云南	329	24
安徽	1916	88	宁夏	25	17
黑龙江	327	88	西藏	51	14
广西	1073	79	热河	84	13
察哈尔	133	67	贵州	184	12
山东	1875	65	青海	7	11
江西	1346	60	西康	6	7
四川	2885	60	蒙古	2	3

资料来源：《第一次中国教育年鉴》（丁编·教育统计），开明书店1934年版，第31页。

1937年全面抗战爆发，因日军"有意识地以大学等文化教育设施为

[①]《第一次中国教育年鉴》（丁编·教育统计），开明书店1934年版，第10页。

破坏目标",① 东部高校进行了历史上第一次大规模"内迁"。国民政府在此过程中,有意借机改变高校布局的不平衡,促进落后地区学科发展对产业的支持力度。《战时各级教育实施方案》中规定:全国应划分为若干大学区,若干高等师范学校区,分别设置大学及高等师范学校;全国各省应视其需要或于特殊产业之区内设置若干专科学校②;并在之后再次强调了大学、高师及农工商医专科学校的分区设置。③ 但是至1947年,仅有西北师范学院④和西北农业专科学校(由国立西北技艺专科学校改名)⑤设置在甘肃,宁夏、青海和新疆三省依然没有改变高等教育和学科发展落后的局面。这种失衡情况导致"丝路域"的大部分地区仍然沦为高等教育发展落后区域。

二 中华人民共和国成立初期"丝路域"的学科与产业发展

中华人民共和国成立后,国家实施了赶超型的"重工业优先发展战略"和高度集中的计划经济体制,以使中国尽快成为强大的工业国。为了满足国家战略需要,加快工业化的实施步伐,国家对产业和教育(尤其是高等教育)的发展和布局模式进行了大规模改造和调整,极大地促进了"丝路域"学科与产业的发展速度,同时也在一定程度上推动了相关学科与产业的合作共建。

首先,为了快速实现工业化战略,中国在1952年制订了发展国民经济的第一个五年计划,其基本任务是"集中主要力量进行工业建设"。⑥这一时期,中国的工业化道路需要大量合格的各种专门人才,尤其是工业建设的专门人才。因此,"以培养工业建设人才和师资为重点,发展专门学院,整顿和加强综合性大学"便成为此次院校调整的主要目的和指

---

① [日] 石岛纪之:《中国抗日战争史》,郑玉纯、纪宏译,吉林教育出版社1990年版,第61页。
② 中国第二历史档案馆:《中华民国史档案资料汇编》(第五辑),江苏古籍出版社1997年版,第23—27页。
③ 同上书,第711—712页。
④ 西北师范大学:《西北师范大学校史沿革》(http://www.nwnu.edu.cn/nwnu/xiaoshiyange.html)。
⑤ 甘肃农业大学:《甘肃农业大学校史沿革》(http://www.gsau.edu.cn/txt.jsp? urltype=tree.TreeTempUrl&wbtreeid=1009)。
⑥ 李富春:《关于发展国民经济的第一个五年计划的报告》,《经济研究》1955年第3期。

导方针。①

其次，由于国家成立初期科教和产业体系布局严重失衡，阻碍工业化进程。因此，"一五"计划提出"在全国各地区适当地分布工业的生产力，……逐步地提高落后地区的经济水平"②，强调集中力量建设内地，把新建的工业，尽量放置在内陆地区。"丝路域"处于"三线建设"的重点地带，迁建、包建和新建了一大批国家重点国防、工业、交通、水利等项目。同时，为了使高校和研究机构的学科结构、院系设置和地理布局密切地配合国家建设的需要，"一五"期间，"丝路域"四省迁入和创办相应理工类和农业类院校及科研机构和高校数量比1949年增加近一倍。③ 但是从优质教育资源的分布来看，自1954年《关于重点高等学校和专家工作范围的决议》的实施开始，中国特色国家重点大学的建设走进历史舞台，其范围不断扩大，从最初的6所增至1978年的88所（其中，1966—1976年的十年"文化大革命"时期，高等教育的发展遭受摧残，重点大学的建设也处于停滞时期），全国性重点大学分布在北京、上海等直辖市和政治、经济中心城市的比重较大。可见，我国优质高等教育资源在配置之初便忽视了省域间的结构布局均衡。④

最后，这一时期，中国"以俄为师"，仿照苏联将大学从培养抽象的广泛的人才改变为培养具体的专门人才的机构。⑤ 其院校、学科和院系设置与各类产业生产紧密相关，"按照生产部门的业务将旧有的某些系划分出来成为几个独立学院"。⑥ 经过改造，从学科设置与调整的角度来看，中国初步构建包括机械、电机、土木、化工、矿冶等学科种类齐全的高

---

① 人民日报社论：《做好院系调整工作，有效地培养国家建设干部》，《人民日报》1952年9月24日第1版。
② 中共中央文献研究室：《建国以来重要文献选编》（第六册），中央文献出版社1993年版，第311页。
③ 《中国教育年鉴（1949—1981）》，中国大百科全书出版社1984年版，第967页。
④ 徐晓飒、宋伟：《我国优质高等教育资源省域布局政策变迁的制度逻辑——基于历史制度主义的分析》，《教育发展研究》2019年第13期。
⑤ 教育部：《苏联专家阿尔辛杰夫同志在高等教育会议上的讲话》，转引自胡建华《现代中国大学制度的原点：50年代初期的大学改革》，南京师范大学出版社2001年版，第84—85页。
⑥ 苏福民：《苏联高等教育的改革》，《人民教育》1952年第9期。

等工科教育体系,同时建立独立的工科、农林、医药、师范、财经、政法等单学科专门学院,把这些学院布局在相应产业发展需要的区域。例如为了促进"丝路域"的农业发展,先后举办西北畜牧兽医学院、新疆八一农学院及新疆民族学院农业系等院系,以促进该区域的农业发展。①

通过这一系列举措,中国建立了社会主义高等教育体系和制度,奠定了高等教育基本布局,形成了以北京、天津、上海、哈尔滨、长春、沈阳、大连、武汉、南京、成都、西安等中心城市为载体,以重点院校为龙头的若干高等教育区域中心。② 同时期,产业发展也形成了类似的优势区域。"丝路域"四省与上述发达区域相比,其学科与产业在发轫之初就遭遇"先天发育不足"的境况,学科与产业组织数量少、规模小、种类不全,无法产生协同效应。即使中华人民共和国成立后,"丝路域"承担国家重要战略任务,大规模举办和迁入学科与产业,但是由于这一时期的特殊环境,这类学科与产业发展大多集中于某些特殊领域,各省份学科与产业呈现出"一强多弱"或"少强多弱"的发展特征,不利于学科与产业的持续健康发展,也不利于学科与产业的协同创新。

第二节 "丝路域"学科与产业发展的"后天亏欠"阶段

一 改革开放初期"效率优先"政策背景下"丝路域"的产业发展

从 1977 年恢复高考制度到 1999 年高等教育大规模扩招这一阶段,中国确立了改革开放的基本国策,逐渐建立社会主义市场经济体制,同时提出"科学技术是第一生产力"的论断,拉开了科教发展与经济建设的又一次改革大幕。但由此,国家经济和科教等领域的发展目标开始转向以效率为主兼顾公平的非均衡发展;发展的重点从内地向沿海转移,并在东部设立经济特区。"六五"计划指出,"要积极利用沿海地区的现有

---

① 胡建华:《现代中国大学制度的原点:50 年代初期的大学改革》,南京师范大学出版社 2001 年版,第 186 页。
② 刘国瑞:《我国高等教育空间布局的演进特征与发展趋势》,《高等教育研究》2019 年第 9 期。

基础，充分发挥它们的特长带动内地经济进一步发展"①；"七五"计划提出，"要加速东部沿海地带的发展，同时把能源、原材料建设的重点放在中部"，并依据梯度推移理论，将产业布局和开发顺序遵循先东部、后中部、再西部地区的顺序。② 在"六五"和"七五"计划期间，西部在国家投资中所占份额逐步下降到历史最低点，其中西北和西南分别只占8.65%和8.07%，③ 工业增长速度也逐渐下滑，分别低于全国0.5%或0.6%，④ 这种趋势一直延续到20世纪90年代后期。综合来看，这一时期"丝路域"产业发展具有如下特征：

一是国有企业比重高，非国有制经济发展相对迟缓。1999年，"丝路域"四省份国有经济固定资产投资占固定资产投资总额的74%。大多数国有企业建立在20世纪50—60年代，受传统计划经济体制影响较深，企业技术设备陈旧、产品不适应市场需要，加上大量退休职工福利保障及各种社会负担等问题，致使企业活力不足，增长乏力。"丝路域"四省国有及国有控股工业企业的全员劳动生产率平均只有30970 [元/（人·年）]，远低于全国35740.57 [元/（人·年）]的平均值。

二是第一产业比重大，但是现代化程度不高。"丝路域"在中华人民共和国成立后虽然由于战略需要建立了一定的工业化基础，但是由于自然条件和历史发展原因，在广大地区仍然由农业和畜牧业占经济支配地位。1999年"丝路域"四省份从事第一产业的人口数占劳动从业人口总数的比重近60%，第一产业GDP占全国第一产业GDP近4%，高于第二产业和第三产业占比。第一产业比重大并不意味着"丝路域"农业现代化水平高，从自然条件来看，"丝路域"地理环境和气候特征并不如东部发达地区，农业现代化装备也明显落后于发达地区。"西部整体人均农业机械化总动力只有东部的一半，人均用电量东部比西部多2.2倍，每亩化

---

① 《中华人民共和国国民经济和社会发展第六个五年计划（摘要）（1981—1985）》，中国人大网（http://www.npc.gov.cn/wxzl/gongbao/1982-11/30/content_1478459.htm）。
② 赵紫阳：《中华人民共和国国民经济和社会发展第七个五年计划（摘要）（1986—1990）》，1986年3月，中国人大网（http://www.npc.gov.cn/wxzl/gongbao/2000-12/06/content_5001763.htm）。
③ 陈栋生等：《西部经济崛起之路》，上海远东出版社1996年版，第11页。
④ 胡鞍钢：《地区与发展——西部开发新战略》，中国计划出版社2001年版，第143页。

肥施用量高 1 倍"①。

三是重工业比重大，且以采掘和原料加工业为主。新疆、甘肃两省由于资源禀赋和地理位置因素，大力建设并发展以资源采掘和加工为主的重工业体系，1999 年"丝路域"四省采掘业、制造业和电力、煤气及水的生产和供应业三个行业的基本建设投资额度达到四省基本建设投资总额的 40%，而这三个行业的更新改造投资额占四省更新改造投资总额的 60%，也就是说"丝路域"四省总体用于企事业单位对原有设施进行固定资产更新和技术改造的费用超过一半用于上述三个行业。"丝路域"采掘业等重工业比重大意味着对其他轻工业体系和第三产业的发展会发生"挤压效应"，致使其他行业技术创新缓慢，总体经济缺乏活力。

二 "211 工程"等重点项目建设背景下"丝路域"的学科发展

与此同时，"丝路域"各类学科在这一时期经历了较快发展。从"丝路域"高等教育发展情况来看，20 世纪 50 年代高等教育的重大调整为"丝路域"高等教育发展奠定了一定基础，形成了以"西安—兰州"为核心的西北高等教育基地。经过改革开放近 20 年的发展，到 20 世纪 90 年代中后期，国家建在西北的高校有 33 所。"丝路域"高等教育整体以其低重心、宽覆盖面、紧密结合地方社会经济发展为目标，逐渐建立起区域高等教育体系。

其中在 1991 年 12 月，国家教委、国家计委和财政部经过充分协商，共同向国家领导人报送《关于落实建设好一批重点大学和重点学科的实施方案的报告》，明确表示"一致同意国家设置与国家经济、社会发展相适应的'重点大学和重点学科建设项目'（简称"211"计划）"，正式提出"211 工程"。1993 年中共中央、国务院印发的《中国教育改革和发展纲要》及 1994 年国务院印发的《关于〈中国教育改革和发展纲要〉的实施意见》中明确指出："为了迎接世界新技术革命的挑战，面向 21 世纪，集中中央和地方各方面的力量，分期分批地重点建设 100 所左右的高等学校和一批重点学科，使其到 2000 年在教育质量、科学研究、管理水平及

---

① 梁克荫等：《中国西部高等教育发展研究》，西北大学出版社 1999 年版，第 80—81 页。

办学效益等方面有较大提高，教育改革方面有明显进展，力争在21世纪初有一批高等学校和学科接近或达到国际一流大学的水平。"简单概括，"211工程"建设的目的是面向21世纪，重点建设100所左右的高等学校和一批重点学科点。

"211工程"是中华人民共和国成立以来由国家立项在高等教育领域进行的规模最大、层次最高的重点建设工作，是中国政府实施"科教兴国"战略的重大举措，是中华民族面对世纪之交的国内、国际形势而做出的发展高等教育的高瞻远瞩的重大决策。"211工程"建设的内容主要包括学校整体条件、重点学科和高等教育公共服务体系建设三大部分。其中，重点学科建设是"211工程"建设的核心和重点。具体来说，"211工程"重点学科建设是指在部分有条件的学校中选择一些对国家经济建设、科技进步、社会发展和国防建设等领域产生重大影响，能够解决本领域的重大科技问题，有望取得突破性成果的重点研究基地，增强培养人才的实验条件，拓宽学科面，建成一批学科基础相关、内在联系紧密、资源共享、具有特色和优势的学科群、学科基地，持续培养本领域高水平的骨干人才。要努力形成覆盖中国经济建设和社会发展主要行业和领域、带动学科和科技发展、分工合理、相互配套的重点学科体系。截至2000年年底，国家共批复98所学校立项，安排了602个重点学科建设项目。

国家对高等教育的总体规划和建设对"丝路域"高等教育和学科建设产生了重大影响，促使"丝路域"高等教育和学科建设在这一时期获得较快发展。但是由于市场在资源配置中的作用越来越重要，并对20世纪90年代全国进行的新一轮高等学校布局结构调整产生深刻影响，高等教育资源配置与高等教育发展的区域差异迅速拉大。"丝路域"入选"211工程"建设高校仅5所，占全国比例约为5%，占西部12省份比例仅为20%；"丝路域"入选"211工程"重点学科仅13个，占全国比例约为2%，占西部12省份比例也仅为11%。从1978—2000年高等教育发展的绝对差异来看，全国各省份每万人口中大学生数的标准差从1978年的3上升到2000年的38.5，甘肃、宁夏等省份每万人口中在校大学生的标准化得分不仅低于全国平均值，而且与平均值的差异扩大至1953年的程度，有的甚至超过了 1931 年的差距。① 从图 5—1 可看出，截至 1999 年，甘肃、新疆、青海和宁夏四省份所拥有的普通高等学校数量在全国各省份普通高等学校数量排名中处于末尾，仅高于海南和西藏两个省份，也说明这一时期"丝路域"高等教育发展与其他区域相比存在较大差距。

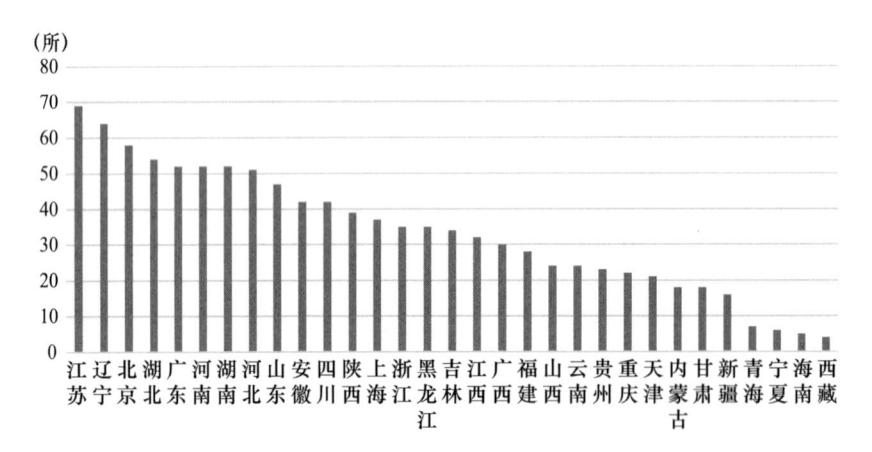

图 5—1　全国 1999 年各省普通高等学校数量情况

资料来源：《中国教育统计年鉴》，人民教育出版社 2000 年版，第 122 页。

从高等教育学科发展角度看，"丝路域"经过这一阶段的发展，虽然建立了比较完善的学科体系，涵盖了所有学科门类。但是各类学科发展程度并不一致，从图 5—2 可以看出，"丝路域"高等民族院校和高等农业院校发展情况较好，尤其是民族院校在学校数量、学生毕业人数和专任教师数三个方面占全国总体比例较高，与该区域少数民族人口比例较高的特征相符，说明该区域为提升中国少数民族人民教育水平做出了一定贡献。但是也可以看出，"丝路域"高等理工院校发展情况较为薄弱，与该区域工业为重的产业发展并不匹配。综合大学、高等医药学院、高等师范学院、高等财经学院以及高等政法学院发展情况较为一致，但是占全国总体比例依然不高。

这一时期，为落实《中共中央关于教育体制改革的决定》，增强科学

---

① 谢作栩：《中国高等教育大众化发展道路的研究》，福建教育出版社 2001 年版，第 214—215 页。

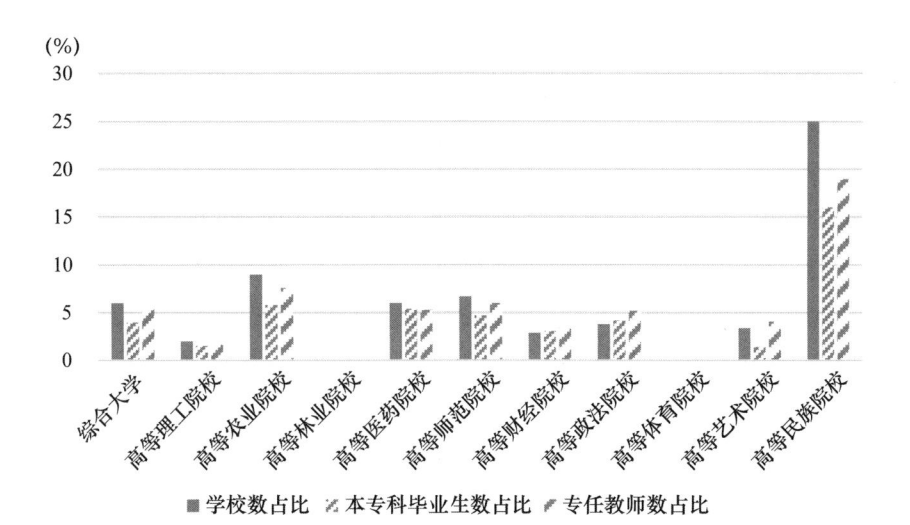

图 5—2 "丝路域"1999 年各类普通高等院校占全国总体比重情况

资料来源:《中国教育统计年鉴》,人民教育出版社 1999 年版,第 123—149 页。

研究能力,培养高质量的专门人才,改进和完善研究生培养制度,国家教委在"七五"期间进行了高等学校重点学科点的评选工作。国家重点学科是国家根据发展战略与重大需求,择优确定并重点建设的培养创新人才、开展科学研究的重要基地,在高等教育学科体系中居于骨干和引领地位。重点学科建设对于带动中国高等教育整体水平全面提高,提升人才培养质量、科技创新水平和社会服务能力;满足经济建设和社会发展对高层次创新人才的需求,建设创新型国家提供高层次人才和智力支撑;提高国家创新能力,建设创新型国家具有重要的意义。

第一次评选工作是在 1986—1987 年。1985 年 5 月 27 日颁布的《中共中央关于教育体制改革的决定》中提出"根据同行评议、择优扶植的原则,有计划地建设一批重点学科"。根据这一要求,原国家教育委员会于 1987 年 8 月 12 日发布了《国家教育委员会关于做好评选高等学校重点学科申报工作的通知》,决定开展高等学校重点学科评选工作。根据《通知》精神,重点学科的门类要比较齐全,科类结构比例和布局应力求合理,要有利于促进学科间的横向联合,逐步形成高校科研优势。重点学科点应承担教学、科研双重任务,要逐步做到能够自主地、持续地培养和国际水平大体相当的博士、硕士、学士;能够接受国内外学术骨干人员进修深造，进行较高水平的科学研究；能够解决四化建设中重要的科学技术问题、理论问题和实际问题，能为国家重大决策提供科学根据，为开拓新的学术领域、促进学科发展做出较大贡献。此次评选共评选出416个重点学科点，其中文科78个，理科86个，工科163个，农科36个，医科53个，涉及108所高等学校。"丝路域"只有兰州大学的"有机化学""生态学"，甘肃农业大学的"草原科学"共3个学科入选，[①] 占全国重点学科总量不到1%，更加说明这一时期"丝路域"学科发展总体质量不高的问题。

综上所述，改革开放以后"丝路域"经济建设与科教发展虽然进入一个快速上升的轨道，但是由于国家强调效率优先的发展逻辑，致使"丝路域"所处西部地区总体陷入发展的"后天亏欠"境遇。进入21世纪之前，"丝路域"产业与学科的发展存在结构不合理和发展质量不高等问题，制约着产业与学科的持续健康发展，导致区域间发展差距不断拉大。

第三节　"丝路域"学科与产业发展的"追赶乏力"阶段

一　"西部大开发"战略背景下"丝路域"的产业发展

为缓解上述这种不均衡态势，1999年6月，以江泽民同志为核心的第三代中央领导集体按照邓小平同志提出的"两个大局"战略思想，认为中国已具备加快西部地区发展的条件，实施西部大开发战略的时机已经成熟。[②] 1999年9月，中共十五届四中全会正式提出实施西部大开发战略。同年11月，中央经济工作会议从中国经济发展的实际出发，审时度势，部署着手实施西部地区大开发战略，"西部大开发"战略正式开始实施。"西部大开发"的开发范围包括"丝路域"在内的12个省份，于2000年开始正式实施。西部大开发以基础设施、生态环境、特色经济、

---

① 国家教委高等教育司研究生教育二处：《高等学校重点学科点名单》，《学位与研究生教育》1992年第3期。

② 白永秀：《西部大开发五年来的历史回顾与前瞻》，《西北大学学报》（哲学社会科学版）2005年第1期。

科技教育为重点，推进产业结构调整，支持该区域发挥比较优势，从西部各地资源特点和自身优势出发，依靠科技进步，发展具有市场前景的特色经济和优势产业。[1] 此后，国务院先后发布了西部大开发"十五""十一五""十二五""十三五"四个五年规划，重点围绕产业发展、基础设施、生态环境、民生社会以及对外开放等方面进行了顶层设计，这些都对西部大开发战略的持续推进起到了关键作用。西部大开发为"丝路域"的产业发展创造了新的历史机遇。

西部大开发是一项关系中国发展大局、边疆稳定和民族团结的重大战略部署，它将西部欠发达地区的发展上升到国家战略层面，无论在理论上还是实践上都是区域发展领域的伟大创新。[2] 实施西部大开发战略以来，西部地区经济社会得到长足发展，综合实力稳步提升，西部各个省市也取得较为全面的发展。西部及各个省市在经济总量、产业结构、基础设施建设、民生社会、生态环境五个方面均取得了显著的成效。西部大开发实施以来，西部地区国民生产总值逐年增长，2000—2018 年 GDP 总量由 16654.62 亿元增长到 184302.11 亿元，GDP 占全国的比重由 18.63% 增长到 20.47%，GDP 增速变化范围介于 8%—15%。在此期间，西部地区充分发掘和利用自身的资源优势，有效依靠科技进步，通过不断调整优化产业结构和进行产业转移，稳步实现了部分传统产业的转型升级，大力发展了一大批具有市场前景的特色产业，初步构建出资源优势突出、产业链条完整、自主创新能力较强、生态承载合理的现代产业体系，从而促进了资源优势向经济优势的不断转化，改善了西部地区农业生产条件较差、工业和服务业发展水平较低的落后面貌。

虽然经过近 20 年的持续开发，包括"丝路域"在内的西部 12 个省份得到了快速发展，但是通过分析比较 2000 年、2009 年、2017 年三年东西部地区的 GDP 总量可知：2000 年西部地区的 GDP 总量为 16654.62 亿元，同期东部地区为 49610.95 亿元，东西部差额为 32956.33 亿元。2009 年西部地区的 GDP 总量达到 66973.48 亿元，同期东部地区达到 209735.2

---

[1] 国务院西部地区开发领导小组办公室：《"十五"西部开发总体规划》（http://www.gov.cn/）。

[2] 肖金成、张燕、马燕坤：《西部大开发战略实施效应评估与未来走向》，《改革》2018 年第 6 期。

亿元，东西部差额扩大到 142761.72 亿元。这 10 年间，西部地区 GDP 总量增长 50318.86 亿元，东西部地区的差额总体扩大了 109805.39 元；2017 年西部地区的 GDP 总量增长到 168561.57 亿元，同期东部地区达到 474622.8 亿元，东西部差额进一步拉大到 306061.23 亿元。近 10 年来，西部地区 GDP 总量净增 101588.09 亿元，东西部地区的差额却扩大了 163299.51 亿元。通过上述对比可以看出，自实施西部大开发战略以来，尽管西部地区的经济规模不断扩大，但东西部 GDP 差额却逐年增大。

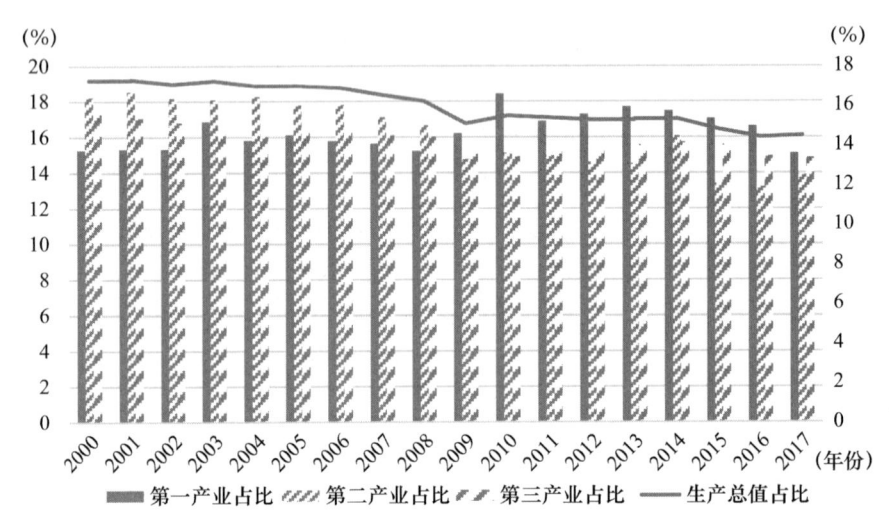

图 5—3 "西部大开发"实施后"丝路域"四省各类产业增加值和
生产总值占西部总体比例

那么"丝路域"作为西部地区的一部分，其经济与产业发展情况如何？从图 5—3 可以看出，"丝路域"四省在"西部大开发"实施伊始，生产总值占西部总体比例达到 17% 以上，但是 2017 年，这一比值却下降至不到 14.5%。根据比值趋势线可以看出，"西部大开发"实施后，"丝路域"四省生产总值占西部总体的比例呈现整体下降趋势。根据产业发展情况，"丝路域"第二、三产业增加值占比逐渐降低，尤其是第二产业增加值占比从超过 18% 降低至不到 14%，降低幅度达到 5%，第三产业降低幅度约为 2%；第一产业增加值占比相反呈现上升趋势，从 2010 年开始大幅提升 5%，近几年虽然有所降低，但是总体依然呈现上升趋势。

同时期，"丝路域"产业结构不断调整，产业占比由高到低排序从"二三一"过渡到"一三二"，"丝路域"产业结构调整的这种趋势虽然与该区域自然条件相符合，但是由于"丝路域"农业现代化程度不高，这种产业结构调整不利于"丝路域"经济发展和生产效率的提高，也不利于"丝路域"城市化进程的推进，无法对"丝路域"经济整体发展产生较强的拉动作用。综上所述，在国家"西部大开发"战略不断推进的过程中，"丝路域"四省产业结构经历了较大调整，但是产业结构调整的趋势不利于"丝路域"经济整体发展，导致同一时期"丝路域"生产总值增长落后于西部其他省份。

同时应注意到，在"西部大开发"的战略实施过程中，为了促进经济的快速增长，中央和区域政府过度集中于固定资产投资和资源能源开发，导致包括"丝路域"在内的西部地区主要采取以经济数量快速增长为核心的粗放型方式，并从东部地区承接了大量高污染、高耗能的"两高一剩"型产业类型，忽视了人力资本投入和科技创新，对体制改革和生态环境建设缺乏必要关注。这种低层次的推拉式开发方式导致西部地区陷入消耗大、效率低的增长瓶颈，无法保证区域发展的长期可持续性。因此，这一时期的相关战略实施虽然在一定程度上促进了"丝路域"产业规模的数量增长，但"丝路域"仍然缺乏追赶发达区域的根本动力，难以实现区域产业与学科均衡发展的目标。

二 "高等教育大众化"背景下"丝路域"的学科发展

与此同时，为了实现中国跨世纪现代化建设目标，落实科教兴国战略，国家在1999年制订《面向21世纪教育振兴行动计划》，开始实行高等教育扩招政策，加快中国高等教育大众化发展的步伐。经过十几年的发展，中国高等教育毛入学率从1999年9.76%升至2015年40.0%，并将在2020年达到50%。[①] 这一时期"高等教育大众化"的战略实施，对"丝路域"乃至全国高等教育发展和学科建设产生了深刻影响。首先，从图5—4可以看出，经过17年的发展，"丝路域"普通高等学校数量较1999年有所增长，

---

① 袁贵仁：《到2020年我国高等教育毛入学率为50%》，2016年3月，教育部（http://www.moe.edu.cn/jyb_hygq/hygq_bzsy/201603/t20160311_233107.html）。

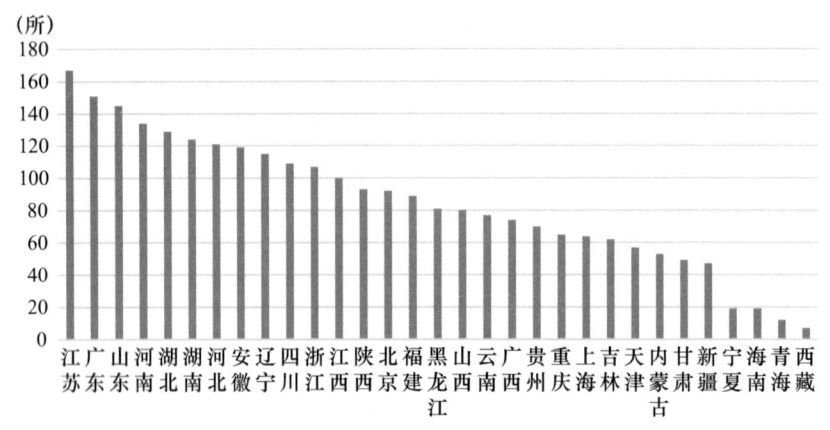

由47所增加至127所，但是总体数量依然处于全国末尾。

图5—4　全国2017年各省普通高等院校数量情况

资料来源：《中国教育统计年鉴》，人民教育出版社2017年版，第200页。

其次，根据本书第3章所述，知识生产模式的变迁使研究者发现很多社会经济问题是综合性的，重大科学问题的解决也是众多科学原理和多项技术综合化的过程。因此，现代学科在高度分化之后开始迎来综合化的发展趋势，学科交叉和学科融合等"跨学科性"成为现代科学研究和人才培养的新理念。20世纪90年代末期高校扩招以来，全国同时进行了高等教育管理体制改革和高等学校布局结构调整，改变了中华人民共和国成立以来以单一学科专业院校为主体的高等教育体系及结构，建设了一批新的综合性或多科性高校。综合性大学和综合类学院的数量由2000年的83所，增加到2017年的631所，在全部高校中所占比例也由7.79%提高到24%；理工类院校则由2000年的239所，增加到2017年的932所，在全国高校中所占比例也由22.96%提高到35.4%。综合类高校、多科性高校和理工类高校共同构成中国普通高等学校的主体。从"丝路域"各类普通高等院校本专科毕业学生人数占全国总人数的情况来看（如图5—5），高等民族院校依然具有绝对优势，所占比例较1999年相比有所上升，达到22%；此外，农林类院校毕业学生人数也具有优势，所占比例较1999年相比同样有所上升，分别达到7.6%和6.1%。然而"丝路域"综合大学毕业学生人数占全国总人数的比例从1999年的4%大幅下降到2.8%，不能有效适应现代科学发展和人才培养的"跨学科"理念。

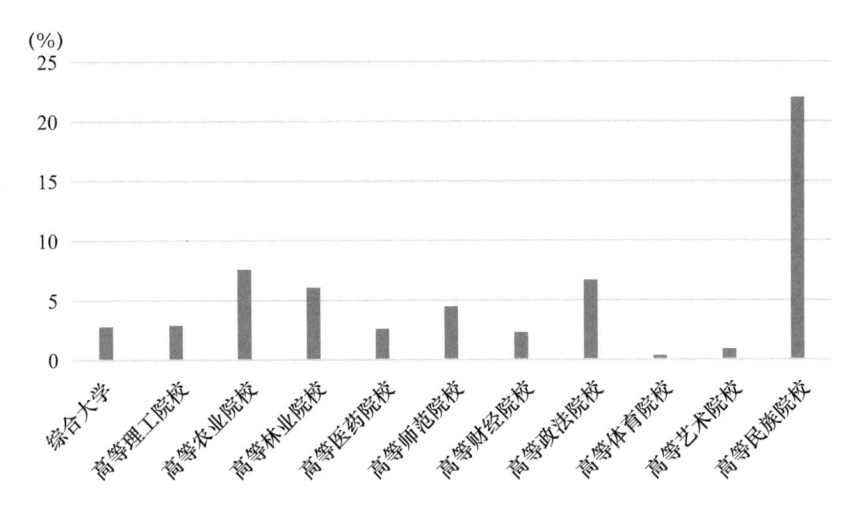

图 5—5 "丝路域" 2017 年各类普通高等院校本专科毕业
人数占全国总人数的比例

资料来源：《中国教育统计年鉴》，人民教育出版社 2017 年版，第 216—239 页。

最后，从这一时期"丝路域"学科建设的质量来看。教育部于 2001—2002 年和 2006 年在全国高校展开了两次重点学科评选活动，第二次评选共评选出 964 个高等院校重点学科，第三次评选根据"服务国家目标，提高建设效益，完善制度机制，建设一流学科"的指导思想，在按二级学科设置的基础上，增设一级学科国家重点学科，共评选出 286 个一级学科，677 个二级学科，217 个国家重点（培育）学科。根据"丝路域"入选国家重点学科的情况（见图 5—6），在第二次评选中，"丝路域"入选国家重点学科数量仅有 8 个，且只分布在 3 个学科门类，其中理学具有优势。在 2006 年的评选中，"丝路域"共入选 18 个（包括重点培育学科），分布在 8 个学科门类。理学的优势有所减弱，人文社科类学科优势有所提高。

此外，自 2002 年，教育部学位与研究生教育发展中心（简称学位中心）按照国务院学位委员会和教育部颁布的《学位授予与人才培养学科目录》（简称学科目录）对全国具有博士或硕士学位授予权的一级学科定期开展整体水平评估。学科评估是学位中心以第三方方式开展的非行政性、服务性评估项目，截至 2017 年共完成了四轮。

第四轮学科评估于 2016 年 4 月启动，按照"自愿申请、免费参评"

134　丝绸之路沿线省域学科与产业的协同研究

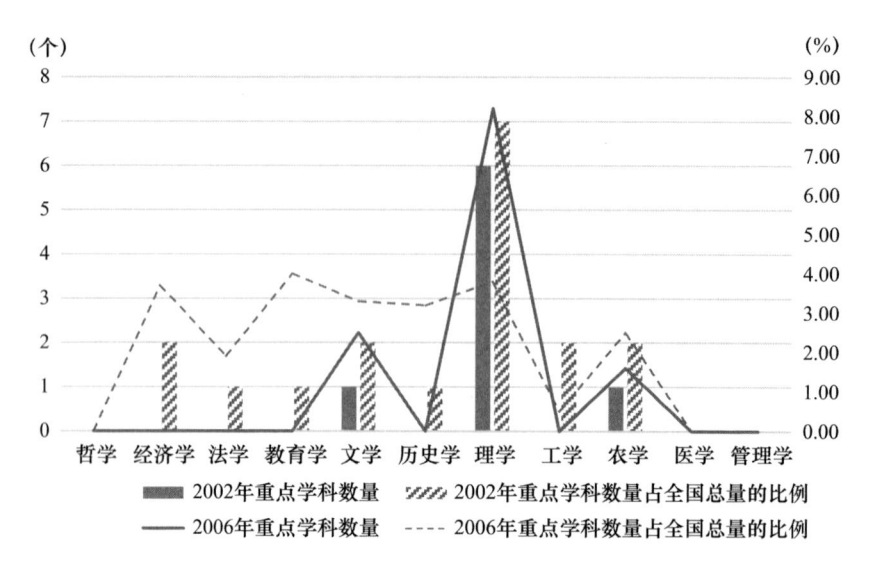

图5—6　"丝路域"2002年与2006年两次入选国家重点学科情况

数据来源：重点学科名单，中国学位与研究生信息网，(http://www.cdgdc.edu.cn/xw-yyjsjyxx/xwbl/zdjs/zdxk/zdjsmd/260301.shtml)。

原则，采用"客观评价与主观评价相结合"的方式进行。评估体系在前三轮的基础上进行诸多创新；评估数据以"公共数据和单位填报相结合"的方式获取；评估结果按"分档"方式呈现，具体方法是按"学科整体水平得分"的位次百分位，将前70%的学科分9档公布：前2%（或前2名）为 A+，2%—5% 为 A（不含2%，下同），5%—10% 为 A−。2017年12月，第四轮学科评估结果公布，"丝路域"四省只有兰州大学的生态学和草学两个一级学科进入 A 档，直接揭示了当前"丝路域"学科质量整体不高的现实问题。

综上所述，自21世纪以来，在国家"西部大开发"和高等教育大众化战略的实施和推进中，虽然"丝路域"学科与产业得到了长足发展，其发展规模和发展质量均有一定程度的提升。但是从区域差距来看，"丝路域"产业结构调整对整体经济的拉动作用不强，导致该区域经济发展与发达区域相比差距扩大；在国家"高等教育大众化"战略实施过程中，"丝路域"学科发展遭遇"瓶颈"，入选重点学科数量和 A 类学科数量较少，学科发展质量与全国发达区域相比较低。由此看出，"丝路域"学科与产业发展在21世纪以来国家重大发展战略实施过程中显得"追赶乏力","丝路域"学科与产业发展水平与发达区域的差距并没有缩小，甚至与西部其他发展较快省份的差距也在拉大。

本章小结

"丝路域"现代学科与产业发展已有超过百年的历程，从清末的百废待兴到建立起种类齐全的现代化学科与产业体系，为区域经济发展和人口素质提升发挥着重要的积极作用。但纵观百年历程，"丝路域"学科与产业在国家政治论的发展逻辑中先后陷入"先天不足""后天亏欠""追赶乏力"的历史困境。因此，有必要对这种国家主导的发展逻辑进行深刻分析，从而为未来"丝路域"学科与产业系统的有效协同提供借鉴。

根据本章前文分析，从清末开始，国家力量始终是"丝路域"现代学科与产业体系建立和完善的直接动力。从一定意义来说，"丝路域"现代学科与产业体系是国家建构的产物，受到国家现代化发展的强劲驱动，表现出"国家治理"的特征。这其中蕴含两个方面的意思：一方面，作为发展落后国家，中国从清末开始努力摆脱发展落后境遇，向发达国家看齐，最终实现伟大复兴成为国家与人民的共同使命。现代学科与产业体系的建立与布局便是完成这一使命的重要环节，国家试图通过政治强力推动学科与产业现代化发展，并由此为依靠，实现人口素质提升、经济快速发展和科技不断创新。这是国家政治力量对学科与产业自身发展秩序的干预。丝绸之路沿线省域地处中国政治、经济和社会发展的重要地带，区域内部学科与产业发展自然受到国家强有力的干预；另一方面，由于国家力量的支配与引导，"丝路域"与中国其他发达区域的发展走上了两种不同的路径。沿海发达区域在国家政策的指引下，逐渐走出国家政治力量主导的发展路径，而包括"丝路域"在内的部分西部省份，依然依靠"运动式"或"项目式"的强大国家力量来保证自身的追赶脚步，"西部大开发"便是这一力量的集中体现。"丝路域"学科与产业发展不仅没有走出国家强力干预的路径，反而更加依赖国家力量的支持。

第六章 "丝路域"学科发展对产业增长的影响分析

运用改造的柯布—道格拉斯生产函数,分析和讨论"丝路域"四省份学科"人才产出+知识产出"对产业增长的影响作用。计量结果表明,各类学科"人才产出"对第二产业经济增长均发生显著促进作用,说明"丝路域"第二产业发展对高层次人才需求旺盛。人文社科医类学科的"人才产出"对第一产业增长也具有显著正效应。但是学科的"知识产出"总体上对产业增长的促进作用表现不佳,可能的原因在于,"丝路域"产业发展的现代化水平不高,知识产出和创新成果并未在产业经济中得到有效转化和利用。因此,"丝路域"应该深化产教融合,促进各类学科"人才产出+知识产出"在数量结构、质量水平和融合应用等方面与产业经济发展相适应。

第一节 理论假设

根据新经济增长理论和区域创新理论,促进落后区域经济持续增长的动力源泉来自知识技术创新、人力资本提升以及生态环境优化,其关键在于构建以人力资本提升和知识技术创新为基础的区域"内部造血系统"。高等教育体系作为提高人力资本和实现知识技术创新的重要途径,日益成为促进区域经济增长的核心要素,其对区域经济增长的影响备受研究者和政策制定者的重视和关注。例如有研究者运用实证研究分析1999—2005年中国内地31个省份高等教育对区域经济增长的影响,发现高校扩招以后超过一半地区的高等教育对当地经济发展不但没有起到良好的推动作用，反而在一定程度上阻滞了当地经济发展。① 朱迎春等人的研究表明1996—2006年中国高等教育对经济增长的贡献率呈现由东向中西部地区逐步递减的梯次分布②，胡永远等人通过计量分析同样发现中国东部、中部、西部地区高等教育对GDP增长率的贡献由高到低呈梯次分布，东部贡献率最高，中部次之，西部最低。③ 但是梁海燕等人通过固定效应和随机效应模型分析表明1995—2013年中国高等教育人口扩张对中西部地区经济增长的促进作用大于东部地区。④ 劳昕、薛澜从中国地级及以上城市层面的高等教育规模入手，通过运用地理加权回归方法分析同样揭示出2003—2013年中国高等教育规模扩张对经济增长影响作用由东北往西南越来越大。⑤ 聂娟等人运用柯布—道格拉斯生产函数分析认为各省经济发展不平衡与教育质量密切相关，这是引起高等教育质量的经济增长效应的主要原因。北京、上海、武汉三个地区高等教育教育质量水平领先，其经济增长贡献率较为显著。⑥ 其他学者同样运用经济计量方法分析江苏等⑦省份高等教育对经济增长的影响作用，还有研究者从"共轭"视角考察高等教育与人才集聚两种投入之间的关系，以及两种投入对区域经济增长的作用，并通过构建相关共轭模型进行了实证分析。⑧

---

① 郑鸣、朱怀镇：《高等教育与区域经济增长——基于中国省际面板数据的实证研究》，《清华大学教育研究》2007年第8期。

② 朱迎春、王大鹏：《高等教育对区域经济增长贡献——基于省际面板数据的实证研究》，《软科学》2010年第2期。

③ 胡永远、刘智勇：《高等教育对经济增长贡献的地区差异研究》，《上海经济研究》2004年9期；毛盛勇、刘一颖：《高等教育劳动力与中国经济增长——基于1999—2007年的面板数据分析》，《统计研究》2010年第5期。

④ 梁海燕、徐超：《高等教育人口规模对经济增长的影响：地区异质性检验》，《西北人口》2016年第2期。

⑤ 劳昕、薛澜：《我国高等教育的空间分布及其对地区经济增长的影响》，《高等教育研究》2016年第6期。

⑥ 聂娟、辛士波：《我国高等教育质量差异化及对区域经济增长的效应分析》，《中国软科学》2018年第11期。

⑦ 包耀东、李晏堃、程林：《高等教育与江苏经济增长关系的实证研究》，《黑龙江高教研究》2019年第5期；任媛等：《重庆高等教育发展与区域经济增长的实证研究》，《现代经济信息》2019年第8期；刘璐：《高等教育对地区经济增长贡献的实证研究——以陕西省为例》，《中国商论》2018年第16期；张宏霞：《新常态下辽宁省高等教育结构对经济协调发展的实证研究》，《知识经济》2018年第18期。

⑧ 刘林等：《高等教育和人才集聚投入对区域经济增长的共轭驱动研究——以江苏浙江两省为例》，《经济地理》2013年第11期。

通过梳理近几年国内相关研究发现，虽然多数研究集中从宏观整体角度描述或评价高等教育对区域经济增长的影响作用，取得了一定的研究成果，但是由于现代知识分化和产业经济分工的飞速发展，高等教育对区域经济的影响更多是通过专门化的学科知识和人才作用于不同产业经济体现出来，现有研究缺乏从高等教育内部角度分析各类学科对产业经济增长的影响作用。在中国经济新常态的背景下，对区域产业结构转型和优化的迫切要求，需要研究者深入剖析区域不同学科对各类产业经济增长的影响，从而精准把脉高等教育影响经济增长的内部机理。与此同时，国家正在实施"双一流"建设战略，要求深化产教融合，推动区域学科专业建设与产业转型升级相适应，建立紧密对接产业经济发展的学科专业体系。因此，以"丝路域"为研究区域，基于计量模型实证分析区域学科发展对产业增长的影响情况，可以真实和全面地反映该区域学科发展与产业增长之间的内在关系和现实问题，从而为区域创新发展提供针对性的政策依据。

虽然现代学科与产业体系分属社会运行的不同系统，但是两者从发轫之初便存在天然联系，并相互作用于彼此的演化和发展过程，最终形成现在的学科体系和产业格局。学科发展能够影响相关产业经济的增长，具有深刻的现实溯源和理论依据。

首先，一方面，古典经济学家亚当·斯密在《国富论》中指出劳动分工是市场经济发展的根本原因，也是产业形成和发展的原因。恩格斯认为，人类历史上数次大分工直接引起了新产业的生成和发展；另一方面，从历史唯物主义的角度理解，科学知识来源于人类在认识和改造客观世界过程中的社会生产劳动，是人类认识的成果和结晶。[①] 随着人类文明不断演进，知识的积累与丰富使得知识从最初的单一性逐渐分化，形成了分门别类的知识，这个过程被称为知识分化。大学中的学科建制开始正式成为知识分化在现实中的制度性表达——在特定的组织里，由专门的研究者和学习者生产某一特定领域的知识。同时，社会经济的重大需求致使知识被不断分化和重新条理化，学科通常也是人们为了更深刻

---

① 《辞海》，上海辞书出版社1989年版，第274页。

地理解和把握现实世界，对科学知识所进行的人为划分。① 因此，产业与学科体系之间相互作用、紧密联系，具有深厚的现实渊源，两者之间也存在种类对应的关系。其次，传统高等教育理论认为，自洪堡提出"大学立身的根本原则是，在深入、最广泛的意义上培植科学，并使之服务于全民族的精神和道德教育"② 等思想并付诸实践后，高等教育的两大基本职能就演变成为人才培养和科学研究。学科作为高等教育的基本单元，自然成为国家或区域专门化的人才培养与科学知识的主体。现代人力资本理论与创新理论认为，正是这种专业化的人才培养和专门性的知识生产主体集聚构成国家或区域范围内"人才产出+知识产出"的创新生态系统，实现专业化人才和创新性知识技术等资源要素不断投入，持续推动区域人才培养、知识技术、制度规范、管理手段等要素进一步完善，最终实现经济增长和产业结构升级。综上，本书认为学科对区域产业增长的影响是通过"人才产出"的人力资本提升效应与"知识产出"的知识技术创新效应来实现。

因此，以"丝路域"为研究区域，运用计量分析验证假设，对该区域学科与产业发展的具体情况做出判断。

假设一：由于现代学科与产业体系之间发展和演变的普遍联系和对应关系，"丝路域"学科发展对产业增长的影响作用具有一定的匹配效应，即学科门类不同，其发展对不同产业增长的影响作用是有差别的。

假设二："丝路域"各类学科发展对产业增长的影响可以通过"人才产出+知识产出"两个方面发生作用。

第二节　计量模型与变量数据

一　基于柯布—道格拉斯生产的计量模型

丹尼森早在 1962 年就以增长效应分析法为核心，在柯布—道格拉斯

---

① 张应强：《超越"学科论"与"研究领域之争"——对我国高等教育学学科建设方向的思考》，《北京大学教育评论》2011 年第 4 期。

② ［德］威廉·冯·洪堡：《论柏林高等学术机构的内部和外部组织》，陈洪捷译，《高等教育论坛》1987 年第 1 期。

(Cobb—Douglas，以下简称 C—D）生产函数的基础上，以内生经济理论为依据提出关于教育的经济增长效应分析的测算方法。① C—D 生产函数最初是美国数学家柯布（C. W. Cobb）和经济学家保罗·道格拉斯（Paul Douglas）共同探讨经济的投入和产出关系时创造的生产函数。C—D 生产函数通常被用来预测国家和区域的工业等产业系统或大企业的生产，并分析生产影响因素的一种经济数学模型，是经济学中使用最广泛的一种生产函数形式。本书采用修改后的 C—D 生产函数作为计量分析的模型②，对"丝路域"产业经济增长的影响因素进行分析，从中抽取学科的影响作用。原始的 C—D 模型将产出 Y 表示为技术水平 A、物质资本投入 K 和劳动力投入 L 的函数，其表达式如下：

$$Y = AK^{\alpha}L^{\beta} \qquad (a)$$

鉴于本书主要考察学科发展对产业增长的影响和作用，而学科主要通过"人才产出 + 知识产出"促进产业增长。本书在传统 C—D 模型中加入人力资本 H 变量，同时将技术水平 A 表示为知识技术成果产出 T 的函数：$A = T^{\delta}$，修改后的模型为：

$$Y = T^{\delta}K^{\alpha}L^{\beta}H^{\gamma} \qquad (b)$$

人力资本理论的提出者舒尔茨认为教育是提高人力资本的主要手段，其中受教育的年限是体现教育程度的常用变量。因此，本书将人力资本 H 简化为劳动力所受教育年限的函数：

$$H = e^{E} \qquad (c)$$

将（c）式代入（b）式，经过整理得到：

$$Y = T^{\delta}K^{\alpha}L^{\beta}e^{E\gamma} \qquad (d)$$

为了降低数据的波动性，克服异方差，增强函数经济含义的解释力，对（c）式等号两边取自然对数，得到：

$$\ln Y = \delta \ln T + \alpha \ln K + \beta \ln L + \gamma E \qquad (e)$$

---

① Denison E., Dward F., "The Sources of Economic Growth in the United States and the Alternatives Before us. by e. f. Denison", *The Economic Journal*, Vol. 72, 1962.

② 邱俊鹏、孙百才：《高等教育对经济增长的影响——基于分专业视角的实证分析》，《教育研究》2014 年第 9 期。

在（d）式的基础上，借鉴已有研究①将模型中劳动力人数 L 分解为高等教育各类学科的人才产出数 G 和一般劳动就业人口数 L，则模型进一步修改为：

$$\ln Y = \delta \ln T + \alpha \ln K + \beta_1 \ln L + \beta_2 \ln G + \gamma E \tag{f}$$

本书的计算目的是衡量区域各类学科发展对不同产业部门增长的影响和作用大小，由此和根据前文学科和产业分类，在（e）式的基础上得到计量的最终模型：

$$\ln Y_t^i = \delta_j \ln T_t^j + \alpha \ln K_t + \beta_i \ln L_t^i + \beta_j \ln G_t^j + \gamma E_t + \varepsilon_t \tag{g}$$

式中下标 t 表示年份，i = 1、2、3，Y_t^1、Y_t^2、Y_t^3 分别表示区域第一、二、三次产业部门在某一年份的产出，L_t^1、L_t^2、L_t^3 则分别表示区域第一、二、三次产业部门的就业人口数；j = 1、2、3……，T_t^1、T_t^2、T_t^3……分别代表区域各类学科某一年份的知识产出；G_t^1、G_t^2、G_t^3……分别代表区域各类学科人才产出规模。由模型可知，α 表示区域物质资本增加 1% 所引起的产业增长的百分比；相应地，β_i 表示一般劳动就业人口数每增加 1% 带来的产业增长的百分比；β_j 和 δ_j 分别代表各类学科的"人才产出"和"知识产出"对产业增长的边际影响；而区域劳动力平均受教育年限每提高 1%，产业产出会增长 γ%。ε 是随机扰动项。

二 变量与数据

本书选择 21 世纪以来，即 2000—2017 年作为研究时间段，原因主要包含两个方面：一方面，国家提出"西部大开发"的长期战略构想，开发范围包括"丝路域"在内的 12 个省份，于 2000 年开始正式实施。西部大开发以基础设施、生态环境、特色经济、科技教育为重点，推进产业结构调整，支持该区域发挥比较优势，从西部各地资源特点和自身优势出发，依靠科技进步，发展具有市场前景的特色经济和优势产业。② 另一方面，为了落实科教兴国战略，国家在 1999 年制订《面向 21 世纪教

---

① 叶茂林、郑晓齐、王斌：《教育对经济增长贡献的计量分析》，《数量经济技术经济研究》2003 年第 1 期。

② 国务院西部地区开发领导小组办公室：《"十五"西部开发总体规划》（http://www.gov.cn/）。

育振兴行动计划》，开始实行高等教育扩招政策，加快我国高等教育大众化发展的步伐。经过十几年的发展，中国高等教育毛入学率从 1999 年 9.76% 升至 2017 年 45.7%，并将在 2020 年达到 50%。[1] 这一时期，"西部大开发"和高等教育大众化的战略实施，对"丝路域"各类学科与产业经济的发展都产生了巨大变革和深刻影响。

本书样本变量主要包括六类：（1）Y_t^i 指"丝路域"各年第一、二、三产业增加值，本书以 2000 年为基数使用 GDP 平减指数消除通货膨胀影响；（2）T_t^j 指"丝路域"各年"知识产出"，用"丝路域"各年各类学科发表的科技论文数量（篇）表示；（3）K_t 指"丝路域"各年物质资本存量，其计算以 2000 年为基数，借鉴张军等人在《中国省际物质资本存量估算：1952—2000》一文中的研究方法[2]；（4）一般劳动就业人口数 L_t^i 用"丝路域"各年第一、二、三产业相邻两个年度，即年初就业人数和年末就业人数的平均数表示；（5）学科"人才产出"G_t^j 采用"丝路域"各年各类学科普通本科毕业人数[3]；人均受教育年限 E 采用国家统计局目前使用的方法进行计算。[4]

本书根据中国教育部《学位授予和人才培养学科目录（2018 年 4 月更新）》与国家统计局《三次产业划分规定》内容，将 12 大学科门类继续划分为农学类（农学）、理工类（理学、工学）和人文社科医类（哲学、经济学、管理学、法学、教育学、文学、历史学、艺术学、医学），与此对应，产业划分沿用第一、第二、第三产业划分法；未做特殊说明的数据均来源于 2000—2017 年 "丝路域" 沿线甘肃、宁夏、青海、新疆四省份官方《统计年鉴》及向各省份统计、教育和科技部门申请公开的相关数据，"丝路域"整体数据由四省份数据整理加总而得。

---

[1] 袁贵仁：《到 2020 年我国高等教育毛入学率为 50%》，2016 年 3 月，教育部（http://www.moe.edu.cn/jyb_hygq/hygq_bzsy/201603/t20160311_233107.html.）。

[2] 张军、吴桂英、张吉鹏：《中国省际物质资本存量估算：1952—2000 年》，《经济研究》2004 年第 10 期。

[3] 注：由于新疆《统计年鉴》的统计口径不同，新疆各类学科人数数据仍来自相关专门院校毕业人数，即农学类数据来自农业院校、理工类数据来自理工院校、人文社科医类数据来自财经、政法、师范、体育、艺术和医药学院。

[4] 刘巍：《"人均受教育年限"三种计算方法的比较》，《北京统计》2003 年第 6 期。

第三节 计量结果与分析

本书主要考察"丝路域"各类学科发展对产业增长的影响作用，在对模型各参数的估计过程中，基于计量模型（f），运用回归分析，在控制资本存量、人均受教育年限和一般劳动就业人口三类变量不变基础上，依次加入本书核心解释变量，构造模型1、2、3，即模型1仅加入"人才产出"变量，模型2仅加入"知识产出"变量，模型3同时加入"人才产出"和"知识产出"变量，从而衡量"丝路域"各类学科对第一、二、三次产业增长的边际影响和贡献大小。

一 "丝路域"农学类学科对第一、二、三产业增长的影响分析

"丝路域"沿线省份地处中国西部地区，由于地理环境等因素，农业产出占整个GDP比重较高，但是农业生产率较低，部分地区甚至无法大规模使用现代化农业器具。这种情况能否与高等教育所带来的"人才产出＋知识产出"相适应是该区域产业发展面临的重要问题。

表6—1 "丝路域"农学类学科对第一、二、三产业增长影响的计量回归

因变量 自变量	第一产业			第二产业			第三产业		
	模型1	模型2	模型3	模型1	模型2	模型3	模型1	模型2	模型3
lnK	1.525**	1.078**	1.436**	1.695**	2.596**	1.947**	1.789**	0.802**	1.827**
lnL	1.485*	2.245**	1.672*	-0.479	-0.866*	-0.369*	1.044**	1.446**	0.932**
E	-0.045	-0.018*	-0.052	0.045	0.063*	0.061	0.042	0.113*	0.033*
G^1（农学人才产出）	-0.108*		-0.109*	0.149*		0.227*	-0.294**		-0.35**
T^1（农学知识产出）		0.075	0.078		-0.328*	-0.419*		-0.099*	-0.161
adjusted R^2	0.990	0.986	0.986	0.980	0.977	0.977	0.996	0.992	0.996
F	123.997	197.87	143.866	206.978	179.983	146.932	101.759	148.882	125.451

注：** 表示 $p<0.05$，* 表示 $p<0.1$。

当 i=1，即当因变量 Y_t^1 表示"丝路域"第一产业增长情况时，基于模型估计结果见表6—1。传统第一产业属于劳动密集型产业，综合统计结果，"丝路域"一般劳动就业人口数确实对第一产业增长具有最大的积极影响作用。同时，物质资本存量对第一产业增长也具有明显的促进作用。但是人均受教育年限对第一产业增长的影响表现为负数，可能的原因是"丝路域"农业生产仍然属于低层次，较低的农业生产力并不需要从业者具备高水平的知识和技能，这从农学人才产出与第一产业增长之间的负向关系中得到验证，说明在高等教育农学类学科源源不断培养出的人才并没有对第一产业经济增长产生促进作用，农学类知识产出对农业产出的积极作用也并不显著。

当 i=2，即当因变量 Y_t^2 表示"丝路域"第二产业增长情况时，从表6—1 的估计结果可以看出，传统大多数工业部门属于资本密集型行业，从统计结果看，"丝路域"资本存量对第二产业的增长发挥较强的积极作用。一般劳动就业人口数和人均受教育年限对第二产业产出的影响分别表现为负效应和正效应，可能的原因是当前"丝路域"第二产业发展需要拥有较高教育文化程度，并具备一定知识技能的劳动力，而一般劳动力无法满足相应要求。高等教育农学类人才产出对第二产业增长具有显著的积极效应，可能由于两方面原因：一是跟上述分析一致，该区域第二产业发展需要大量拥有一定教育程度，尤其是接受过高等教育的高水平劳动力，因此能够吸引农学类人才转向第二产业就业；二是由于该区域第一产业生产力水平较低，农学类人才与第一产业需求相比出现"过剩"，从而流动至第二产业，对其发展产生促进作用。由于高等教育知识产出的专门化程度较高，农学知识产出与第二产业增长呈负效应。

当 i=3，即当因变量 Y_t^3 表示"丝路域"第三产业增长情况时，基于模型估计结果见表6—1。第三产业主要包括流通和服务两大部门，第三产业的加快发展是生产力提高和社会进步的必然结果，也是现代化经济的一个必要特征。综合统计结果，资本存量和一般劳动就业人口数均对"丝路域"第三产业增长产生显著的促进作用，人均受教育年限对第三产业的促进作用不高，而农学类人才产出和知识产出对第三产业增长的影响为负效应。

二 "丝路域"理工类学科对第一、二、三产业增长的影响分析

根据"丝路域"学科与产业发展历史，中华人民共和国成立后产业经济和教育部门发展布局模式的大规模改造和调整，极大地促进了当时"丝路域"理工类院校与工业经济的快速发展，也为之后的发展奠定了基础。考察目前"丝路域"理工类学科对不同产业部门增长的影响作用具有重要的历史和现实意义。

表6—2 "丝路域"理工类学科对第一、二、三产业增长影响的计量回归

自变量 \ 因变量	第一产业 模型1	模型2	模型3	第二产业 模型1	模型2	模型3	第三产业 模型1	模型2	模型3
lnK	1.154**	1.149**	1.140**	1.530*	2.337**	1.694**	0.843*	0.880**	0.939*
lnL	2.071*	2.138*	2.143*	-0.634	-1.248*	-0.235*	1.398**	1.381**	1.372**
E	-0.011	-0.013	-0.012	0.072	0.128*	0.170*	0.107*	0.112*	0.108*
G^2（理工类人才产出）	0.004		0.003	0.199*		0.235*	-0.045**		-0.020
T^2（理工类知识产出）		0.015	0.014		-0.265*	-0.319*		-0.145*	-0.140*
adjusted R^2	0.986	0.984	0.986	0.977	0.977	0.979	0.992	0.993	0.993
F	293.180	293.424	216.704	185.638	181.718	163.386	245.107	213.144	254.651

注：** 表示 $p<0.05$，* 表示 $p<0.1$。

当 i=1，即当因变量 Y_t^1 表示"丝路域"第一产业增长情况时，基于模型估计结果见表6—2。统计结果表明，"丝路域"一般劳动就业人口数依然对第一产业增长具有最大的促进作用。资本存量和人均受教育年限同样对第一产业增长分别具有正负效应。理工类"人才产出+知识产出"虽然对第一产业增长有一定促进作用，但是这种作用并不显著。

当 i=2 时，表6—2反映出"丝路域"资本存量对第二产业的增长依然发挥较强的积极作用，一般劳动就业人口数和人均受教育年限对第二产业产出的影响分别表现为负效应和正效应。高等教育理工类学科人才产出对第二产业增长的促进作用显著，而知识产出对第二产业增长的影

响却为负。可能的原因是"丝路域"理工类学科知识创新成果并未形成有效的应用转化，存在知识产出浪费现象，从而导致对第二产业部门增长的影响为负效应。

当 i=3，根据表6—2统计结果，资本存量、就业劳动力人口数和人均受教育年限均同样对"丝路域"第三产业增长产生显著的促进作用，而理工类"人才产出+知识产出"对第三产业增长的影响均为负效应。可能的原因，一是"丝路域"沿线省份第二产业对具备相关知识技能的理工类学科人才需求较大，该类人才处于供不应求状态，通常不会流入第三产业，对第三产业增长并无贡献；二是理工类知识产出在第三产业中的应用性不强。

三 "丝路域"人文社科医类学科对第一、二、三产业增长的影响分析

"哲学社会科学是人们认识世界、改造世界的重要工具，是推动历史发展和社会进步的重要力量，其发展水平反映了一个民族的思维能力、精神品格、文明素质，体现了一个国家的综合国力和国际竞争力。"[①] 面对中国经济发展进入新常态，需要人文社会科学在加快转变经济发展方式、提高发展质量和效益、创新制度和治理水平等方面发挥重要作用。那么当前，分析和了解在"丝路域"这样的欠发达地区，人文社会医类学科在哪些方面如何影响产业增长，对解决区域发展面临的现实问题和把握未来的发展方向都具有重要意义。

表6—3 "丝路域"人文社科医类学科对第一、二、三产业增长影响的计量回归

因变量 自变量	第一产业			第二产业			第三产业		
	模型1	模型2	模型3	模型1	模型2	模型3	模型1	模型2	模型3
lnK	1.103**	1.352**	1.252**	1.998**	2.678**	2.383**	1.140**	1.059**	1.226**
lnL	2.180*	1.520*	1.662*	−0.720*	−1.621*	−1.467*	1.306**	1.348**	1.298**
E	−0.007	−0.016	−0.007	0.045	0.146	0.154*	0.085	0.089*	0.078*

---

① 习近平：《在哲学社会科学工作座谈会上的讲话》，2016年5月，新华网（http://www.xinhuanet.com/politics/2016-05/18/c_1118891128_4.htm）。

续表

自变量 \ 因变量	第一产业 模型1	第一产业 模型2	第一产业 模型3	第二产业 模型1	第二产业 模型2	第二产业 模型3	第三产业 模型1	第三产业 模型2	第三产业 模型3
G^2（人文社科医类人才产出）	0.021*		0.047*	0.045*		0.063*	-0.133**		-0.083*
T^2（人文社科医类知识产出）		-0.119	-0.148*		-0.476*	-0.587*		-0.221*	-0.155*
adjusted R^2	0.986	0.986	0.986	0.975	0.980	0.980	0.994	0.994	0.995
F	294.635	308.655	233.792	164.451	205.68	166.435	261.530	281.163	240.391

注：** 表示 $p<0.05$，* 表示 $p<0.1$。

根据表6—3统计结果，"丝路域"资本存量、人均受教育年限和一般劳动就业人口对第三产业增长均具有积极影响作用。高等教育人文社科医类学科的人才产出对该区域第一产业和第二产业增长具有微弱的正效应，而知识产出则呈现出相反的负效应。可能的原因是，人文社科等学科培养出懂得经济发展规律和现代管理理论的人才，对提高"丝路域"第一、二产业经济增长水平具有一定促进作用，而知识产出则由于匹配性和应用性不强，无法产生积极效应。

值得注意的是，人文社科医类学科"人才产出+知识产出"对第三产业的影响作用均为显著的负效应，其原因可能需要从两个方面来认识：一是学科方面，自1999年高等教育扩招以来，人文社科医类学科招生规模占总体的比例逐年上升，根据全国数据，2017年达到59%，在"丝路域"同样超过50%。人文社科医类学科大规模扩招，导致人才供求结构失衡；二是产业方面，由于历史原因，"丝路域"发展先后陷入"先天不足"与"后天亏欠"的困境，逐渐沦为中国发展落后地区，并且在国家实施的"开发战略"中过度集中于固定资产投资和资源能源利用，采取以经济数量的快速增长为核心的粗放型方式，忽视产业结构升级转型，导致该区域第三产业发展水平较低，充斥低端服务行业，对低层次劳动力的需求旺盛，却无法承接消化人文社科医类学科扩招培养的大量人才，也不能有效转化利用相关知识产出。所以,"丝路域"人文社科医类学科"人才产出+知识产出"越多,对第三产业增长的影响反而为负。

本章小结

本书运用改造后的 C—D 生产函数模型分析"丝路域"各类学科对不同产业增长的影响作用,得出了几点重要结论:

一是"丝路域"物质资本存量和一般劳动就业人口对三大产业部门增长的影响显著,其中物质资本存量对所有产业的影响均呈现正效应,且对第二产业的促进作用最大,而一般劳动就业人口则在第一产业和第三产业的增长中发挥较大的正影响力。这说明"丝路域"农业和服务业具有劳动密集型的发展特征,第二产业则仍然属于资本密集型产业。人均受教育年限对第一产业的影响为负,对第二、三产业的影响为正。综合来看,人均受教育年限对各类产业的影响作用较为微弱,边际影响仅在 0.1% 左右,这说明该区域教育发展对经济增长的促进作用不明显。

二是"丝路域"农学类"人才产出"对第一和第三产业增长的影响分别呈现负效应,而对第二产业增长的影响呈现正效应。结合上述研究,说明"丝路域"农业部门仍然属于劳动密集型生产部门,农业发展的现代化水平较低,对高等教育所培养的专门化人才吸收程度较低,农学类人才与农业部门的发展需求相比出现"过剩",从而流动至能够吸引高水平劳动力的部分工业部门,从而对该区域的工业经济增长产生促进作用。农学类"知识产出"对第一产业增长具有一定积极作用,但是这种作用并不显著,说明"丝路域"农学类知识产出在农业生产中的转化应用效果不佳。此外,由于知识生产与应用的专门化程度较强,农学类"知识产出"对第二、第三产业增长的影响效应均为负。

三是"丝路域"理工类学科"人才产出"对第二产业经济增长具有显著的促进作用,且边际影响达到 0.2%,说明该区域工业发展需要大量拥有知识技能的高水平劳动力,不仅可以较好地消化相关理工类学科人才,而且能够吸引农学和人文社科医类相关人才转向工业部门就业。但是理工类学科"知识产出"对第二产业增长的影响却为负,可能的原因是该区域理工类学科知识产出成果并未有效转化和应用,存在知识产出浪费现象。

四是"丝路域"人文社科医类学科"人才产出+知识产出"对第三产业的影响作用均为显著负效应，说明该区域产业结构升级转型缓慢，第三产业发展水平较低，无法承接消化人文社科医类学科扩招培养的大量人才，也不能有效转化和利用相关知识产出。但是，由于人文社科类部分学科能够培养出懂得经济发展规律和现代管理理论的人才，对提高"丝路域"第一、二产业经济增长水平具有一定促进作用。

综上所述，"丝路域"各类学科对第一、二、三产业增长的影响不同，验证了研究假设一；各类学科"人才产出+知识产出"对产业经济增长的影响作用较为复杂，但是也验证了假设二。虽然部分学科对相关产业增长发挥了积极的促进作用，但是也应该清醒地认识到，学科"人才产出+知识产出"供给侧与产业需求侧在数量结构、质量水平、融合应用等方面依然不能完全适应，"两张皮"问题仍然存在。针对以上问题，一方面，"丝路域"在高等教育改革和促进产业结构调整的过程中应该进一步优化顶层设计，将产教融合作为促进学科与产业经济协调发展的重要举措，构建以企业为主体、以产业需求为导向的高等教育人才培养体系，促进人才培养供给侧和产业需求侧的要素结构全方位融合，有效衔接教育链、人才链与产业链、创新链。另一方面，"丝路域"学科与产业之间应该打破知识流通壁垒，建立"联合创新、优势互补、利益共享和风险共担"的知识生产与创新机制，完善知识创新成果和产权归属，以及利益分配的法律制度体系，形成知识产权保护和知识成果转化应用的长效机制。

第七章 "丝路域"学科与产业协同的实证计量和空间分析

以知识、结构、组织和布局四个维度为系统序参量构建指标体系，运用有序度计算模型、双系统协同度模型和空间分析方法研究发现，在2006—2015年，"丝路域"内部已经形成了以甘肃省为核心的学科优势区域和以新疆为核心的产业优势区域。"丝路域"三大类学科与产业的协同度水平始终处于整体偏低状态。从空间分布看，农学类学科与第一产业在新疆的协同度处于"高"水平，人文社科类学科与第三产业的协同度在"丝路域"大部分省份处于"较高"水平，理工类学科与第二产业的协同度水平偏"低"，不具有发展优势和潜力。

第一节 测量模型

目前，中国区域学科与产业协同的测量研究主要分为两大类：一类主要集中于运用统计学方法测量中国学科结构与产业结构的匹配度或适应性，例如杨林等通过计算表明中国高等教育学科专业结构变迁与产业结构升级的综合协调度下降，学科专业结构调整滞后于产业结构升级的需要[1]。张延平等以全国30个省份为样本进行区域人才结构优化与产业结构升级的协调适配测评，结果表明各省份的协调适配等级并不高[2]。文

---

[1] 杨林、陈书全、韩科技：《新常态下高等教育学科专业结构与产业结构优化的协调性分析》，《教育发展研究》2015年第21期。
[2] 张延平、李明生：《我国区域人才结构优化与产业结构升级的协调适配度评价研究》，《中国软科学》2011年第3期。

雯等以中国内地 31 个省份 10 大学科门类的在校生和招生规模为研究对象，采取回归分析和聚类分析等统计方法进行了研究，认为应将高校扩招的重点放在工、农、经管等应用学科，瞄准高新技术和新兴产业进行学科调整和改革[1]。另一类主要针对单个省份内学科与产业的协同情况进行研究，例如刘世清等发现上海市高校学科专业结构的变动滞后于经济产业结构调整，而且上海的经济发展还面临高级人才比例偏低的问题[2]。练晓荣通过实证分析认为福建高等教育学科结构调整应侧重发展化工类、船舶类、光电信息以及电子计算机等[3]。乔学斌等采用主成分分析、灰色关联度模型、结构变化值等方法分析认为江苏省农业学科设置要向农业生产链条的前后双向延伸以推进农业产业化进程；对理工等应用学科要进行横向纵向改造，培养技术密集型人才，并注重新兴前沿学科人才的培养[4]。

现有研究主要运用统计学方法和计量经济学方法对区域学科与产业的协同情况进行分析，但仅停留在学科与产业间的人才合作和供需领域，缺乏对学科系统与产业系统内部各要素之间全面协同的考察；另外，现有研究缺乏对中国特定区域（如"丝路域"）学科与产业协同情况的分析，无法为特定区域省域间的合作与协同提供现实依据，不能有效支持特定区域的发展。本书以学科与产业的"四维协同"模型为基础，通过运用有序度计算模型和双系统协同度模型测量"丝路域"的学科与产业协同发展情况，并运用空间分析方法选定区域内学科与产业协同发展的空间分布情况，以期真实而全面反映选定区域学科与产业的协同发展情况，为该区域促进学科与产业协同创新提供科学依据。

一 有序度测量模型的构建

系统理论认为系统成长和发展的过程在一定程度上就是系统由无序

---

[1] 文雯、李乐夫、谢维和：《中国高等教育大众化初期学科结构变化的主要特点与实证分析》，《中国高教研究》2007 年第 3 期。

[2] 刘世清、田守花：《区域产业结构调整与高校专业设置——以上海地区为例》，《高等工程教育研究》2010 年第 5 期。

[3] 练晓荣：《经济结构与高等教育结构的协同发展研究——以福建省为例》，博士学位论文，福建师范大学，2009 年，第 96—97 页。

[4] 乔学斌、姚文凡、赵丁海：《互动与共变：高等教育结构、毕业生就业结构与产业结构相关性研究》，《东南大学学报》（哲学社会科学版）2013 年第 4 期。

到有序，由较低级有序到较高级有序的演化过程，也是系统内部结构逐渐高级化的过程①。因此，测量选定区域学科系统与产业系统的有序度水平，可以作为判断学科与产业系统合理化水平的定量指标，科学衡量该区域学科与产业的实际发展情况与发展目标之间的接近程度。运用有序度计算模型分析区域学科系统与产业系统的有序度水平，是进一步计算和测量学科与产业协同度水平的基础。

根据系统理论和协同理论，序参量是系统在运行过程中实现"由量变到质变"的核心参量。序参量一旦形成便具有支配或役使系统的作用，即主宰系统整体的发展演化过程②。因此，对系统发展有序度水平的测量主要运用序参量的概念和数值进行运算。

假设区域内学科系统中的序参量为 $p_1 = (p_{11}, p_{12}, \cdots, p_{1n})$，$\beta_{1i} \leqslant p_{1i} \leqslant \alpha_{1i}$，其中 $n \geqslant 2$，$i \in [1, n]$。p_{1i} 通常是描述学科系统在协同运行过程中的若干指标，也称序参量 p_1 的分量，α 和 β 是参考量，分别表示学科系统各指标所对应的上下限。上限值也称为理想值，是研究对象整体所处水平的规划值或预测值；下限值可选取过去某年的实际值或最差值，某些情况下取 0，在本书中 α 取该指标 10 年中的最大值，β 取 10 年中最小值。根据协同理论可以认为，若 p_{1i} 与学科系统的有序程度呈正相关性，则 p_{1i} 的取值越大，学科系统的有序度越高，反之亦然；若 p_{1i} 与学科系统的有序程度呈负相关性，则 p_{1i} 的取值越大，学科系统的有序度越低，反之亦然。

定义式（1）为学科系统在协同中序参量分量 p_{1i} 的有序度。

$$d_1(p_{1i}) = \begin{cases} \dfrac{p_{1i} - \beta_{1i}}{\alpha_{1i} - \beta_{1i}}, & p_{1i} \text{ 与学科系统有序度正相关} \\[2mm] \dfrac{\alpha_{1i} - p_{1i}}{\alpha_{1i} - \beta_{1i}}, & p_{1i} \text{ 与学科系统有序度负相关} \end{cases} \quad (1)$$

由式（1）可知：$d_1(p_{1i}) \in [0, 1]$，且 $d_1(p_{1i})$ 的值越大，序参量分量 p_{1i} 对学科系统从无序到有序转化的"贡献"越大。总体上看，序

---

① 刘思峰、唐学文、袁潮清、党耀国：《我国产业结构的有序度研究》，《经济学动态》2004 年第 5 期。

② ［德］赫尔曼·哈肯：《协同学——大自然构成的奥秘》，凌复华译，上海译文出版社 2005 年版，第 10 页。

参量 p_1 对学科系统有序度的影响是所有序参量分量的合力"贡献",可以用 $d_1(p_1)$ 表示。每一个序参量分量的"贡献"权重采用主成分分析法确定,即各分量解释的"贡献"方差占"总贡献"方差的百分比,最终通过线性加权求和得到学科系统在协同中序参量 p_1 的有序度,计算公式如下:

$$d_1(p_1) = \sum_{i=1}^{n} \omega_i d_1(p_{1i}) \qquad (2)$$

式(2)中,$d_1(p_{1i})$ 由式(1)求得,ω_i 表示序参量分量 p_{1i} 对学科系统有序度"贡献"的权重。由式(2)可知,$d_1(p_1) \in [0, 1]$,序参量 p_1 对学科系统从无序到有序转化的"总贡献"越大,学科系统的有序度就越高,反之亦然。

同理,假设"丝路域"内产业系统的序参量为 $p_2 = (p_{21}, p_{22}, \cdots, p_{2m})$,$\beta_{2j} \leq p_{2j} \leq \alpha_{2j}$,其中 $m \geq 2$,$j \in [1, m]$。p_{2j} 是描述产业系统在运行过程中的若干指标,也称序参量 p_2 的分量,α 和 β 同样是参考量,分别表示产业系统各指标所对应的上下限。根据以上讨论,产业系统的序参量分量 p_{2j} 的有序度为:

$$d_2(p_{2j}) = \begin{cases} \dfrac{p_{2j} - \beta_{2j}}{\alpha_{2j} - \beta_{2j}} & ,p_{2j} \text{ 与产业系统有序度正相关} \\ \dfrac{\alpha_{2j} - p_{2j}}{\alpha_{2j} - \beta_{2j}} & ,p_{2j} \text{ 与产业系统有序度负相关} \end{cases} \qquad (3)$$

则产业系统在协同中的序参量 p_2 的总体有序度计算公式如下:

$$d_2(p_2) = \sum_{j=1}^{m} \omega_j d_2(p_{2j}) \qquad (4)$$

式(4)中,$d_2(p_{2j})$ 由式(3)求得,ω_j 表示序参量分量 p_{2j} 对产业系统有序度"贡献"的权重。由式(4)可知,$d_2(p_2) \in [0, 1]$,序参量 p_2 对产业系统从无序到有序转化的"总贡献"越大,产业系统的有序度就越高,反之亦然。

二 双重系统协同度模型的构建

本书运用双重系统协同度模型对所选区域学科与产业的协同度水平进行测量,其能够客观准确地认识和把握所选区域学科与产业协同的实然状态和现实问题。双重系统协同度模型的构建和计算建立在有序度水平的基础上，假设在特定时间 t_0 内，区域学科系统中序参量的有序度水平为 d_1^0 (p_1)，产业系统中序参量的有序度水平为 d_2^0 (p_2)。当双重系统经过某一段时间的演化至时间 t_1 时，区域学科系统中序参量的有序度水平为 d_1^1 (p_1)，产业系统中序参量的有序度水平为 d_2^1 (p_2)。若 d_1^1 (p_1) $\geq d_1^0$ (p_1) 且 d_2^1 (p_2) $\geq$ d_2^0 (p_2)，则可认为学科系统与产业系统协同发展，其协同度模型为：

$$D = \varphi \sqrt{\left| [d_1^1(p_1) - d_1^0(p_1)] \times [d_2^1(p_2) - d_2^0(p_2)] \right|} \qquad (5)$$

$$\varphi = \frac{min(d_j^1(p_j) - d_j^0(p_j) \neq 0)}{|min(d_j^1(p_j) - d_j^0(p_j) \neq 0)|}(j = 1,2)$$

由式（5）可知，D ∈ [-1, 1]，协同值越大表明区域学科与产业双重系统的协同度越高；其中 φ 取值为 -1 或 1，表明当且仅当 d_1^1 (p_1) $\geq d_1^0$ (p_1) 和 d_2^1 (p_2) $\geq d_2^0$ (p_2) 同时成立，双重系统才属于真正协同；若其中一个系统序参量的有序度提高速度较快，而另一个系统序参量的有序度提高速度较慢，则双重系统无法实现协同发展。

第二节　指标体系

虽然现有研究对学科或产业的发展评价及其指标体系关注较多，但是从系统协同角度测算学科与产业发展的有序度水平和协同度水平的研究较少。本书从系统协同的角度建立综合度量指标体系，力求在设计和选择指标时，遵循系统性原则、科学性原则、可比性原则和可获得性原则，对"丝路域"学科和产业系统的序参量及其分量进行深入准确地描述，真实反映两大系统和系统序参量发展的现实状态和客观规律。

根据本书第四章所述内容，学科与产业协同的理论分析，知识经济背景下的区域学科与产业协同，需要实现知识、结构、组织和布局四个维度的全面协同。可以认为，知识、结构、组织和布局这四个维度便是学科与产业系统发展演变和协同过程中起主导作用的序参量。因此，对"丝路域"学科与产业系统的协同测量，应该对序参量进行综合考量，在结合指标体系的构建原则和已有研究成果的基础上，构建以知识、结构、组织和布局为主要序参量的指标体系,同时选取13项指标作为序参量的分量对序参量进行描述和解释。具体指标与说明见表7—1。

表7—1　"丝路域"学科与产业协同度量指标体系①

序参量 \ 协同系统	学科系统 指标	学科系统 指标说明	产业系统 指标	产业系统 指标说明
知识	发表科技论文数	当年各类学科所发表的科技论文数量(篇),衡量学科知识创新	发表科技论文数	当年各类产业所发表的科技论文数量(篇),衡量产业知识创新
知识	科技成果数	当年各类学科省级及以上科技成果②数量(项),衡量学科知识创新	科技成果数	当年各类产业省级及以上科技成果数量(项),衡量产业知识创新
知识	专利数	当年各类学科授权公开的专利数量(件),衡量学科知识创新	专利数	当年各类产业授权公开的专利数量(件),衡量产业知识创新
知识	R&D项目(课题)数	当年各类学科进行的R&D项目(课题)数量(项),衡量学科知识创新	R&D项目(课题)数	当年各类产业进行的R&D项目(课题)数量(项),衡量产业知识创新

---

① 注:学科系统的统计口径按照农学类(农学)、理工类(理学、工学)及人文社科医类(哲学、经济学、法学、教育学、文学、历史学、医学、管理学、艺术学)分类;与之相对应,产业系统的统计口径按照第一、二、三产业分类;未作特殊说明的数据均来源于2006—2015年各省统计年鉴及向各省统计、教育和科技部门申请公开的相关数据,其中学科数据采用大专院校和科研机构数据之和,产业数据采用企业或行业数据,"丝路域"整体数据根据四省数据整理加总而得。

② 注:指各省政府科技部门依程序登记并公开的科学研究成果,数据来源各省科技厅统计网站或年鉴。

续表

协同系统 序参量	学科系统 指标	学科系统 指标说明	产业系统 指标	产业系统 指标说明
结构	本专科培养规模所占比重	当年各类学科普通本专科毕业生数占所有普通本专科毕业生数百分比（%），衡量学科"数量"结构	产业增加值所占比重	当年各类产业增加值占所有产业总增加值百分比（%），衡量产业"数量"结构
结构	研究生培养规模所占比重	当年各类学科硕博研究生毕业生数占所有硕博研究生毕业生数百分比（%），衡量学科"质量"结构	人均产业增加值所占比重	当年各类产业人均增加值占所有人均产业增加值的百分比（%），衡量产业"质量"结构
组织	研究机构数	当年各类学科拥有的研究机构数量（个），衡量学科研究组织发展情况	研究机构数	当年各类产业拥有的研究机构数量（个），衡量产业研究组织发展情况
组织	重点学科数量	当年各类学科拥有的省级重点学科① 数量（个），体现学科研究组织发展情况	R&D折合全时人员数	当年各类产业R&D人员全时当量（人年），衡量产业研究组织"人力"投入情况
组织	R&D折合全时人员数	当年各类学科R&D人员全时当量（人年），体现学科研究组织"人力"的投入情况	R&D折合全时人员数	当年各类产业R&D人员全时当量（人年），衡量产业研究组织"人力"投入情况
组织	R&D经费支出	当年各类学科R&D经费内部支出数量（万元），体现学科研究组织"财力"的投入情况	R&D经费支出	当年各类产业R&D经费内部支出数量（万元），体现产业研究组织"财力"投入情况

---

① 注：指各省学位办所遴选的省级重点建设一级学科，数据来源于各省教育厅相关文件。

续表

协同系统 序参量	学科系统 指标	学科系统 指标说明	产业系统 指标	产业系统 指标说明
布局	研究机构集聚度	当年各类学科培养与研究组织或机构数量布局的基尼系数①，衡量学科研究组织布局的集聚程度和不平衡程度	研究机构聚集度	当年各类产业拥有的研究机构数量布局的基尼系数，衡量产业研究组织布局的集聚程度和不平衡程度
布局	R&D人员集聚度	当年各类学科R&D全时人员数布局的基尼系数，衡量学科研究人员布局的集聚程度和不平衡程度	R&D人员集聚度	当年各类产业R&D全时人员数布局的基尼系数，衡量产业研究人员布局的集聚程度和不平衡程度
布局	培养规模集聚度	当年各类学科普通本专科与硕博研究生毕业人数布局的基尼系数，衡量学科培养布局的集聚程度和不平衡程度	产业增加值集聚度	当年各类产业增加值布局的基尼系数，衡量产业产出布局的集聚程度和不平衡程度

第三节 测量方法与结果

一 有序度水平的测量与空间分析

（一）有序度水平的测量结果

本书重点关注"一带一路"倡议提出并实施前后10年，即2006—

---

① 注：基尼系数是经济学测定收入分配差异程度的指标，产业经济学借鉴基尼系数衡量产业在各地区间布局的集聚程度与不平衡程度。本研究运用基尼系数反映"丝路域"学科与产业系统布局序参量中的各类指标情况，"丝路域"内各地区的划分界限以省为主，计算公式推导参照经济学理论。

2015年,"丝路域"学科与产业的协同情况。根据测量模型,协同度水平的计算建立在有序度水平的基础上,测量过程首先对"丝路域"学科与产业发展的有序度水平进行计算。由于前文所述,学科与产业的种类划分具有对应和关联效应,因此本书主要针对"丝路域"内农学类学科与第一产业、理工类学科与第二产业、人文社科医类学科与第三产业之间的协同关系进行测量。

在测量之前,我们需要对原始数据进行标准化处理,并运用主成分分析法确定序参量中各指标权重。根据序参量有序度的计算公式,首先运用式(1)计算序参量分量,即序参量内各项指标的有序度;然后根据式(2)计算得出2006—2015年,"丝路域"农学类学科第一产业、理工类学科与第二产业以及人文社科医类学科与第三产业运行的有序度,具体情况如图7—1、图7—2和图7—3所示。

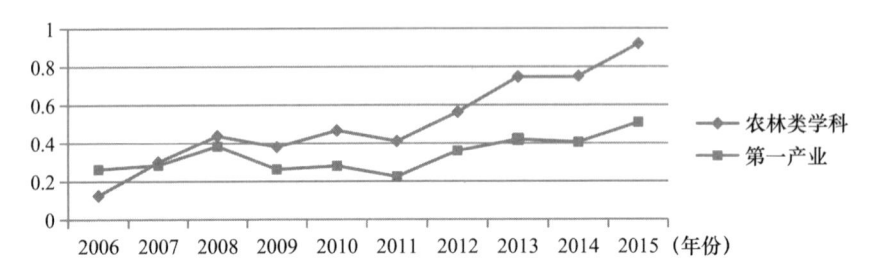

图7—1 "丝路域"农学类学科与第一产业有序度值的演变情况

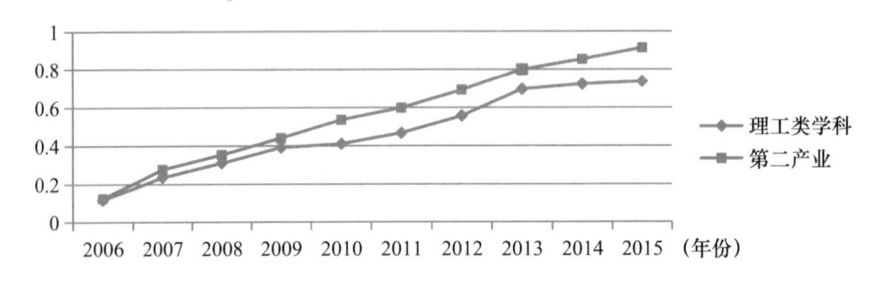

图7—2 "丝路域"理工类学科与第二产业有序度值的演变情况

从图中数据可以看出,2006—2015年,"丝路域"各类学科与产业的有序度水平总体呈上升趋势,这说明十年间该区域学科与产业发展和调整的总体方向是正确且合理的,学科与产业发展在一定程度上取得了良

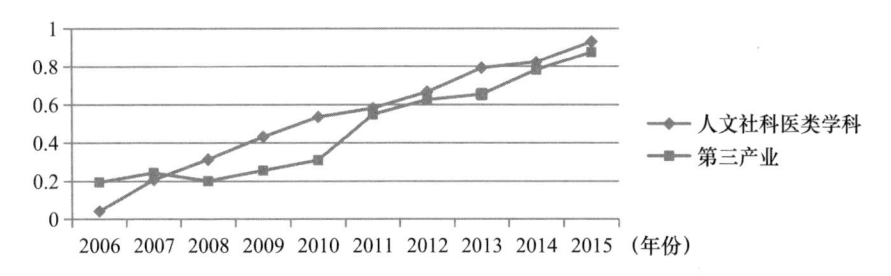

图7—3 "丝路域"人文社科医类学科与第三产业有序度值的演变情况

好效果。

但是不同学科与相关产业的有序度水平相比,其演变情况具有明显差异。其中,农学类学科与第一产业相比,其有序度水平的差距呈快速扩大的趋势,农学类学科的有序度水平表现出阶段性的大幅提高,尤其自2011年开始,其有序度值从0.4快速提高至2015年接近1。相反,第一产业的有序度水平却提高缓慢,甚至在2008—2011年略有下降;从理工类学科与第二产业有序度的演变情况来看,产业有序度水平呈现逐年提高的趋势,而学科有序度水平落后于产业,且两者之间的差距有逐渐扩大的趋势;从图7—3可以看出,从2006年到2015年,"丝路域"人文社科医类学科与第三产业之间有序度水平的差距表现为先扩大后缩小的过程,且上升趋势基本稳定并具有同步提高的趋势,说明人文社科医类学科与第三产业发展的合理化程度更高。

(二)有序度水平的空间分析

区域整体在某一系统中所表现出的有序度水平是由区域内部不同地理空间的有序度叠加和组合而成的。从空间分析的视角出发,能够对"丝路域"学科与产业的发展水平进行全面测度及横向比较,有利于进一步揭示该区域学科与产业发展的空间分布特征和现实问题,为之后的学科规划和产业调整提供依据。本书运用空间分析法对"丝路域"内甘肃、宁夏、青海和新疆四省份的学科与产业有序度水平进行可视化呈现,并绘制空间格局图,以期拓展和深入研究。

本书旨在通过空间分析反映"丝路域"内部学科与产业发展的分布现状,因此选取2015年数据,并根据上文的有序度计量模型和计量方法分别测算甘肃、宁夏、青海和新疆四省份农学类学科系统与第一产业系统、理工类学科与第二产业系统以及人文社科医类学科与第三产业系统运行的有序度值①。依据计算结果，本书将学科与产业的有序度水平分为"低""较低""较高"和"高"四个类别，分别对应有序度值的范围是"0.01—0.25""0.26—0.5""0.51—0.75""0.76—1.0"，根据计算结果绘制"丝路域"各类学科与产业有序度水平的空间格局图，见图7—4。

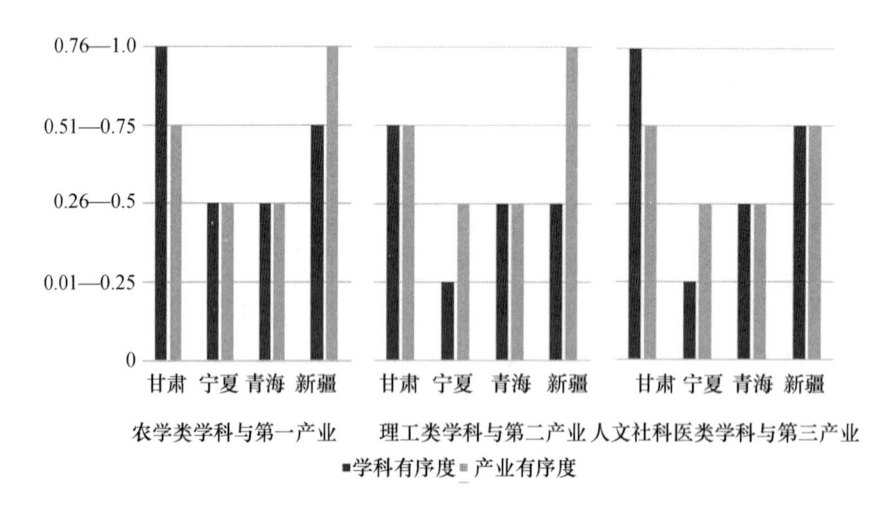

图7—4 "丝路域"各类学科与相关产业有序度水平的空间格局

由图7—4可见，"丝路域"四省份之间农学类学科有序度水平与第一产业有序度水平均存在较大差距。甘肃和新疆的农学类学科有序度属于"高"和"较高"水平，第一产业有序度属于"较高"和"高"水平，而宁夏和青海的农学类学科与第一产业有序度则属于"较低"水平。从发展优势的角度来看，甘肃和新疆在农学类学科与第一产业领域的优势刚好相反，其中甘肃的农学类学科发展进入高水平阶段，新疆的第一产业则具有高水平的发展特征。由此，甘肃和新疆在农学类学科与第一产业领域有望形成区域内部优势互补，共同促进"丝路域"该类学科与产业的协同发展。

---

① 注：1. 由于空间分析针对"丝路域"内不同省份的学科与产业数据，已经能够反映空间布局的特征，因此对各省学科与产业序参量的计算过程中剔除布局序参量相关指标的数据，只保留知识、结构和组织序参量的数据。2. 在计算过程中对四省的数据统一进行标准化处理，根据有序度的计算模型，参考量 α 取该指标在四个省中的最大值，β 取最小值。

"丝路域"四省份理工类学科有序度水平差距较小，但第二产业有序度水平差距较大。四省份中只有甘肃的理工类学科有序度呈现"较高"水平，而其他三省份的理工类学科有序度均处于"较低"和"低"水平，由此反映出"丝路域"整体理工类学科发展水平不高的现状。产业方面，新疆和甘肃第二产业有序度呈现"高"和"较高"水平，其余两省份则处于"较低"水平。综合来看，目前"丝路域"理工类学科发展水平较低，滞后于第二产业发展，这也印证了上文中对"丝路域"学科与产业整体有序度的测量结果。此外，理工类学科与第二产业的发展分布不均衡，新疆在第二产业领域具有绝对发展优势，但缺乏相关理工类优势学科的有效支持，学科与产业之间难以形成良好的协同基础。

从人文社科医类学科与第三产业的有序度水平空间分布来看，四省份之间的学科有序度水平差距较大，其中甘肃和新疆属于"高""较高"水平，青海和宁夏处于"较低""低"水平；四省之间第三产业有序度水平较为均衡，分别处于"较高"或"较低"水平，各省份之间的发展优势或劣势不显著。甘肃在人文类学科领域具有显著的发展优势，但其第三产业发展水平相对落后；新疆人文社科医类学科与第三产业的发展优势不显著，但都处于"较高"水平，说明其具有较好的协同基础。

二 协同度水平的测量和空间分析

（一）协同度水平的测量结果

协同理论认为，系统之间协同作用的强弱与大小通常用协同度来反映。本书对协同度水平的计算过程依然沿用"丝路域"农学类学科与第一产业在知识序量上的协同度水平计算为范例，呈现详细的测量计算过程。根据"丝路域"学科系统与产业系统知识序量的有序度值，本书运用式（5）计算可以得到双重系统的协同度演化路径。

依据计算结果可知，2006—2015年，"丝路域"农学类学科与第一产业、理工类学科与第二产业以及人文社科医类学科与第三产业之间的协同度，其中整体权重由序参量权重值的几何平均数求出，同时计算学科与产业系统不同序量的协同度，具体情况如下：

由图7—5可知，十年间，"丝路域"农学类学科与第一产业之间的协同度值围绕"0"值上下波动，这表明两个系统在整体上处于低协同状态，且没有出现明显的改善趋势。对比系统序参量的协同情况发现，系统整体的协同情况与结构和知识协同的演变趋势吻合度较高，说明知识和结构协同在"丝路域"农学类学科与第一产业的协同中发挥更重要的作用；相反，组织和布局协同度与系统整体协同度偏差较大，表明在整体协同中所起的作用较小，其中可能由于现代科技和交通发展减小运费成本的原因，布局因素对协同影响的衰减效应明显。

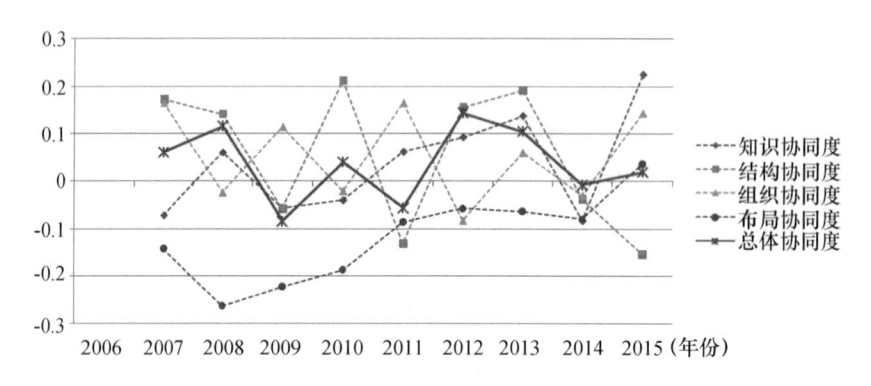

图7—5 "丝路域"农学类学科与第一产业及其序参量协同度的演变情况

根据图7—6显示的结果，2006—2015年，"丝路域"理工类学科与第二产业之间的协同情况同样不容乐观，一直处于较低水平，且协同值在2013—2015年发生较大幅度地降低。与系统内序参量的协同对比来看，系统整体协同的演变与组织协同趋同，说明组织人员和经费等的保障对"丝路域"理工类学科与第二产业的协同发生具有重要作用，这与理工类学科与第二产业发展需要投入更多人力、物力和财力的特点是一致的；同时，结构和知识协同的演变情况与系统整体协同的吻合度较高，而布局协同对系统整体协同的影响也在弱化。

由图7—7可知，相对于前两类学科与相关产业的协同度值，"丝路域"人文社科医类学科与第三产业之间的协同情况较为优化，演变趋势也更为稳定，说明这两个系统之间已经形成相互促进发展的良性循环。其中，结构协同的变化趋势与系统整体协同的吻合度显著高于其他序参量，而布局协同与整体协同的演变偏差依然较大。

通过以上分析可知，2006—2015年，"丝路域"三类学科与相应产业

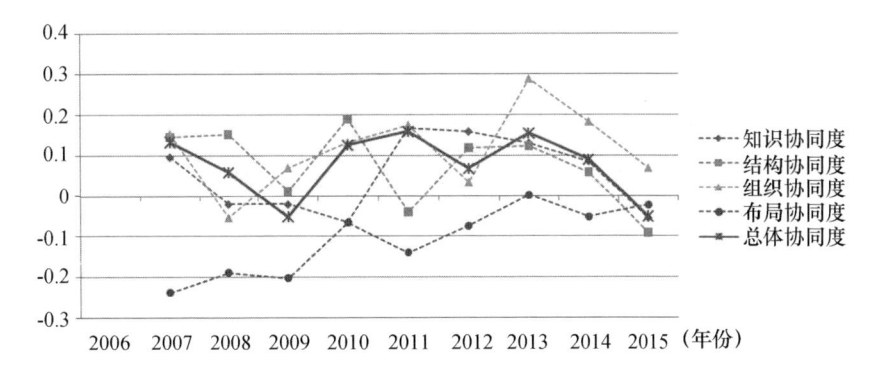

图7—6 "丝路域"理工类学科与第二产业系统及其序参量协同度的演变情况

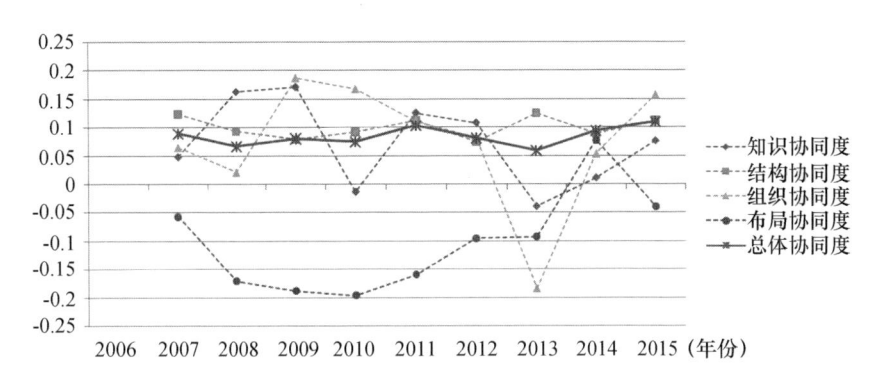

图7—7 "丝路域"人文社科医类学科与第三产业系统及其序参量协同度的演变情况

的协同度值始终在[-0.1, 0.2]的区间徘徊，呈现整体偏低的演变趋势，表明该区域学科与产业间还未形成良好的协同发展机制。相对于其他两类学科，人文社科医类学科与第三产业的协同情况较好，这有利于该区域调整产业整体结构和转变经济发展模式。同时，由于受学科与产业发展特点的影响，系统内部各类序参量在不同学科与产业的整体协同中所发挥的作用有所差异，结构协同和知识协同对农学和人文社科医类学科与第一产业和第三产业的协同发生具有重要影响，理工类学科与第二产业的协同过程则更需要组织协同发挥保障作用。另外，现代科技和交通发展极大地缩减运费成本，导致布局因素对系统协同的影响出现明显的衰减效应。因此，为进一步促进"丝路域"学科与产业系统实现协同发展，应该根据不同学科与产业的协同特征，不断完善相关政策与措施，优化学科与产业优势，推动区域整体发展。

(二) 协同度水平的空间分析

本书依然选取 2015 年数据，分别测算甘肃、宁夏、青海和新疆农学类学科与第一产业、理工类学科与第二产业以及人文社科医类学科与第三产业运行的协同度值，运用空间分析法对四省学科与产业的协同度水平进行可视化呈现。依据计算结果，本书将学科与产业的协同度水平分为"高""较高""较低"和"低"四个类别，分别对应协同度值的范围是"0.11—0.20""0.01—0.10""−0.10—0"和"−0.20——0.11"。根据结果绘制"丝路域"各类学科与产业协同度水平的空间格局图，如图 7—8。

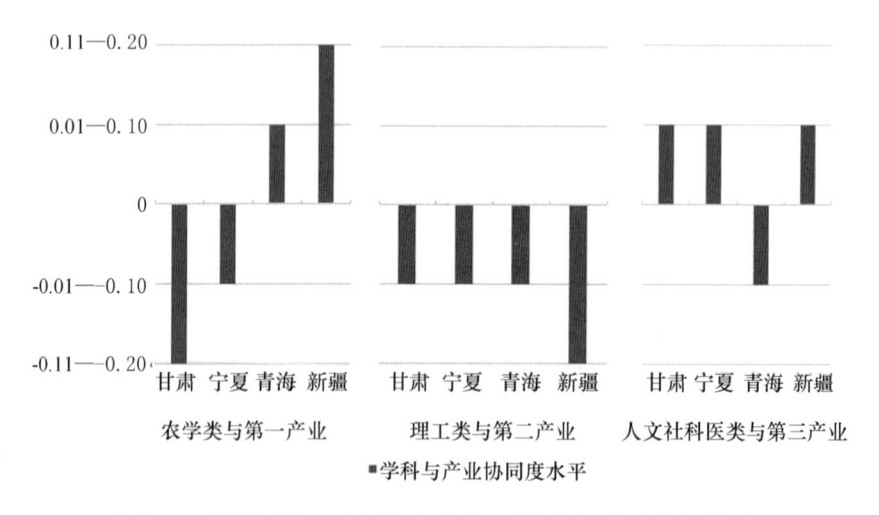

图 7—8 "丝路域"各类学科与相关产业协同度水平的空间格局

根据图 7—8 可知，"丝路域"农学类学科与第一产业的协同度空间分布不均衡，四省份分别处于"高""较高""较低""低"水平。其中新疆农学类学科与第一产业的协同度属于"高"水平，与上文的有序度分析相结合，可以认为是由于新疆农学类学科与第一产业发展情况均较为合理，在该学科与产业领域具有发展优势；相反，甘肃农学类学科与第一产业的协同度处于四省的最"低"水平，结合上文分析可知，其原因是该省第一产业发展严重滞后于农学类学科发展水平。除此之外，青海农学类学科与第一产业的协同度水平"较高",具有持续发展的潜力。

虽然"丝路域"四省份理工类学科与第二产业的协同度水平差距并不大,但是协同水平整体较低,四省份协同值均处于(-0.20—0)这一区间。其中新疆理工类学科与第二产业的协同度水平最"低",与上文分析相结合可知是因为该省第二产业发展超前于理工类学科发展所致。其余三省份理工类学科与第二产业的协同度水平均属于"较低"水平,这也符合上文对"丝路域"整体协同情况的分析。

"丝路域"内部人文社科类学科与第三产业协同度水平的空间分布较为均衡,甘肃、新疆和宁夏的协同情况均处于"较高"水平,度量结果符合上文中对"丝路域"整体协同情况的分析。这说明不论在"丝路域"整体还是区域内部,人文社科医类学科与第三产业的协同情况都较为理想,该学科与产业可以作为"丝路域"今后的重点发展领域。

本章小结

本书运用实证分析方法对"丝路域"学科与产业的发展和协同情况进行客观度量,可以揭示该区域在协同过程中所遇到的"真情境"和"真问题"。

第一,本书以知识、结构、组织和布局四个维度为学科与产业序参量构建指标体系,运用有序度计算模型测量发现,2006—2015年,"丝路域"三大类学科与产业中,只有人文社科医类学科与第三产业的有序度水平均呈现稳定上升和同步提高的趋势,这表明人文社科医类学科与第三产业发展的合理化程度较高;

第二,本书运用空间分析方法对有序度水平的空间分布分析发现,"丝路域"内部学科与产业发展的有序度水平表现出一定的非均衡性和空间异质性,且已经形成了以甘肃为核心的学科优势区域和以新疆为核心的产业优势区域,加强优势地区之间的互补性合作和对弱势地区的辐射带动作用是"丝路域"学科与产业今后发展的重点方向;

第三,本书运用双系统协同度模型对"丝路域"三大类学科与产业系统的协同度水平进行度量,结果显示该区域各类学科与产业的整体协同度水平始终处于整体偏低的状态。但人文社科医类学科与第三产业的协同情况相对较好，有利于该区域产业结构升级和经济发展模式调整。分析还表明，知识协同、结构协同和组织协同在两系统间的整体协同中具有重要影响，而布局因素对系统协同的影响出现明显的衰减效应；

第四，协同度水平的空间分析表明，农学类学科与第一产业在新疆的协同度处于"高"水平，在该区域具有发展优势；人文社科类学科与第三产业协同度水平的在"丝路域"内部的空间分布较为均衡，且在大部分省份的协同情况处于"较高"水平，可以作为"丝路域"整体的重点发展领域；理工类学科与第二产业的协同度水平整体偏"低"，不具有发展优势和潜力，应加快促进该区域学科与产业调整和升级。

综上所述，本书运用实证测量和空间分析方法能够准确反映"丝路域"各类学科与相关产业的协同和发展情况，帮助政策制定者和研究者深入了解该区域学科与产业协同发展的优劣势，促进区域内各地区之间的学科与产业实现互联互通和优势互补，为该区域学科与产业协同发展的规划提供科学可靠的依据，从根本上推动区域创新和可持续发展。

第八章 "丝路域"学科与产业协同困境的制度环境和治理路径

实证分析证实"丝路域"学科与产业的发展水平处于弱势，协同效应也不显著，在某些领域甚至呈现较为严重的非协同状态。根据前文论述，"丝路域"等发展落后区域在学科与产业协同过程中面临的困境不仅是由于地理环境、自然资源、人口情况等区域自身条件所造成的，而且受制于制度环境演变的影响。因此，要想寻找促进学科与产业协同的治理路径，提高区域的自我发展能力，更重要的是从制度层面入手，对"丝路域"等发展落后区域学科与产业协同困境产生的原因进行合理揭示，并根据协同的应然和理想状态，构造学科与产业之间知识、结构、组织和布局"四位一体"的全面协同模式。

第一节 "丝路域"学科与产业协同困境产生的制度环境

在中国社会转型过程中，学科与产业协同的发生和运行并不是随意和自由的，而是建立在国家长期制度变迁的基础之上，同时也是多重利益相关者互相博弈的结果。作为制度变迁影响的产物，协同过程不仅包括学科与产业等协同主体的参与，更涉及国家和区域政府等政治力量所扮演的重要角色，这导致协同受到三重制度逻辑的作用和影响：国家运行的政治逻辑、学科运行的学术逻辑和产业运行的市场逻辑。协同困境的产生便是这三重制度逻辑相互作用和冲突的结果，运用多重制度逻辑的总体框架可以从制度逻辑之间的相互关系中，认识和审视当前制约

"丝路域"学科与产业协同发展的制度性原因。

一 国家导向：协同困境产生的制度基础

从前文中对"丝路域"学科与产业协同的历史发展论述可以看出，国家政治权力的运用能够直接影响区域学科与产业发展，这种权威式的国家导向构成了协同困境的制度基础。根据分析，中国不同区域内学科与产业的创建或调整主要以国家或区域发展的需要为导向，表现出较为强烈的工具主义和实用化倾向。尤其在计划经济体制下，全面的高度集权和控制为全国范围内区域之间的学科与产业大规模创建和调整提供了基础和条件。有学者认为，这种"国家运动"式的政府力量运用需要同时具备三个条件：一是国家对社会改造具有强烈的抱负或面临强大的绩效合法性压力，因而对社会改造的态度比较积极甚至激进；二是国家政府的基础权力严重滞后，致使政治力量无法通过常规化、专业化和制度化的途径实现社会改造目标；三是国家政府力量所拥有强大的专断权。[①] 为满足加速推进赶超型现代化的需要，国家政府力量对包括学科与产业在内的社会改造具有强烈的使命感，因而可以运用政治强力对"丝路域"等区域内的学科与产业发展产生正向或反向的深刻影响。例如中国抗日战争时期民国政府对东部高校进行大规模"内迁"，有意改变高校布局的不平衡，促进落后地区学科对产业的支持力度以及中华人民共和国成立后国家为了快速实现工业化建设，大规模整顿和调整学科与产业的建设和布局等行为都符合上述政治导向下区域学科与产业协同发展的路径。

虽然随后中国进行社会转型，建立市场经济体制，但是这种政府导向模式在学科与产业的发展和社会建设的其他领域依然具有很强的延续性。制度经济学家诺斯认为，制度变迁和技术变迁一样，在其过程中也同样存在报酬递增和自我强化的机制。这种机制导致制度变迁在某一路径方向上不断自我强化，并且影响人们的行为选择。[②] 也就是说国家政治和经济制度的变化对以往传统具有极强的依赖性。有学者也认为可以把

---

① 冯仕政：《中国国家运动的形成与变异：基于政体的整体性解释》，《开放》2011年第1期。
② ［美］道格拉斯·C.诺斯：《制度、制度变迁与经济绩效》，刘守英译，上海三联书店1994年版，第11—13页。

公共政策视为现代社会中的一种国家行动。① 因此，在社会转型过程中，以生产力发展为取向、以提高国家发展能力或者行政效率为目标的官僚性政府导向运动依然存在。"改革开放"的制度变革和"西部大开发"等区域发展战略的实施便是社会转型过程中具有强烈路径依赖特征的又一次政治导向性实践。例如，在"改革开放"实施过程中，政府力量开始定位于权力的扩大再生产上，通过发展和运用现代科学控制、管理和调配社会物质资源和人力资源，政府的政治力量在应用过程中，不断"自我放大"，持续增强和扩充自身力量。具体到"改革开放"过程中，国家政府力量通过运用现代经济学理论，以生产力的快速发展为目标，开始由追求区域平衡转向以效率为主兼顾公平的非均衡发展，发展的重点从内地向沿海转移，虽然实现了国家经济的快速发展，但是直接导致"丝路域"在内的西部和中部区域陷入学科与产业协同发展长期滞后的困境之中。

我们可以发现，在政府导向的制度基础上，国家或地方政府通过对学科与产业发展的干涉，从而实现了对知识资源和经济资源控制和调配权力的再扩充和再生产，因而进一步导致国家政府力量对区域学科与产业协同的持续介入。例如中国在"十二五"教育规划中强调支持"战略性新兴产业发展与新兴学科建设"，并提出"以学科为基础，以改革为重点，以创新能力提升为突破口，建立协同创新平台，构建多元、融合、动态、持续的协同创新模式与机制，推动知识创新、技术创新、区域创新的战略融合。"② 随后在"十三五"规划中明确提出"加强建设关系国家安全和重大利益的学科，重点布局一批国家急需、支撑产业转型升级和区域发展的学科"③，并"支持高校学科与行业企业、科研院所联合建设创新中心和创新平台，组建产业技术创新战略联盟……以增强我国产业核心竞争力"。④ 虽然政府导向下的协同实践往往可收到立竿见影的效果，但是这种制度模式是针对已经存在的问题和困境实施相应的对策行

---

① 曾荣光：《教育政策行动：解释与分析框架》，《北京大学教育评论》2014年第1期。
② 中华人民共和国教育部网站：《教育部关于印发〈国家教育事业发展第十二个五年规划〉的通知》（http://old.moe.gov.cn//publicfiles/business/htmlfiles/moe/s6855/201207/xxgk_139702.html）。
③ 中华人民共和国中央人民政府网：《国务院关于印发国家教育事业发展"十三五"规划的通知》（http://www.gov.cn/zhengce/content/2017-01/19/content_5161341.htm）。
④ 同上。

动,为了在短时期内达到预定目标,只能确立单一或者较窄的目标范围。它无法解决由于复杂社会因素所导致的社会问题,这种"头痛医头,脚痛医脚"的政策实施由于缺乏长远规划和配套措施,即使取得一时的显著效果,也会因为政策行为的随意性和短视性而无法持续巩固所取得的成效。同时,政府导向的制度基础容易助长国家或地方政府的投机心理而将权力资源频繁用于某种"短期利益"政策的实施,从而忽视能够促进学科与产业协同的长效机制建设,这也是造成"丝路域"等落后区域学科与产业协同困境的关键原因。

二 市场式微:协同困境产生的制度障碍

按照多重制度逻辑,大规模制度变迁涉及多重过程和机制,这些过程机制相互作用,共同影响了制度的演变轨迹。[①] 在中国,政府权力与市场机制的相互作用会导致与单纯市场机制影响的社会运行结果之间产生偏差。因此,虽然中国正在努力建设市场经济制度,希望通过普遍的市场经济的运行规律促进和保证社会正常运转,但是市场规律对包括学科与产业协同在内的社会事物发展的影响,通过与强势政府的制度基础相互作用而在很大程度上被重新塑造。

市场的作用是引导和实现稀缺资源的有效配置,成熟的市场经济特征主要表现为统一开放、竞争有序的市场体系和有效的产权保护与契约实施。[②] 也就是说绝大多数社会资源,无论是消费商品还是生产要素,包括劳动力、资本、土地、知识技术和信息,等等,都可以经由市场机制实现有效率地配置到合适的领域和环节。由于市场的优越性,使其能够充分调动区域内浮现或潜藏在不同学科与产业间的信息和力量,让学科与产业的资源与要素参与到提高区域创新能力和生产力水平的协同过程中。市场的优势源自它能够合成区域内学科与产业等主体所具有的错综复杂的协同偏好,将它们转化为简单的信号,引导学科和产业等协同主体做出合理的选择;也能够对无数分散而隐匿的信息进行有效传播和利

[①] 周雪光、艾云:《多重逻辑下的制度变迁:一个分析框架》,《中国社会科学》2010年第4期。

[②] 卢现祥:《成熟的市场经济体制再考察:由诺思悖论引申》,《改革》2010年第8期。

用，使资源和要素在协同过程中实现优化配置；同样能够充分利用学科与产业组织的内在激励，驱动各类资源和要素持续流动，使整个区域协同体系充满生机和活力。

尽管中国在"改革开放"之后强调建立社会主义市场经济体制，但是在社会转型期，以政府导向为基础的政府控制或直接干预与市场体系的运行机制同时作用于国内绝大部分区域的学科与产业发展过程中。也就是说，由于中国各区域容纳市场体系的制度环境不同于西方资本主义国家和地区，学科与产业的发展及协同处于政府导向下选择性的市场环境中，国家或区域政府拥有决策和调节哪块区域的某类学科或产业实施优先发展的权力。在这种双重制度逻辑的作用下，市场经济的运行规律与政治导向的制度基础相比始终处于弱势，会阻碍像"丝路域"等发展落后区域内学科与产业协同的顺利进行。因为政府导向下的政府过度参与会导致市场运行机制失灵，难以通过市场竞争和信息的充分流动来解决协同主体选择问题，也会导致学科与产业之间的信任缺失，提高协同的监管难度。

一方面，因为区域内协同各方拥有不同的利益和信息，任何协同方式都有特定的交易成本，例如达成协同的成本、监管成本、协调成本、激励成本等，降低交易成本是选择协同方式的重要影响因素，交易成本变化会导致不同协同方式之间的转化。市场机制的运行会促使协同双方自主寻找交易成本最低的协同方式，而政治导向的制度基础会导致区域学科与产业协同的交易成本急剧上升，甚至会导致协同成本达到负荷累累、不堪重负的程度。另一方面，政府导向的制度基础会侵蚀市场机制的内在特质，导致市场机制在区域学科与产业协同中的式微。市场经济是一个市场主体之间互惠共赢的制度安排，但政府权力过度干预会损害协同双方或一方的利益获得；自由竞争是市场经济的又一个主要特征，它要求区域内学科与产业组织或机构都有按市场规则参与协同竞争的权利和资格，但政治权力的过度介入会破坏自由竞争的逻辑框架，出现市场的不完全竞争，最终导致协同资源的不合理配置。当互惠共赢和自由竞争等市场机制运行的必要特质在区域学科与产业协同的过程中不断被政治权力侵蚀时，类似"丝路域"这样的发展落后区域原本就存在的协同困境会愈发凸显。

三 依附性自主：协同困境产生的制度实践

当前中国社会转型和制度生态变迁正是社会中自愿或不自愿参与其中的组织或群体争取各自利益的过程，体现在这些不同组织或群体的行为形式和相互关系之间的变化之中。"丝路域"等发展落后区域的学科与产业协同活动既受到国家和区域政府导向的牵制，又面临市场机制发挥不灵的制度障碍。可以说，学科与产业作为区域协同的主体，虽然应该具有参与协同的独立性和自主性，但是在这种复杂的多重制度环境作用下，对其主体地位的把握和认识难以归为简单的独立或者自主，而是可以从一种不可分割的、统一的二维特征观出发，将其视为两者如何组合的问题。

一方面，虽然"学术自由"和"学术自治"一直被西方社会视为学术性组织或机构生存与发展的基本理念和原则，但是在中国，学术组织和学术活动与国家政治无法分离，而是国家政治目标实现和现代化事业建设的一部分。由于长期以来形成的资源依赖，导致政治权力深深嵌入到学科运行的组织结构和文化基因中，掌握对学科组织及其学术活动的控制权，而学科所拥有的学术权力居于依附政治权力而生的从属地位。尽管"改革开放"以来，学科组织或机构从法律和实践层面具有了独立从事学术活动和行为的权利，但事实上囿于中国的社会现实和传统文化，学科依然无法完全"按照自己的目标来行事"，学科运行的自主性依然十分有限。另一方面，代表政治权力的国家或区域政府与学科、产业一起带着各自的利益参与到协同过程，它们之间的相互作用制约协同的演变轨迹和途径。也就是说，学科与产业协同是国家或区域政治力量不断渗透和控制的产物。政治力量建立起了一种类似于国家自身科层制内部的"指令体系"，在某些受到国家或区域政府重视的发展领域中，政府会运用手中的政治权力和财政权力支持和资助某一领域学科与产业的快速发展，而未受到重视的学科与产业则陷入发展的"寒冬"。

这种权力划分和配置的矛盾在中央与地方之间更加显著。从纵向上看，中央政府拥有强势的政治权力，地方政府是中央政府管理地方事务所创建的，其权力来源于中央政府的授权，地方权力在某种程度上依然依赖和从属于中央权力；在横向上则表现为地方权力的划片分割和分散化格局。导致区域发展仍然受到中央权力的支配和调控，难以实现完全的自主性发展，也难以形成区域互动均衡，这也反映在不同区域内学科与产业协同情况出现巨大差距的现象上。

学科与产业协同的发展和演变轨迹正是在面临上述的"复杂性制度环境"中，即不同区域内的学科与产业主体在协同过程中往往不得不面对自身发展和协同需求与所处制度环境要求不一致的境况，作为对这种矛盾的回应，协同在结构和实践上形成了某些特有的复合型制度特征，可以被称为"依附性自主"。这也能帮助我们理解区域内学科与产业在协同过程中所表现出的"虽然独立却存在着不自主"的悖论。①

从跨区域的国家层面来观察，会发现虽然中国当前关于学科与产业协同的国家导向和市场机制的制度合力略微接近于"有序运行"，但是其实际操作层面时常面临细碎、混乱和自相矛盾的问题。首先，依附性自主由于过分强调学科与产业发展的从属性和工具性功能，从而使其被赋予或定位于某种难以摆脱的特定角色，由此产生依赖式的发展路径。例如"丝路域"在前期的发展战略中逐渐强化其资源消耗型角色，造成生态环境严重破坏，资源大量流失，生产利润外流，技术研发和人才培养被抑制，以及创新动力缺失等问题。相反，贵州省虽然同样处于发展落后区域，但是在发展过程中能够依靠自身优势充分发挥自主性，先后建成有"超级天眼"之称的中国全自主建造 500 米口径球面射电望远镜（FAST 项目）和首个国家级大数据中心，促使该区域实现新兴学科与产业的突破性发展。其次，与其他松散的大型科层制体系一样，政府权力的运用往往受到其自身体制内不同层次或不同部门的制度逻辑制约，形成不同的目标取向和行为模式。例如中央政府要求"丝路域"的学科与产业发展必须符合"一带一路"整体战略安排，而"丝路域"地方政府往往只注意自身发展利益，支持那些能够快速取得经济效益的产业部门发展。中央政府和地方政府会在如何促进学科与产业协同，或帮助哪些领域的学科与产业协同等方面存在目标冲突与矛盾。这种"多龙治水"的局面会导致缺乏自主性的学科与产业在协同过程中陷入

---

① 王诗宗、宋程成：《独立抑或自主：中国社会组织特征问题重思》，《中国社会科学》2013 年第 5 期。

"碎片化的权威和治理"困境。最后，在"依附性自主"的制度实践中，协同过程不仅涉及学科与产业的单纯利益问题，而且时常会遇到相关利益的分层和多元化，导致权力在相互博弈中对某些区域的整体发展或某类学科与产业的协同发展进行"选择性支持"和"选择性限制"。由于这种选择的原则和机制往往不具备长期性和稳定性，致使不同区域或相同区域内不同学科与产业发展时常不得不面临非自愿的"你进我退"局面，严重破坏区域学科与产业协同的正常运行轨迹，最终陷入发展落后的困境。

第二节 构建"丝路域"学科与产业"四位一体"协同发展模式

知识经济时代，实现学科与产业协同成为国家或区域提高创新发展能力的必然选择。不同区域在这种时代背景中必须根据自身发展和资源约束情况采取适宜的协同发展模式。例如"丝路域"与其他区域相比，其学科、产业以及社会经济整体发展水平较为弱势，学科与产业的协同效应并不显著。在此背景下，学科与产业协同应该依靠学科、产业和政府等多元主体，充分实现各方资源互补，构建知识、结构、组织和布局"四位一体"全面协同模式。

一 完善法律与制度，促进知识协同

通过理论与实证分析，知识协同在学科与产业协同中发挥着重要的作用。知识协同是学科知识与产业知识差异互补和相互转化的过程，不仅包括知识内容的互通和共享，更重要的是必须打破原有的知识管理制度，建立"联合创新、优势互补、利益共享和风险共担"的知识协同机制，以此调动学科和产业共同参与科技研究和成果转化的积极性。

根据前文分析，学术系统内非市场化的相应制度和激励机制设计会促进学科知识向社会公众及时无偿开放，而与学科知识相反，产业知识诞生于市场化的制度和环境中，相应的知识管理制度必须保证产业知识的私有性和隐性，从而获得超额利润。两种知识的特征差别会造成协同

主体间的导向型障碍（学科和产业具有不同的目标导向）和交易型障碍（包括知识产权和合作利益分配的冲突）。[①] 因此，为减少学科与产业协同的阻碍与摩擦，"丝路域"或其他区域的首要任务是完善知识协同成果与知识产权归属及利益分配的法律和制度，形成知识成果转化和知识产权保护、应用的长效机制，推动建立有利于知识协同和成果转化的评价体系。

（一）推动区域政府协作，主导协同法制体系建设

区域政府包括区域内管理各级行政事务的主要政府组织。以区域政府为主导完善知识协同的法律与制度是指，为了促进学科与产业知识协同，解决协同过程中所面临的冲突与分歧，区域内各级政府组织彼此之间进行合作，共同制定与实施相关法律与制度安排。

虽然近年来中国开始逐步重视在知识成果和产权等方面的法制工作，并先后出台了多部法律及相关政策规定。但是国家统一的法律与制度较为宏观，主要强调倡导性和惩罚性的特征，在起草、颁布和实施的过程中需要较长时间，既缺乏时效性较强的具体操作与实施细则，也无法体现区域差异，"离开了对特定区域发展状况的深刻把握，国家法律和制度发展的概念就可能流于'整体的表象'"[②]。同时，区域内通常存在多元化和多层级的地方立法主体，在社会传统和经济利益的指引下，地方的相关法律与制度会出现矛盾与不一致，严重阻碍区域协同发展。

因此，完善知识协同的法制体系应该由区域内各级政府组织相互协作主导完成，并遵循以下三个原则：1. 灵活性和有效性原则。为了弥补国家法制体系的抽象性和陈旧性缺陷，区域法制体系的制定和实施应该在不违背上位法律的前提下，根据区域知识协同发展的特点和面临的问题及时做出针对性的调整和改进，并提出具体解决问题的有效方式，确保法制实施"落地"，并发挥实质性作用；2. 整体性和协调性原则。完善区域知识协同的法制体系应该立足于区域发展的共同立场和目标，加强

---

① Bruneel Johan, D'Este Pablo, Salter Ammon, "Investigating the Factors that Diminish the Barriers to University-industry Collaboration", *Research Policy*, Vol. 39, No. 7, 2010.

② 公丕祥：《区域法治发展的概念意义——一种法哲学方法论上的初步分析》，《南京师大学报》（社会科学版）2014年第1期。

区域内部政府间平等交流和协商合作,减少区域内部"地方化"和"碎片化"现象;3. 多方参与性原则。虽然知识协同的法制体系由政府主导完成,但是只有保证学科与产业参与,才能体现当前区域学科与产业协同现状,促使法律与制度真正维护协同双方的权益和诉求,实现知识协同目标。

(二)完善知识产权保护和交易制度,减少协同冲突与纠纷

完善法律与制度的目的在于解决学科与产业在协同过程中的冲突与分歧,而当前协同主体所面临的冲突主要表现在协同成果与权利的划分和利益分享等方面,其焦点在于知识产权的归属。[①] 知识产权问题解决不好,不仅会破坏协同的利益共享原则,而且会增加协同的纠纷风险,阻碍主体参与协同的意愿。[②]

相对于传统意义上的知识创新,学科与产业知识协同既推动知识产权内涵和外延产生变化,又在空间上使知识产权的调整范围得到延伸,推动知识产权相关法律与制度做出相应调整和发展。因此在协同过程中,会产生新的矛盾与问题。1. 知识外溢造成知识产权流失。知识外溢会使协同主体在未得到相应回报之前,造成知识资产流失和竞争优势丧失。所以,为避免或降低知识外溢,区域内参与协同的学科与产业组织一般会尽力保护自己的知识资产,这必然与知识协同的初衷意愿发生冲突;2. 协同目标不一致导致知识产权利益冲突。学科方参与知识协同的目的在于获得研究资助,以便开展后续研究,而产业更关注新技术的转化和应用,强调知识的短期增值。由于协同双方往往在如何运用知识产权等问题上难以达成一致,导致协同矛盾产生。3. 法律规定不清晰导致知识产权风险增加。中国现有法律关于多主体合作产生的知识产权成果归属的规定比较空泛,大多按照"约定优先,共有作为补充"的原则。这一方面无法避免主体单方面盗用或滥用知识产权,另一方面很难清晰地在协同主体间就知识产权所获得的收益进行合理的分配,最终导致矛盾发生。

[①] 陈劲:《协同创新》,浙江大学出版社2012年版,第39页。

[②] 李伟、董玉鹏:《协同创新过程中知识产权归属原则——从契约走向章程》,《科学学研究》2014年第7期。

美国利用法律途径很好地解决了知识协同中的产权问题，可以为我国提供借鉴作用。美国 1980 年颁布的《贝耶—多尔法案》（Bayh-Dole Act）规范了一系列专利和收益分配制度，以保护大学各学科领域的知识产权，清晰地界定了"谁应该拥有学术发明、谁来管理学术发明、谁分享成果"，不仅有效解决了协同各方之间的矛盾冲突，而且作为一种激励机制，极大地促进了学科与产业协同，并推动知识管理体制改革。法案颁布后的十余年间，美国国内专利引用各学科领域的学术论文总量和每项专利引用学术论文的数量都急剧增加，这些学科大多分布在物理、化学、工程、计算机科学和生物医学等与产业关系密切的领域（医学 33.9%、生物科学 22.1%、计算机科学 12.5%、工程 11.8%、物理 9.4%、化学 8.4%、其他 1.8%）[1]，表明完善和健全的法律制度对促进学科与产业协同创新具有重要的积极影响。

（三）深入改革学科与产业考评体系，促进其协同目标统一

考核评价在本书中指对学科与产业组织及人员的工作成果与绩效进行评价。考核评价本质上是一种价值判断活动，能够决定学科与产业在社会经济活动中的行为和贡献价值，由此直接引导学科与产业行为及其未来发展方向。在市场经济中，产业发展的核心目标是获得经济收益，后者自然成为衡量和指引产业行为的主要标准；而社会对学科贡献的考评主要从知识的发现和生产及知识的教学和传播两个方面展开。可以看出，考核评价内容和在此基础上发展形成的考评制度之间的差异，成为学科与产业在协同过程中利益目标不一致的重要影响因素，造成协同双方普遍存在的矛盾和分歧。

为了缓解冲突和矛盾，需要针对双方考核评价的内容与制度差异做出相应改革与调整。中国科技发展规划明确提出"面向市场的应用研究和试验开发等创新活动，以获得自主知识产权及其对产业竞争力的贡献为评价重点"[2]，教育部针对高校教师考评改革也提出"鼓励原始创新和聚焦国家重大需求，引导教师主动服务国家创新驱动发展战略和地方经济社

---

[1] NSF: "National Science Engineering Indicators, 2016" (https://www.elsevier.com/research-intelligence/campaigns/nsf-sei).

[2] 《国家中长期科学和技术发展规划纲要（2006—2020 年）》，2006 年 2 月，中华人民共和国中央人民政府网（http://www.gov.cn/jrzg/2006-02/09/content_183787.htm）。

会发展，对从事应用研究的教师主要考察经济社会效益和实际贡献"[①]。

在此背景下，各区域应该根据自身学科与产业发展特点，进一步改革和完善学科与产业考评制度，最大限度降低双方协同阻碍。江苏省提出建立针对不同类型科研创新平台和创新团队（群体）的分类评价体系，其中工程实验室、工程（技术）研究中心侧重行业产业关键共性技术、完成重大工程应用、有效支撑产业转型升级和结构调整；上海市则以国有企业考评制度改革为突破口，推进产业与学科协同创新，"在考核评价中进一步突出创新导向，加大科技创新指标权重"并"允许高校相关科研人员围绕产业项目到企业兼职"[②]。"丝路域"面对学科与产业发展薄弱的境况，必须针对双方的考核评价体制采取"双管齐下"的深入改革措施，从根本上增强协同参与者的协同意愿，将学科与产业的协同目标统一起来。

二 强化战略与规划，引导结构协同

结构协同是学科与产业协同的主要内容，集中反映了区域人才供给与需求的协同情况。近代以来，世界发达区域每一次产业结构转型升级的进程中，无一不伴随着学科结构的先行调整。[③] 但是由于中国大部分区域的学科与产业发展长期缺乏科学专业的战略规划，发展定位不明，重复建设现象严重，导致学科结构与产业结构的变化往往"踏错节拍"。一方面造成部分学科人才结构性失业，另一方面致使产业出现人才缺口，严重阻碍区域发展。因此，必须优先从战略规划的角度引导区域学科与产业结构协同。

（一）理顺政府、学科与产业关系，加强学科与产业发展自主权

战略与规划是针对某一事务长远发展、核心利益和关键问题的解决方式、方法和思路。牛津大学副校长威廉姆·D.麦克米伦指出，战略规划的运用首先要明确三个问题：1. 为谁服务；2. 谁来制定；

[①] 《教育部关于深化高校教师考核评制度改革的指导意见》，2016 年 9 月，中华人民共和国中央人民政府网（http://www.gov.cn/xinwen/2016-09/21/content_5110529.htm）。

[②] 林益彬：《多举措激发国有企业科技创新活力，建立健全以创新为导向的考核评价体系》，《上海科技报》2016 年 5 月 11 日第 B2 版。

[③] 李战国、谢仁业：《美国高校学科专业结构与产业结构的互动关系研究》，《中国高教研究》2011 年第 7 期。

3. 谁来实施。① 同样，关于区域学科与产业结构协同的战略规划，其关键是处理好协同参与主体，即政府、学科和产业在战略与规划编制实施中的关系及各自扮演的角色。在协同问题上，战略规划"为学科与产业结构协同服务"的目的很明确。因此，战略规划的制定和实施应该由区域学科与产业发挥主导作用。当前，虽然中国产业发展大都遵循市场经济规律，但是学科的发展规划与实际运行仍然受到政府的直接管制和强势干预，往往造成学科结构调整滞后于产业结构升级。学科与产业能否在战略规划的制定和实施过程中拥有自主权和主导权成为两者区域结构协同的重要一环。但是对于"丝路域"这类学科与产业发展水平较低的区域，政府必须在保证学科与产业发展自主权的前提下加强宏观协作与管理，改变以往简单粗放式的管理手段，从区域发展的大局出发提高科学预判及统筹能力，合理运用资源和政策调控手段，引导学科与产业形成以市场调节为主的结构协同机制。

（二）优化顶层设计，完善区域学科与产业协调与反馈机制

顶层设计一般是指在决策层主导下对某项重大事务或工程项目做出战略性、系统性和实践性的总体安排与部署，② 顶层设计是战略与规划的开端，也是对战略规划的全局化考量。学科与产业协同的战略规划必须将顶层设计纳入其中。

自改革开放以来，中国高等教育与科研体制改革多次强调加强各类学科同社会生产和社会经济其他各方面的联系，并提高主动适应能力。但是学科发展始终陷入对政府的高度依赖和趋从当中，与相关产业的联系与合作大都处于"摸着石头过河"的阶段。在当前不断强调协同创新的知识经济时代，传统的"头疼医头、脚疼医脚"的纠偏和补漏方式在学科与产业协同过程中所表现出来的随意性和滞后性已经成为严重阻碍协同为继的"短板"。因此，学科与产业协同必然要求进一步优化顶层设计，积极探索学科与产业结构动态调整机制，逐渐运演出结构协同的内在逻辑，最终实现结构协同的稳步协调推进。

---

① 别敦荣：《制定发展战略规划，适应高等教育变革》，《中国教育报》2007 年 8 月 12 日第 2 版。

② 王建民、狄增如：《"顶层设计"的内涵、逻辑与方法》，《改革》2013 年第 8 期。

其中，如何实现学科与产业结构稳定的动态协调是顶层设计和实施的关键。这要求政府、学科与产业形成合力，将政府宏观统筹、学科自主调整与产业评估反馈连接起来，构建学科与产业自发式预警、退出和新建的动态循环调整模式，健全学科与产业结构协同的"长期规划、定期反馈及预期调整"机制。

（三）推动学科与产业分类发展，建设区域特色优势学科与产业

学科与产业的规划发展需要体现区域的"整体性"，但更重要的是注重"独特性"和"优质性"。大部分区域，尤其像"丝路域"这样的发展弱势区域，不可能做到"全面出击，遍地开花"。中国东部发达区域的经验表明，优势和特色学科是区域协同创新的主要推动者。[①] 因此，区域战略规划应该采取不同学科与产业"功能导向、分类发展"的思路，充分发挥特色优势学科与产业协同的先导性作用，由点到面扩大受益面，逐步提高协同的整体效能。

区域特色优势学科与产业的形成和发展是区域科教、经济和社会各个方面的凝练、继承和延续。在考虑战略规划的过程中，首先应该充分考虑其历史和现实条件，以区域自身比较优势作为基础和前提，建立地方特色优势产业和特色优势学科对接机制，促进人才培养链、科技创新链和产业价值链紧密结合。充分发挥重点学科、重大科技创新平台的作用，推动各地根据国家和区域重点产业结构调整规划，制定特色优势学科建设规划。例如根据前文分析，"丝路域"在农业、畜牧和食品制造等领域具有明显的学科与产业优势，在未来的战略规划中应进一步加强农业类相关学科与产业的协同发展；同时，该区域在生物、医药、材料、化工、软件等学科领域具有相对优势，而在传统重工业领域趋向弱势，所以"丝路域"应该加快产业结构转移，布局和扶持与优势学科对应的产业发展，以此促进产业结构升级。其次，区域优势学科或产业的打造和壮大必须依靠统一的战略规划，规避和减少同类学科或产业之间的无序和恶性竞争，打破相关学科间或产业间的地区封锁、组织垄断、条块分割和封闭运行的局面，促使优势特色学科或产业在有序竞争和合作的基础上形成统一的集

---

① 余晓等：《地方高校合作专利发展特征及其与优势学科的契合度研究——基于产学研协同的视角》，《高等工程教育研究》2016年第1期。

群式协同，通过"抱团取暖"逐渐改变落后的发展状况。

三 加紧投入与保障，构建组织协同

组织协同是学科与产业协同的条件平台和物质基础，是两大系统协同实施的重要前提和根本保障。根据前文对"丝路域"的实证分析，组织协同在对人员和经费投入需求较高的理工类学科与第二产业之间的协同过程中发挥着主要作用。加紧资源要素投入，建设各类协同组织是促进区域学科与产业协同的关键。但与日益增长的需求相比，类似"丝路域"这样的发展薄弱区域往往在科教、研发领域的投入"欠账"较多，投入的总量和强度严重不足，投入结构也不尽合理，无法有效推动学科、产业及其他组织发挥协同效用。为扭转弱势，应该从拓宽投入渠道、优化资源配置和寻求域外资源三个方面进行完善。

（一）强化产业投入主体地位，拓宽投入渠道

改革开放后，虽然中国市场经济体制运行趋于成熟，但是科学技术的自主供给能力依然无法满足社会经济的快速发展。政府为了谋求科技的快速进步和经济的跨越式增长，不断通过经费投入和技术引进强力推动学科与产业发展，在短期内取得了良好的效果。但是，这种由政府主导的发展模式也伴随着资源浪费、效率低下、竞争力不强等问题出现，不仅造成学科组织发展脱离社会经济需要，而且导致产业发展严重依赖外界技术的尴尬局面。政府主导模式在科技创新和发展中的促进作用趋向弱化。企业投入在获取核心竞争优势、提升科技创新绩效中起主导作用。[1] 为此，学科与产业的组织协同迫切需要向以产业为主导的方式转变，产业应该成为协同资源要素投入的主体，促进协同过程紧跟市场动向，增强组织协同原动力。但是对于"丝路域"等发展弱势区域，产业发展短期内还不能有效支撑组织协同，需要充分发挥区域政府在投入中的引导作用。通过财政投入、税收优惠等多种财政投入方式，增强区域政府投入调动全社会科技资源配置能力，建立多元化、多渠道的投入体系，扶持具有发展潜力学科与产业协同共生。

---

[1] 肖丁丁、朱桂龙、戴勇：《R&D 投入与产学绩效关系的实证研究》，《管理学报》2011年第5期。

(二) 建立协同组织协同网络,优化资源配置

传统学科与产业之间的组织联系通常是点对点的线型方式,存在合作松散和脱节的现象,合作的深度、广度、效度不足,形式化和短期性的特征比较明显。为解决这种弊端,中国相关部委和上海、江苏、浙江等发达区域相继提出"产业技术创新战略联盟"[①]和"产业技术研究院"的概念并付诸实践,以促进多种组织加强交流与合作,推动产业技术创新。但此类平台更类似于中介组织,并不能从根本上带动区域内学科与产业组织广泛参与,并建立长期稳定的协同关系,实现共同发展。基于此,在"丝路域"建立包括学科、产业、政府、中介、金融等诸多类型组织共同加入的矩形组织网络成为有效促进协同演化的新路径。其中,学科与产业组织是协同组织网络的核心,也是知识技术创新的内生动力,政府组织发挥统筹作用,中介和金融等组织结构作为服务支撑体系,充当整个网络的"毛细血管",帮助和促进知识流、资源流和信息流等在组织之间快速流动,增强整个网络的运行活力。矩形协同组织网络的建立一方面可以降低协同的交易成本、监督成本和信息搜索成本,促进资源要素在各个组织间的流通和整合,为学科与产业的上下或交叉协同创造有利条件;另一方面,矩阵式的组织方式兼有项目式和职能式的综合特征,适合于像"丝路域"这样发展落后区域针对某些具有突出优势特色或巨大潜力的学科与产业协同项目进行重点规划与实施,以此产生联动效应,促进整个区域发展。

(三) 加强与外界合作交流,寻求区域外资源

"丝路域"等发展落后区域存在发展动力不足,缺乏新的资源要素和知识技术来源,以及变革动力不足,缺乏充分的市场竞争机制等问题。因此,加快促进落后区域的学科与产业协同,需要各类协同组织积极参与对外交流,吸引区域资源投入,建设开放型的协同环境。外界资源要素的流入不仅可以在短期内弥补区域协同的投入缺口,而且通过快速增加区域经济和知识技术的存量基数,进一步推进区域学科与产业迈向更高质量的协同发展。但是,寻求外界资源投入必须避免过度依赖、恶性

---

① 《六部门联合发布〈关于推动产业技术创新战略联盟构建的指导意见〉》,2009 年 2 月,中华人民共和国科技部网站(http://www.most.gov.cn/yw/200902/t20090220_67551.htm)。

竞争和目标泛化等危害。因此，外界资源的引入首先应该以区域协同战略规划为依据，以区域优势特色学科与产业为核心，采取分类别、分层次的引入机制和措施；其次，严把流入资源的质量关。流入资源应该与当前区域学科与产业发展的基本情况契合，能够快速有效地被学科和产业组织消化吸收，增进协同组织的发展"内力"；最后，区域学科与产业组织在寻求外界资源"走进来"的同时，应该积极开展"走出去"的战略活动。"走出去"并不是削弱区域内部学科与产业之间的协同关系，而是更加强调区域内协同发展，以创新知识和技术为资本，积极参与区域外合作，吸引外界优质资源，形成要素在区域内外流动的良性循环。

四 激活互通与互联，优化布局协同

学科与产业在区域地理空间的分布和布局对两者协同的影响作用较为复杂。一方面，科学合理的空间布局在促进学科与产业融入当地社会经济发展、削减协同成本和提高协同可持续性等方面具有积极意义；另一方面，由于现代科技和交通的巨大发展，空间布局所造成的协同阻碍正在减弱。因此，优化布局协同应该同时实施"两手抓"的策略，既要根据"丝路域"各省的差异化优势，规划调整学科与产业布局；也要最大限度地激活区域互通互联，实现各类资源要素跨省加速流动，促进"丝路域"学科与产业一体化发展。

（一）统筹各地区空间发展定位，优化学科与产业布局

学科与产业协同以地理空间为支撑，而异质性是不同地理空间的基本特征，包括自然环境、资源要素、社会经济和科技水平等差异。这决定了布局协同需要从区域全局出发，统筹兼顾，实现布局协同合理化与整体综合利益最优化。例如"丝路域"学科与产业发展尚处于起步阶段，资金和知识技术等要素投入普遍匮乏，各省必须根据自身优势，明确在"丝路域"发展战略中的角色和地位，以所处经济带的空间功能为基础，加强省间的协调与沟通，择优发展相关学科与产业布局，避免学科与产业协同布局的同质化，防止布局不当造成资源浪费和效率低下，实现学科与产业优势互补和综合利益最大化。根据国家"一带一

路"发展愿景,[①] 新疆应该发挥独特的区位优势和向西开放的重要窗口作用,大力发展交通运输、商贸物流和文化等相关产业,深化与中亚、南亚、西亚等地区国家的交流合作,形成丝绸之路经济带核心区。学科与产协同布局还应该发挥甘肃综合经济文化和宁夏、青海民族人文优势,加快重要、新兴产业发展和开放型协同试验区建设。因此,"丝路域"学科与产业的协同布局既要体现区域整体的特色优势,也要在区域内部各省之间做好优先发展、重点布局,促进经济带学科与产业协调发展。

(二) 建设互通互联体系,加强地区间协同合作

从"丝路域"的地理范畴来看,新疆、甘肃、青海和宁夏四省份横跨"河西走廊""青藏高原东部""三山两盆"等地区,区域总面积约占中国陆地面积四分之一,地理跨度较大。除此之外,四省份在宗教文化、经济发展和科教水平等方面也存在明显差异。因此,"丝路域"学科与产业协同发展必须加强四省份之间互通互联体系建设,打通协同要素流通的血脉经络,加深地区间沟通合作。结合前文分析所述"丝路域"内各省份的功能地位和学科、产业的特色优势,互联互通体系应优先发展包括公路、铁路、航空、通信、金融体系在内的基础设施互联互通。如此才能实现更便捷的知识、技术、信息、人才、资金和服务等协同要素的往来,更高效地整合区域沿线的各种资源,帮助学科与产业实现协同效益最大化的地理布局,最终体现区域学科与产业"共建""共助""共享"的特征,使各省份从学科与产业协同发展的推进中获得实实在在的成果。

(三) 实施区域"互联网 +"计划,推动学科与产业协同升级

"互联网 +"是以互联网为主的新一代信息技术(包括移动互联网、云计算、物联网、大数据等)在经济、社会生活各部门的扩散、应用与深度融合的过程。[②]"互联网 +"计划是顺应互联网技术和应用的发展趋势,也是打造新常态下产业发展新引擎的重要战略。[③] 美国研究公司统

[①] 《推动共建丝绸之路经济带和 21 世纪海上丝绸之路的愿景与行动》,2015 年 3 月,中国一带一路网(https: //www.yidaiyilu.gov.cn/yw/qwfb/604.htm)。

[②] 李克强:《2015 年政府工作报告》,2015 年 3 月,中华人民共和国中央人民政府网(http: //www.gov.cn/guowuyuan/2015 - 03/16/content_2835101.htm)。

[③] 邬贺铨:《"互联网 +"行动计划:机遇与挑战》,《人民论坛·学术前沿》2015 年第 10 期。

计，全球产业互联网的增加值在 2011 年达到 GDP 的 46%，并预测在 2025 年将占到同期 GDP 的 50%，显示了产业互联网宏伟的未来。[①] 在此背景下，区域学科与产业协同应该积极实施"互联网+"计划，推动信息技术、通信技术和数据技术支撑协同方式从传统基于地理空间到依靠现代信息技术的升级转变。"互联网+"计划应着力于三个方面的内容：一是加强区域互通互联，推动学科与产业之间运用互联网等技术和信息流、资源流及物流结合，有效减小布局阻碍，提升交易效率；二是推动优质资源开放，依靠互联网平台促进区域内学科与产业共享知识技术与资源要素，促使协同过程在知识技术的生产、传播、进化和分享等方面实现变革；三是推动区域学科与产业协同升级。区域学科与产业协同以互联网等新技术为基础设施和创新要素，不仅可以提升产业运行的信息化、数字化和智能化水平，推进区域产业向"工业4.0"的方向发展，而且有利于推动区域学科进一步优化和再造知识创新与发展的业态，升级学科服务社会经济的新范式。总之，"互联网+协同"是一个旨在推动学科与产业协同升级和优化的动态演化过程，沿着"学科与产业建立互联→实施知识技术交换→开展动态协同→推动学科与产业变革→促进协同升级"的路径，不断提高"丝路域"学科、产业乃至社会经济各个方面的发展水平。

本章小结

"丝路域"或其他发展落后区域在学科与产业协同过程所面临的困境受制于制度环境演变的影响，其中国家导向的政治制度构成了协同困境的制度基础。国家主导的以效率为主兼顾公平的区域非均衡发展战略导致"丝路域"在内的西部区域陷入学科与产业协同发展长期滞后的困境，同时国家导向的制度基础容易助长政府的投机心理而将权力资源频繁用于某种"短期利益"政策，忽视促进学科与产业协同的长效机制建设。此外，市场机制的不健全和市场作用的式微是协同困境产生的制度障碍。市场规律对区域学科与产业协同的积极影响会通过国家和政府作用被重

[①] Peter C. Evans, Marco Annunziata, "Industrial Internet—Pushing the Boundaries of Minds and Machines", 2012, (http://www.ge.com/docs/chapters/Industrial_Internet.pdf).

新塑造,不仅导致协同交易成本提高,而且造成协同过程中的不完全竞争,致使协同资源配置不合理。在上述这种复杂的多重制度逻辑作用下,"丝路域"学科与产业发展处于一种"依附性自主"的实践状态。学科与产业主体由于缺乏行为的自主性,难以摆脱被赋予或定位的特定角色,产生依赖式的发展路径,也会因为依附者之间的目标和利益冲突,陷入"碎片化的权威和治理"困境。这致使区域内不同学科与产业的发展时常不得不面临非自愿的"你进我退"局面,严重破坏协同的正常运行轨迹。

为了消减类似"丝路域"的发展落后区域在协同过程中面临的制度性阻碍,促进学科与产业协同的全面发展,应该构建以学科、产业和政府为协同主体,以完善法制、规划管理、投入保障和互通互联为协同路径,以知识协同、结构协同、组织协同和布局协同为协同维度,以实现区域学科与产业协同发展为协同目标,不断通过目标反馈调整协同主体行为,最终形成"正累积动态循环"的"四位一体"全面协同模式(如图8—1所示)。

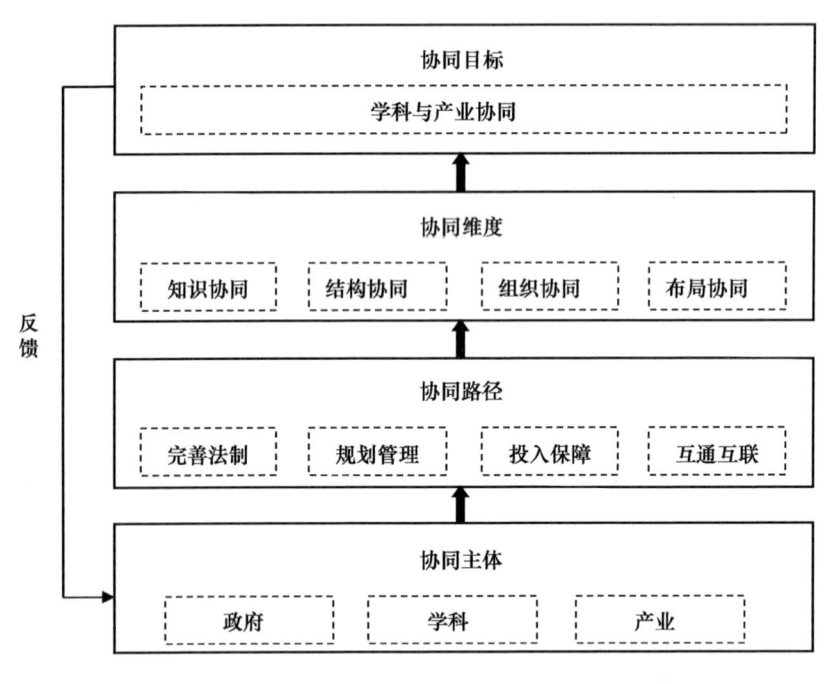

图8—1 "丝路域"学科与产业"四位一体"协同模式

参考文献

一 中文文献

［美］W. 理查德·斯科特等:《组织理论:理性、自然与开放系统的视角》,高俊山译,中国人民大学出版社 2011 版。

［美］阿伦·拉奥、皮埃罗·斯加鲁菲:《硅谷百年史——伟大的科技创新与创业历程（1900—2013）》,闫景立等译,人民邮电出版社 2014 版。

包惠:《美国产业研发的空间结构与科技政策研究》,博士学位论文,华东师范大学,2005 年。

［英］贝尔纳:《历史上的科学》,伍况甫等译,科学出版社 1959 年版。

蔡昉、都阳:《中国地区经济增长的趋同与差异——对西部开发战略的启示》,《经济研究》2000 年第 10 期。

陈夑军:《学科学导论——学科发展理论探索》,上海三联书店 1991 年版。

陈栋生等:《西部经济崛起之路》,上海远东出版社 1996 年版。

陈劲:《协同创新》,浙江大学出版社 2012 年版。

陈士慧、王贺元:《学科—专业—产业链融合价值链分析——基于知识流动视角》,《科技进步与对策》2012 年第 12 期。

陈学恂:《中国近代教育史教学参考资料》（上册）,人民教育出版社 1986 年版。

崔永涛:《我国高等教育学科结构优化调整研究——基于产业结构调整的视角》,《教育发展研究》2015 年第 17 期。

崔玉平:《省域高等教育实力的分类评价》,《清华大学教育研究》2010 年第 2 期。

［英］W. C. 丹皮尔:《科学史及其与哲学和宗教的关系》,李衍译,广西

师范大学出版社 2001 年版。

邸俊鹏、孙百才:《高等教育对经济增长的影响——基于分专业视角的实证分析》,《教育研究》2014 年第 9 期。

丁雅娴:《学科分类研究与应用》,中国标准出版社 2004 年版。

方丽:《高等学校学科专业结构调整与产业结构调整》,《黑龙江高教研究》2003 年第 6 期。

冯仕政:《中国国家运动的形成与变异:基于政体的整体性解释》,《开放时代》2011 年第 1 期。

高耀等:《中国十大城市群主要城市高等教育与区域经济协调综合评价研究——基于 107 个城市 2000 年和 2010 年的横截面数据》,《教育科学》2013 年第 6 期。

顾培亮:《系统分析与协调》,天津大学出版社 1998 年版。

郭洪:《基于协同创新的高技术企业绩效管理研究》,博士学位论文,天津大学,2008 年。

[英] 哈耶克:《哈耶克文选》,冯克利译,江苏人民出版社 2007 年版。

何菊莲等:《高等教育人力资本促进产业结构优化升级的实证研究》,《教育与经济》2013 年第 2 期。

[德] 赫尔曼·哈肯:《协同学——大自然构成的奥秘》,凌复华译,上海译文出版社 2005 年版。

胡鞍钢:《地区与发展——西部开发新战略》,中国计划出版社 2001 年版。

胡赤弟:《论区域高等教育中的学科—专业—产业链的构建》,《教育研究》2009 年第 6 期。

胡赤弟、黄志兵:《知识形态视角下高校学科—专业—产业链的组织化治理》,《教育研究》2013 年第 1 期。

[美] 华勒斯坦等:《学科·知识·权力》,刘健芝译,生活·读书·新知三联书店 1999 年版。

黄福涛:《欧洲高等教育近代化——法、英、德近代高等教育制度的形成》,厦门大学出版社 1998 年版。

黄莉敏:《学科集群与产业集群协同创新的机理分析——以武汉城市圈为例》,《商业时代》2011 年第 18 期。

黄启兵、毛亚庆:《高等教育质量的知识解读》,《清华大学教育研究》

2009 年第 12 期。

黄志兵、胡赤弟：《学科—专业—产业链"公司化"运行模式研究——以中南大学为例》，《高等工程教育研究》2013 年第 3 期。

霍益萍：《近代中国的高等教育》，华东师范大学出版社 1999 年版。

霍影、张凤武：《嵌入省域产业特色的优势学科群集群发展模式研究——创新驱动视阈下以黑龙江省高校学科群为例》，《中国高教研究》2012 年第 10 期。

季芳芳：《区域产业结构变化与高校学科专业结构调整的相关性分析》，《统计与管理》2014 年第 7 期。

靳希斌：《中国教育经济学理论与实践》，四川教育出版社 2008 年版。

［英］雷·奥基：《高技术小公司》，周美和等译，科学技术文献出版社 1988 年版。

李英等：《高校学科专业结构与产业结构的适应性研究》，《科技管理研究》2007 年第 9 期。

李柏洲、徐涵蕾：《区域创新系统中地方政府行为研究》，哈尔滨工程大学出版社 2010 年版。

李丹：《基于产业集群的知识协同行为及管理机制研究》，法律出版社 2009 年版。

李建军：《硅谷模式及其产学创新体制》，博士学位论文，中国人民大学，2000 年。

李铁军：《大学学科建设与发展论纲》，中国社会科学出版社 2004 年版。

李伟、董玉鹏：《协同创新过程中知识产权归属原则——从契约走向章程》，《科学学研究》2014 年第 7 期。

李战国、谢仁业：《美国高校学科专业结构与产业结构的互动关系研究》，《中国高教研究》2011 年第 7 期。

李张珍：《产学研协同创新中的研用对接机制探析——基于美国北卡三角协同创新网络发展实践的考察》，《高等工程教育研究》2016 年第 1 期。

李子彪：《区域创新系统——多创新极共生演化模型与实证》，知识产权出版社 2015 年版。

林蕙青：《高等学校学科专业结构调整研究》，博士学位论文，厦门大学，

2006年。

林聚任、刘玉安:《社会科学研究方法》,山东人民出版社2004年版。

林毅夫、蔡昉、李周:《中国经济转型时期的地区差距分析》,《经济研究》1998年第6期。

刘畅:《基于产业发展的高校学科结构优化设计》,《中国高教研究》2011年第8期。

刘传哲、乔路:《学科集群与产业集群协同创新互动机制研究》,《中国矿业大学学报》(社会科学版)2013年第4期。

刘国瑞:《我国高等教育空间布局的演进特征与发展趋势》,《高等教育研究》2019年第9期。

刘剑虹、熊和平:《区域经济结构与区域高等教育的多元发展》,《教育研究》2013年第4期。

刘丽建:《区域高等教育学科结构与产业结构关系的实证研究——基于福建省的数据》,《高等农业教育》2014年第9期。

刘世清等:《区域产业结构调整与高校专业设置——以上海地区为例》,《高等工程教育研究》2010年第5期。

刘思峰、唐学文等:《我国产业结构的有序度研究》,《经济学动态》2004年第5期。

刘新民:《区域划分与创新发展:产业网络视阈下的区域创新系统评价研究》,经济科学出版社2015年版。

刘新平、孟梅:《新疆高校学科建设与产业结构调整的耦合关系分析》,《中国高教研究》2010年第8期。

刘仲林:《跨学科教育论》,河南教育出版社1991年版。

刘仲林:《中国交叉科学》(第二卷),科学出版社2008年版。

刘祖良:《建设高等教育强国:我国大学群发展政策研究》,博士学位论文,北京航空航天大学,2011年。

鲁洁:《论教育之适应与超越》,《教育研究》1996年第2期。

吕国庆、曾刚、顾娜娜:《基于地理邻近与社会邻近的创新网络动态演化分析——以我国装备制造业为例》,《中国软科学》2014年第5期。

吕拉昌:《创新地理学》,科学出版社2017年版。

吕薇等:《区域创新驱动发展战略:制度与政策》,中国发展出版社2014

年版。

[意] 罗伯塔·卡佩罗:《区域经济学》,赵文等译,经济管理出版社 2014 年版。

[英] 迈克尔·波兰尼:《个人知识》,许泽民译,贵州人民出版社 2000 年版。

[英] 迈克尔·马尔凯:《科学与知识社会学》,林聚任等译,东方出版社 2001 年版。

潘海生:《大学集群和谐发展的机制研究》,博士学位论文,天津大学,2009 年。

潘懋元:《产学研合作教育的几个理论问题》,《中国大学教学》2008 年第 3 期。

庞青山:《大学学科论》,广东教育出版社 2006 年版。

庞瑞芝等:《区域创新网络与产业发展研究》,经济科学出版社 2013 年版。

钱颖一、肖梦:《走出误区——经济学家论说硅谷模式》,中国经济出版社 2000 年版。

璩鑫尘、唐良炎:《中国近代教育史资料汇编(学制演变)》,上海教育出版社 1991 年版。

申仲英:《系统中的结构与功能》,《哲学研究》1983 年第 8 期。

史忠良:《产业经济学》,经济管理出版社 2004 年版。

宋争辉:《中国优质高等教育资源区域分布非均衡化的历史演变与现实思考》,《高等教育研究》2012 年第 5 期。

苏东水:《产业经济学》,高等教育出版社 2001 年版。

苏永健:《体制化的技术治理与非对称性问责——社会转型期中国高等教育质量保障的社会学分析》,博士学位论文,华中科技大学,2015 年。

孙福全等:《主要发达国家的产学研合作创新》,经济管理出版社 2007 年版。

孙绵涛:《学科论》,《教育研究》2004 年第 6 期。

佟泽华:《知识协同的内涵探析》,《情报理论与实践》2011 年第 11 期。

[美] 托马斯·库恩:《科学革命的结构》,金吾伦、胡新和译,北京大学出版社 2003 年版。

王长纯:《学科教育学概论》,首都师范大学出版社 2000 年版。

王贺元等:《论产学研范式到学科—专业—产业链范式的转变》,《教育发展研究》2011年第1期。

王贺元、胡赤弟:《学科—专业—产业链:协同创新视域下的基层学术组织创新》,《中国高教研究》2012年第12期。

王洪伟等:《企业知识管理研究》,《软科学》2003年第2期。

王建华:《学术—产业链与大学的公共性》,《高等教育研究》2012年第6期。

王英杰:《美国高等教育发展与改革百年回眸》,《高等教育研究》2000年第1期。

王进富等:《学科群与战略性新兴产业耦合度评价研究》,《科技进步与对策》2015年第1期。

王庆金等:《区域协同创新平台体系研究》,中国社会科学出版社2014年版。

王诗宗、宋程成:《独立抑或自主:中国社会组织特征问题重思》,《中国社会科学》2013年第5期。

温晓慧、丁三青:《论我国高校学科结构调整和优化——基于产业结构动态的视角》,《湖北社会科学》2012年第11期。

问美琴等:《区域产业结构演变与地方高校学科建设的关联分析》,《东南大学学报》(哲学社会科学版)2013年第12期。

吴殿廷:《区域经济学》,科学出版社2016年版。

吴文侃、杨汉清:《比较教育学》,人民教育出版社1999年版。

伍虹儒:《区域创新系统测度分析与比较研究》,西南财经大学出版社2015年版。

向勇等:《区域协同与创新平台》,社会科学文献出版社2016年版。

肖丁丁等:《产学合作中的知识生产效率——基于"模式Ⅱ"的实证研究》,《科学学研究》2012年第6期。

徐晓飒、宋伟:《我国优质高等教育资源省域布局政策变迁的制度逻辑——基于历史制度主义的分析》,《教育发展研究》2019年第13期。

[加拿大]许美德:《中国大学1895—1995:一个文化冲突的世纪》,资洁英译,教育科学出版社2000年版。

宣勇:《论大学学科组织》,《科学学与科学技术管理》2002年第5期。

［英］亚当·斯密：《国富论》，严复译，商务印书馆1981年版。

杨道现：《学科集群和产业集群协同创新能力评价方法研究》，《科技进步与对策》2012年第12期。

杨德广：《世界教育兴邦与教育改革》，同济大学出版社1990年版。

杨开忠：《迈向空间一体化：中国市场经济与区域发展战略》，四川人民出版社1993年版。

杨林、陈书全、韩科技：《新常态下高等教育学科专业结构与产业结构优化的协调性分析》，《教育发展研究》2015年第21期。

杨先明、袁帆：《面向"一带一路"产业外向发展研究》，社会科学文献出版社2017年版。

［澳］杨小凯、黄有光：《专业化与经济组织——一种新兴古典微观经济学框架》，张玉纲译，经济科学出版社1999年版。

杨哲英、张琳：《高新技术产业组织模式的演进方向——以日本筑波科学城为例的分析》，《日本研究》2007年第4期。

姚慧琴等：《西部蓝皮书：中国西部发展报告》，社会科学文献出版社2013年版。

余晓等：《地方高校合作专利发展特征及其与优势学科的契合度研究——基于产学研协同的视角》，《高等工程教育研究》2016年第1期。

袁本涛：《百年学府的新生与崛起——筑波大学》，《清华大学教育研究》2003年第6期。

［美］约翰·S.布鲁贝克：《高等教育哲学》，王承绪、徐辉等译，浙江教育出版社1998年版。

［英］约翰·齐曼：《真科学——它是什么，它指什么》，曾国屏等译，上海科技教育出版社2002年版。

［美］约瑟夫·熊彼特：《经济发展理论》，何畏等译，商务印书馆1990年版。

曾玖林：《长江经济带高等教育投入和产业集聚水平对区域经济增长的共轭驱动研究》，《教育财会研究》2015年第10期。

曾鹏、向丽：《中国十大城市群高等教育投入和产业集聚水平对区域经济增长的共轭驱动研究》，《云南师范大学学报》（哲学社会科学版）2015年第7期。

曾荣光：《教育政策行动：解释与分析框架》，《北京大学教育评论》2014年第1期。

张学文：《基于知识的产学合作创新：边界与路径研究》，博士学位论文，浙江大学，2009年。

张延平、李明生：《我国区域人才结构优化与产业结构升级的协调适配度评价研究》，《中国软科学》2011年第3期。

张应强：《超越"学科论"和"研究领域论"之争——对我国高等教育学学科建设方向的思考》，《北京大学教育评论》2011年第4期。

张振助：《国外高等教育与区域互动发展的新趋势》，《江苏高教》2001年第3期。

赵红凌等：《广东学科集群与新兴产业集群协同发展研究》，《高教探索》2013年第6期。

赵士英等：《显性知识与隐性知识的辩证关系》，《自然辩证法研究》2001年第10期。

郑海航：《企业组织论》，经济管理出版社2005年版。

郑丽霞：《我国高等教育布局结构及其逻辑研究》，博士学位论文，华中科技大学，2009年。

周城雄：《隐性知识与显性知识的概念辨析》，《情报理论与实践》2004年第2期。

周雪光、艾云：《多重逻辑下的制度变迁：一个分析框架》，《中国社会科学》2010年第4期。

朱明凯等：《基于超网络的优势学科与战略新兴产业对接组合机制研究》，《科技与经济》2012年第10期。

朱迎春：《高等教育对区域经济增长的贡献研究》，博士学位论文，天津大学，2009年。

［日］竹内弘高、野中郁次郎：《知识创造的螺旋——知识管理理论与案例研究》，李萌译，知识产权出版社2006年版。

二 英文文献

Allen G. B. Fishcher, "Production, primary, secondary, and tertiary", *Economic record*, Vol. 15, No. 1, 1939.

Ammon J. Salter, Ben R. Martin, "The Economic Benefits of Publicly Funded Basic Research: a Critical Review", *Research Policy*, Vol. 30, No. 3, 2001.

Andrea Bonaccorsi, Andrea Piccalugadu, "A Theoretical Framework for the Evaluation of University-Industry Relationships", *R&D Management*, Vol. 24, No. 3, 1994.

Anklam Patti, "Knowledge Management: the Collaboration Thread", *Bulletin of the American Society for Information Science & Technology*, Vol. 28, No. 6, 2010.

Arrow Kenneth, "Vertical Integration and Communication", *Bell Journal of Economics*, Vol. 6, No. 1, 1975.

Belderbos René, Carree Martin, Diederen Bert, Lokshin Boris, Veugelers Reinhilde, "Heterogeneity in R&D Cooperation Strategies", *International Journal of Industrial Organization*, Vol. 22, Issue 8/9, 2004.

Bergek Anna, Norrman Charlotte, "Incubator Best Practice: A Framework", *Technovation*, Vol. 28, No. 1 - 2, Jan/Feb 2008.

Brian D. Wright, Kyriakos Drivas, Zhen Lei, Stephen A. Merrill, "Technology Transfer: Industry-funded Academic Inventions Boost Innovation", *Nature*, Vol. 507, No. 7492, 2014.

Christopher Freeman, *Technology Policy and Economic Performance*, *Lessons from Japan*, London: Pinter Publishers Limited, 1987.

Rosa Brunojofré, "Creating entrepreneurial universities: organizational pathways of transformation", *Advances in Mathematics*, Vol. 225, No. 1, 2000.

David Fingold, "Creating Self-sustaining, High-Skill Eco-systems", *Oxford Review of Economic Policy*, Vol. 15, No. 1, 1999.

D. Doloreux, "What We Should Know about Regional Systems of Innovation", *Technology in Society*, Vol. 24, No. 3, 2002.

Denison E., Dward F., "The Sources of Economic Growth in the United States and the Alternatives Before us. by e. f. Denison", *The Economic Journal*, Vol. 72, No. 288, 1962.

Diebold William, Michael E. Porter, "The Competitive Advantage of Nations",

Foreign affairs (*Council on Foreign Relations*), Vol. 69, No. 4, 1990.

Douglas L. Adkins, "The Great American Degree Machine: An Economic Analysis of the Human Resource", *The Carnegie Commission on Higher Education*, Vol. 71, No. 356, 1976.

Druilhe Celine, E. Garnsey, "Emergence and growth of high-tech activity in Cambridge and Grenoble", *Entrepreneurship & Regional Development*, Vol. 12, No. 2, 2000.

Dzisah James, Henry Etzkowitz, "Triple helix circulation: the heart of innovation and development", *International Journal of Technology Management & Sustainable Development*, Vol. 7, No. 1, 2008.

Erkko Autio, "Evaluation of RID in Regional Systems of Innovation", *European Planning Studies*, Vol. 6, No. 2, 1998.

Ferguson R., Olofsson C., "Science Parks and the Development of NTBFs——Location, Survival and Growth", *Journal of Technology Transfer*, Vol. 29, No. 1, 2004.

Eliezer Geisler, Antonio Furino, Thomas J. Kiresuk, "Factors in the Success or Failure of Industry-University Cooperative Research Centers", *Interfaces*, Vol. 20, Issue 6, 1990.

Goodwin C. D., "Technology Transfer at US Universities: Seeking Public Benefit from the Results of Basic Research", *Technology & Health Care: Official Journal of the European Society for Engineering & Medicine*, Vol. 4, No. 3, 1996.

Haken Hermann, Portugali Juval, "Information and Self-Organization", *Entropy*, Vol. 19 Issue 1, 2016.

Henry Etzkowitz, *MIT and the Rise of Entrepreneurial Science*, London: Routledge, 2002.

Henry Etzkowitz, "The Rise of a Triple Helix Culture: Innovation in Brazilian economic and social development", *International Journal of Technology Management & Sustainable Development*, Vol. 2, No. 3, 2004.

Henry Etzkowitz, "Triple Helix Clusters: Boundary Permeability at University-industry-government Interfaces as a Regional Innovation Strategy", *Environment & Planning C: Government & Policy, Vol. 30, No. 5, 2012.

Henry Etzkowitz, Chunyan Zhou, "Triple Helix twins: innovation and sustainability", *Science & Public Policy (SPP)*, Vol. 33, No. 1, 2006.

Hicks D., *The Changing Science and Technology Environment*, Washington DC: Aaas Science & Technology Yearbook, 2002.

I. Nonaka, R. Toyama, A. Nagata, "A Firm as a Knowledge Creating Entity: a New Perspective on the Theory of the Firm", *Industrial and Corporate Change*, Vol. 9, No. 1, 2000.

Jensen M. B., Johnson B., Lorenz E., Lundvall B. A., "Forms of Knowledge and Modes of Innovation", *Research Policy*, Vol. 36, No. 5, 2007.

Jim Kelly, "Cambridge: A Cluster of Entrepreneurial Energy", *Financial Times*, Sep. 17, 2003.

John H. Newman, *The Idea of the University*, New Haven, CT: Yale University Press, 1996.

Karlenzig Warren, "Tap into the Power of Knowledge Collaboration", *Customer Interaction Solutions*, Vol. 20, No. 11, 2002.

Koen D. Backer, Vladimir L. Bassols and Catalina Martinez, "Open Innovation in a Global Perspective: What Do Existing Data Tell Us?" *OECD Science, Technology and Industry Working Papers*, Vol. 9, No. 1, 2008.

Antonia Kupfer, "The Socio-political Significance of Changes to the Vocational Education System in Germany", *British Journal of Sociology of Education*, Vol. 31, No. 1, 2010.

Lawrence M. Fisher, "The Innovation Incubator: Technology Transfer at Stanford University", *TECH INNOVATION*, Vol. 4, No. 13, 1998.

Liebeskind, Julia Porter, "Knowledge, Strategy, and the Theory of the Firm", *Knowledge and Strategy*, Vol. 17, Special Issue, 1996.

Loasby Brain, "Cognition, Imagination and Institutions in Demand Creation", *Journal of Evolutionary Economics*, Vol. 11, No. 1, 2001.

Markman Gideon D., Phan Phillip H., Balkin David B., Gianiodis Peter T., "Entrepreneurship and University-based Technology Transfer", *Journal of Business Venturing*, Vol. 20, No. 2, 2005.

Martin Kenney, *Understanding Silicon Valley: the Anatomy of an Entrepreneurial region*, California: Stanford University Press, 2000.

Meyer K. Frieder, Schmoch Ulrich, "Science-based Technologies: University-industry Interactions in Four Fields", *Research Policy*, Vol. 27, No. 8, 1998.

Michael E. Porter, "The Adam Smith Address: Location, Clusters, and the 'New' Microeconomics of Competition", *Business Economics*, Vol. 33, No. 1, 1998.

Michel Foucault, *The Archaeology of Knowledge and Discourse on Language*, New York: Pantheon, 1972.

Pablo D'Este, Iammarino Simona, "The Spatial Profile of University-business Research Partnerships", *Papers in Regional Science*, Vol. 89, No. 2, 2010.

Paul Dimaggio, Walter Powell, "The Ironcage Revisited: Institutional Isomorphism and Collective Rationality in Organizational Fields", *American Sociological Review*, Vol. 48, No. 2, 1983.

Paul M. Romer, "Growth Based on Increasing Returns due to Specialization", *American Economic Review*, Vol. 77, No. 2, 1987.

Paul M. Romer, "Increasing Returns and Long-run-growth", *Journal of Political Economy*, Vol. 94, No. 5, 1986.

Philip Cooke, Mikel Gomez, Uranga, Goio Etxebarria, "Regional Innovation Systems: Institutional and Organizational Dimensions", *Research Policy*, Vol. 26, No. 4 – 5, 1997.

Philip Cooke, "Regional Innovation System: Competitive Regulation in the New Europe", *Geoforum*, Vol. 23, No. 3, 1992.

Philip Cooke, Uranga M., Extebarria G., "Regional Systems of Innovation: an Evolutionary Perspective", *Environment and Planning*, Vol. 30, No. 9, 1998.

Philip Cooke, Schienstock G., "Structural Competitiveness and Learning Regions", *Enterprise and Innovation Management Studies*, Vol. 1, No. 3, 2000.

R. E. Lucas, "On the Mechanics of Economic Development", *Journal of Mone-

tary Economics, Vol. 22, No. 1, 1988.

Rod Coombs, Mark Harvey, Bruce S. Tether, "Analysing Distributed Processes of Provision and Innovation", *Industrial and Corporate Change*, Vol. 12, No. 6, 2003.

Rosa Julio M. Pierre Mohnen, "Knowledge Transfers between Canadian Business Enterprises and Universities: Does Distance Matter?" *MERIT Working Papers*, Vol. 17, No. 87, 2008.

Santoro Michael D. Chakrabarti Alok K., "Firm Size and Technology Centrality in Industry-university Interactions", *Research Policy*, Vol. 31, No. 7, 2002.

Schartinger Doris, Rammer Christian, Fischer Manfred M., Fröhlich Josef, "Knowledge Interactions Between Universities and Industry in Austria: Sectoral Patterns and Determinants", *Research Policy*, Vol. 31, No. 3, 2002.

Siegel Donald S., Westhead Paul, Wright Mike, "Assessing the Impact of University Science Parks on Research Productivity: Exploratory Firm-level Evidence from the United Kingdom", *International Journal of Industrial Organization*, Vol. 21, No. 9, 2003.

Stolper, Wolfgang F., "The Conditions of Economic Progress", *Revue économique*, Vol. 4, No. 6, 1953.

Stuart W. Leslie Robert H. Kargon, *Selling Silicon Valley: Frederick Terman's Model for Regional Advantage*, Cambridgeshire: Business History Review, 1996.

Teixeira Aurora, Mota Luisa, "A Bibliometric Portrait of the Evolution, Scientific Roots and Influence of the Literature on University—industry Links", *Scientometrics*, Vol. 93, No. 3, 2012.

Andrea L. Turpin, "The Many Purposes of American Higher Education", *Reviews in American History*, Vol. 44, No. 1, 2016.

Walter W. Powell, Kenneth W. Koput, Laurel Smith-Doerr, "Inter-organizational Collaboration and the Locus of Innovation: Networks of Learning in Biotechnology", *Administrative Science Quarterly*, Vol. 41, No. 1, 1996.

William Clark, *Academic Charisma and the Origins of the Research University*,

Chicago: the University of Chicago Press, 2006.

Zucker, Lynne G., Darby, Michael R., Armstrong, Jeff S., "Commercializing Knowledge: University Science, Knowledge Capture and Firm Performance in Biotechnology", *Management Science*, Vol. 48, No. 1, 2002.

Zucker Lynne G., Darby Michael R., Armstrong Jeff S., "Commercializing Knowledge: University Science, Knowledge Capture, and Firm Performance in Biotechnology", *Management Science*, Vol. 48, No. 1, 2003.

Zucker Lynne G., Darby Michael R., Brewer Marilyn B., "Intellectual Human Capital and the Birth of U. S. biotechnology Enterprises", *American Economic Review*, Vol. 88, No. 1, 1998.

结　语

拙作基于本人博士论文修改而成。作为一个生在甘肃、长在甘肃，却长期在外求学的学子，我时常怀念童年在家乡那段"儿童散学归来早，忙趁东风放纸鸢"式的单纯幸福，但也有感于家乡发展落后的现实境况，始终心系家乡的发展与变化。因此，在博士论文选题时，我毫不犹豫地选择家乡作为研究对象，试图剖开经验感知，从较为擅长的教育经济学角度切入，运用科学方法深入探索和发现那片区域当前存在的发展性问题，从而希望更具针对性地提出能够促进家乡可持续发展的特殊路径。

拙作正是这一动机驱使下的产物。但是囿于个人研究能力、文献数据、研究条件，本书还存在一些不足和遗憾。首先，理论框架需要深入完善。本书提出了学科与产业"四维协同"的理论框架，并对学科与产业在协同中面临的普遍性冲突及冲突化解的过程和机制进行了阐述，但是对知识、结构、组织和布局"四维"之间的相互作用和影响关系分析不够。例如知识协同如何影响结构、组织和布局协同，而结构协同又如何反过来影响知识协同或其他三个维度。其次，对衡量协同度水平的"高""低"标准有待探索。本书运用模型测量"丝路域"三大类学科与产业发展的有序度水平和协同度水平，但是其中对有序度水平和协同度水平的"高""低"判断都是建立在相对比较的基础上，缺乏科学精确的判断标准，会对研究结论造成干扰。例如，后续研究可以继续运用实证分析方法探索学科与产业协同水平的判断标准，基于协同数值划分出协同水平的"高""低"区间。最后，"一手"资料需要进一步补充。本书主要通过大量文献获取有关"丝路域"学科与产业的数据和资料，缺乏实地调研和"一手"资料获取，导致指标体系中的部分测量指标由于数据缺失而被"砍掉"。同时，量化研究必须结合质性研究才能使研究更加深入和系统，本书缺乏对"丝路域"学科与产业协同的长期深入观察和调研，会造成对部分研究结果的解释缺乏一定的可信性和科学性，这也是未来研究的重点。

博士论文的完成和本书的顺利出版需要感谢很多人的支持和帮助。是他们，支持我从一个西北小城市一步一步走进顶尖学府接受最好的教育；是他们，帮助我从一个懵懂的少年成长为能肩负家庭和社会责任的有用之人；还是他们，在我每一次遇到挫折和打击的时候，坚定地站在我的背后，关爱和陪伴着我。我相信，他们依旧是我今后人生路上的明灯和依靠。

我的导师沈红教授是我最敬爱也是最想感谢的人。对沈红教授，我有着特殊且复杂的感情，既有学生对老师的敬爱，也有一个年轻学者对学界大师的崇拜，更有孩子对母亲般的依赖。导师的教导和关爱，帮助我在攻读博士学位期间不断冲破迷茫和困惑，最终顺利完成学业。

让时间回到四年前，当时的我正处于工作不顺和升学无门的状态，被自我怀疑和自我否定的情绪所笼罩。可是当我惴惴不安地发邮件向沈红教授表达求学意愿后，我居然收到了她的肯定和赞许。她不但为我解答报考和攻读博士的问题，还询问并且帮助我解决住宿等生活难题。毫不夸张地说，她的出现就像是黑暗中的一道亮光，给我指明了未来发展的方向，也给我了继续奋斗的信心和勇气。在此之后的三年半间，每当我遇到学习和生活困难时，我都第一时间不自觉地向"沈妈妈"求救。在我看来，她不仅是一位学识渊博和谆谆不悔的导师，更是一位慈爱的家长。

老师的爱护还体现在对我在学术方面的严格要求和不断推动上。一方面，由于我在进入博士学习之前并没有完成很好的专业训练，导致我在学术研究过程中缺乏对研究方法的熟练掌握。沈老师多次专门指出我的这一问题，并苦口婆心地指导我学习和提高的方法。哪怕我在国外，她仍然通过微信等方式就这一问题与我沟通，指导我的论文写作；直到我博士论文完成后，她还是担心我的这一短板，提醒我要在今后的学术过程中，努力提高。另一方面，沈老师从我进校开始，在我学习和研究的每一个关键节点都为我考虑，提出合适的建议，并不断推动我向前发展。记得3年前，我刚确定被录取为沈老师的博士生，她就要求我在正式入学之前两个月到学校提前补充专业知识和撰写学术论文；之后在我博士二年级的时候，她强烈要求我积极准备出国申请；当我在国外时，她更是时常敦促并监督我的博士论文写作情况。从初入学校到现在论文收尾，我的整个博士学习过程都凝聚着导师的殷切期望和细心关注，由此我才没有耽误和浪费宝贵的学习时间，顺利实现自己的目标。

导师的学术精神和为人处事也潜移默化地影响着学生。老师是一位治学严谨、孜孜不倦的学者，她用言传身教潜移默化地影响着我们。刚进学校的时候，我时常可以看到老师早出晚归的身影，遇到紧急情况，导师就让我们帮她带一份饭，她在办公室匆匆吃过后就又开始工作。作为她的学生，我被这种勤奋和坚持的学术精神与人格力量所打动，也常常用导师的品行时刻要求自己，激励自己前行。"给每一个学生以机会，尽我所能"，恩师正是用实际行动诠释这句话，燃烧自己，照亮我们。

感谢华科教科院的教师团队对我的培养和教导。感谢刘献君老师教授院校研究课程，他用深厚的学术积淀和丰富的学术阅历为我的学习和研究打开了一扇新的大门。他让我明白在研究过程中一定要注重对概念的把握和理解，他也在课程中通过结合院校管理的理论和实践为我们生动地讲述研究的整个过程。感谢柯佑祥老师为我们教授教育经济学课程，他的课堂让我对民办教育的发展问题有了更加深入的认识和思考。感谢贾永堂老师、陈廷柱老师、李太平老师、余东升老师等在教育研究方法课程中的讲授，他们将自己多年的研究积累毫不保留地传授于我们，让我的研究能力有了质的提高，也为我博士论文的研究打下了坚实的基础；同时也感谢他们在博士论文开题中提出宝贵意见和建议，使我受益匪浅。

感谢美国威斯康星大学麦迪逊分校教育学院的尼尔逊教授。我在沈老师的敦促下申请国外的联合培养项目，抱着试试看的态度给尼尔逊教授写邮件，他很快回复我，并答应作为我在外方的导师邀请我去学习。在 UWM 期间，教授给予我们中方学生很多便利和条件，为我们专门开设研究方法课程，并带领我们参观学校，讲授美国大学和 UWM 的发展历史，让我对美国的高等教育发展有了最为直观的感受和认识，帮助我打开了学术视野。

感谢同门的兄弟姐妹们，也感谢同一年级的同学们，跟他们在一起讨论、学习和玩闹是我最快乐的和最怀念的时光。周玉容、刘之远、李爱萍、张冰冰、张青根、徐志平等师兄师姐在我进校后给予我学习和生活很大的帮助，他们不厌其烦地一次又一次帮助初来乍到的我解决遇到的问题和困难。感谢王靖、胡仲勋、马萍、肖聪、徐赟、阎峻、王雄、张静等，他们既是我的同学，又是我在华科里遇到的最好的朋友，我们在一起打球、吃饭、欢笑的日子将永远印在我的脑海。

最后，感谢家人，你们对我的爱、对我的理解、对我的包容是支持我走到现在最大的动力。我是家里的独子，爷爷奶奶和爸爸妈妈不仅要忍受对我的思念，而且还创造一切条件让我在外读书。他们放弃了早日享受天伦之乐，也放弃了享受退休生活，为我一直默默地无私付出。他们的辛苦我看在眼里，却一直无法报答。作为孙子和儿子，我衷心地希望你们健康、平安。

要感谢的人和事太多，在这里无法一一列举，但我永远会铭记在心。我明白我的点滴成就凝结着很多人的关心和爱护，也离不开众人的帮助，我会乘风破浪，继续前行。